1.800 calz

Jean-Michel Cohen

Traducción de Surama Salazar

 Planeta

Obra editada en colaboración con Editorial Planeta - España

Título original: *Le roman des régimes*

© 2007, Flammarion
© 2011, Surama Salazar, por la traducción
© 2011, Editorial Planeta, S. A. – Barcelona, España

Derechos reservados

© 2012, Editorial Planeta Mexicana, S.A. de C.V.
Bajo el sello editorial PLANETA M.R.
Avenida Presidente Masarik núm. 111, 2o. piso
Colonia Chapultepec Morales
C.P. 11570 México, D.F.
www.editorialplaneta.com.mx

Primera edición impresa en España: octubre de 2011
ISBN: 978-84-08-10671-5
ISBN: 978-2-0806-8754-8, Flammarion, edición original

Primera edición impresa en México: enero de 2012
ISBN: 978-607-07-1006-3

Impreso en los talleres de Litográfica Ingramex, S.A. de C.V.
Centeno núm. 162, colonia Granjas Esmeralda, México, D.F.
Impreso en México – *Printed in Mexico*

*A mi madre, que me ha enseñado
el sentido de la novela y el de la realidad.
Junto a mi padre, me enseñó
que las perfusiones de amor
son el mejor de los tratamientos.*

*Para Myriam, nuestra Campanilla particular,
porque sigue haciéndome creer que
siempre todo puede acabar bien.*

*Para el futuro que nos entusiasma:
Stéphanie, Jennifer, Laura... y Grégory.*

*Para mi hermana Annie, porque de ahora en adelante
compartiremos el mismo vacío.*

Prólogo

Visto desde el exterior, el edificio en el que se encuentra la Clínica de París sólo se distingue de los que ocupan su misma calle por su banalidad. La fachada, con una geometría aburridamente simétrica, mezcla la piedra pegada y el plexiglás de acuerdo con la moda de los años sesenta. A mano derecha, una casa burguesa de estilo victoriano construida al menos cien años antes. A mano izquierda, la residencia de un célebre actor, con sus torrecillas y sus terrazas. Enfrente, un gran estadio. La clínica no tiene, pues, ningún edificio delante, lo que complica la tarea de los *paparazzi* que esperan descubrir a algún famoso en su interior. Si el parque estuviera mejor acondicionado el marco sería, probablemente, de lo más encantador. Pero da una impresión de inacabado que priva de cualquier carácter lujoso al establecimiento de Boulogne, que tiene la reputación de ser elegante y caro. Sin embargo, en la clínica sólo hay enfermos, y no todos son famosos o ricos.

Cabe decir que al doctor Mathieu Sorin le molesta el término «enfermo». ¿Acaso se puede decir que alguien que come mucho o que ha dejado de comer es un enfermo? ¿No es más bien una víctima? Hace más de veinte años que se dedica a curar a pacientes que sufren trastornos del comportamiento alimentario (por definirlos empleando la terminología científica). Mathieu es consciente de que trabaja sobre

7

todo con seres humanos que sufren física y moralmente. Cada caso tiene su historia, única y especial.

Eso es, precisamente, lo que lo apasiona de su ocupación como médico experto en nutrición. Nunca ha lamentado haber escogido dicha especialidad. Por supuesto, la cirugía, la cardiología o la oncología pueden parecer más nobles, más valoradas, más esenciales, pero uno pierde demasiados enfermos y, con su temperamento afectivo, Mathieu no podría haber soportado no salvar a esos pacientes con los que, inevitablemente, se acaba encariñando.

La famosa distancia terapéutica, el desapego clínico, es algo que no logra practicar. Lo que prefiere, por encima de todas las cosas, es ver cómo sus pacientes recuperan la identidad corporal y se reconcilian con la vida. Poder decirse a sí mismo que los ha ayudado. Ya no espera, como al principio de su carrera, poder salvarlos a todos, incluso a los que no quieren curarse. No, su ambición es poder darles el empujoncito necesario para que un destino vuelva a estar del lado de la vida. Y eso ya es muchísimo...

Primera parte

Capítulo 1

Sonia, la enfermera del piso de arriba, entra en el despacho sin llamar:

—¡Ven rápido: Sarah se está muriendo!

Con un violento golpe de lumbares, el doctor Sorin empuja su sillón con ruedas y de un salto se pone en pie:

—¡Dile a Lucio que traiga el desfibrilador, un aparato de perfusión si no hay uno en el cuarto, glucosa, tres ampollas de potasio y una de adrenalina! ¡De prisa!

Se precipita por la escalera. Tiene el reflejo de no coger el ascensor: no es el momento de correr el riesgo —por mínimo que sea— de quedarse atrapado entre dos pisos.

Mientras sube los escalones de cuatro en cuatro, Mathieu recuerda rápidamente su primera consulta con Sarah. Había ido a la clínica sola. La había llevado un chófer que conducía un coche con una insignia, seguramente el de su padre, Philippe Fillot, ministro de Sanidad. Antes de abrir la carta del colega psiquiatra que le enviaba a la paciente, el médico ya conocía su diagnóstico. El problema no era sólo la extrema delgadez de su silueta, que delataba la anorexia mental, sino también esa particular manera de vestirse, su postura y el porte orgulloso y altivo de la cabeza. Con un ojo leía la carta de su colega y con el otro miraba a Sarah.

Estaba sentada con la espalda muy erguida en el sillón, las piernas y los brazos cruzados, los labios fruncidos, y observaba con desprecio el mobiliario del gabinete. «Uf, esta chica nos va a dar muchos quebraderos de cabeza», pensó Mathieu en seguida. Todo en su actitud mostraba a las claras que había ido a la clínica en contra de su voluntad y que tenía la firme intención de negarse al tratamiento. El médico contuvo un suspiro antes de empezar la entrevista.

«¡Qué pena!», no pudo evitar lamentarse para sí. Con unos cuantos kilos más, la joven que tenía sentada frente a él habría sido una auténtica belleza. Sus magníficos ojos verdes resultaban demasiado grandes en aquella carita sin mejillas y sin otro color que el azulado de las venas que afloraba bajo su delgada piel. Su cabello negro, deslucido y debilitado a causa de la desnutrición, estaba recogido en una especie de moño también delgaducho. Por debajo de su jersey sobresalían los huesos de las clavículas y los codos, tan puntiagudos que casi agujereaban la lana. Unos pantalones vaqueros de pitillo se ajustaban a los muslos enjutos y permitían adivinar los fémures y las rótulas.

¡Y, además, era una chica brillante! Su informe mencionaba que después de haberse sacado el bachillerato un año antes de lo previsto y con una excelente nota, había formado parte de uno de los mejores cursos preparatorios de París. Al cabo de cuatro meses debía pasar unas oposiciones muy difíciles de cuyo resultado dependía parte de su porvenir. Sí, a condición de que siguiera con vida hasta entonces porque, de momento, sólo pesaba 39 kilos y medía 1,71 metros.

Tal y como Mathieu esperaba, Sarah había tratado de evitar en lo posible sus preguntas respondiendo de mala gana. El único punto positivo de la entrevista era que aceptaba que la hospitalizaran en la clínica durante un mes. Puesto que era mayor de edad, podría haberse negado a aceptar esa medida, que había sido solicitada por sus padres. Pero en tan poco tiempo sólo se podía aspirar a que recuperara dos o tres kilos. Eso, siempre y cuando aceptara comer, lo que, al parecer, no iba a resultar nada fácil.

En efecto, Sarah se había mostrado intratable en el sentido literal del término. No había abierto la boca ni durante las entrevistas con los psicoterapeutas de la clínica ni durante las comidas. Y nada había cambiado realmente. Su cuerpo grácil seguía albergando una voluntad de hierro, y nada ni nadie parecían ser dignos de su confianza. Excepto Lucio, uno de los enfermeros, al que se dignaba a devolverle la sonrisa.

Pronto hará quince días que Sarah fue hospitalizada y no ha dejado de perder peso. Ayer, con 37 kilos en la balanza, entró en la zona de riesgo letal. La primera causa de muerte entre las víctimas de anorexia es la carencia de potasio, que amenaza la actividad cardíaca.

Mathieu ya se ha preguntado si no va a ser preciso ponerle una sonda gástrica, una especie de tubo que se hace pasar por el esófago y que vierte directamente un líquido nutritivo en el estómago del paciente (un principio que no se aleja mucho del cebado de las ocas).

Sin embargo, esa sonda es una especie de tortura que dejará una huella para toda la vida no sólo en su mente, sino también en su tubo digestivo. Y, además, no garantiza en absoluto que, una vez libre de ese dispositivo de cebado forzado, de ese cordón umbilical artificial, la joven se niegue de nuevo a que la alimenten.

A Mathieu le gustaría tanto poder ahorrarle semejante horror a su querida Sarah...

«Bueno, ahora ya no nos queda otra alternativa», se dice al llegar al rellano del segundo piso.

Porque, si logra que su corazón vuelva a latir, no tendrá más remedio que ponerle la sonda.

Capítulo 2

Con la respiración entrecortada, Mathieu entra precipitadamente en la habitación de Sarah. Los pasos rápidos de Lucio retumban en el pasillo. Llega unos cuantos segundos después que su jefe con todo lo que le ha pedido para reanimar a Sarah.

Una ojeada rápida a la joven le confirma su diagnóstico. Su cuerpo es presa de ligeros temblores, tiene los ojos casi cerrados y está medio inconsciente. No cabe ninguna duda: se trata de un paro cardíaco debido a la falta de potasio que debilita la contracción del corazón. Mathieu aparta bruscamente las sábanas y tiende a Sarah en el suelo porque el masaje resulta más eficaz cuando la espalda se halla sobre una superficie dura. Está concentrado, tenso, pero en su interior una angustia sorda hace que le hierva la adrenalina. Que no se muera, que no se muera.

Poner una mano plana a lo largo del esternón, la otra por encima, ejecutar esos gestos que ya ha repetido más de veinte veces en su vida. Extender los brazos por encima de la cabeza. Ocluirle la nariz con los dedos, insuflarle aire en los pulmones para ayudarla a revivir. Darle un beso para salvarla de la muerte. Recuerda haber hecho esos mismos gestos en otras condiciones, con ancianos de aliento repulsivo.

Esta vez se trata de Sarah, la finura y la sensibilidad personificadas, esa chica que intenta salir del encantamiento nefasto que la paraliza, que le impide comer, que la empuja irremediablemente hacia el fin. Es lo que más asusta en los anoréxicos, esa alianza trágica entre la voluntad de poder y el instinto de muerte.

—Prepara el desfibrilador —le dice Mathieu a Lucio—, enchúfalo y espera a que se cargue. Colócalo a mi lado. Enchufa también la perfusión, llénala con la solución de glucosa y las tres ampollas de potasio. ¡Rápido!

»Sonia, descorre las cortinas.

Ni por favor, ni gracias; tan sólo órdenes que tratan una urgencia tras otra.

La oscuridad en la que Sarah parecía complacerse confería una atmósfera fúnebre a su cuarto. ¿La tumba de una adolescente? Descorrer de un golpe seco las cortinas para ver la luz del día como una esperanza de volver a la vida.

Sin miramientos, Mathieu le arranca el camisón a la paciente. Comprueba rápidamente que no lleva ningún objeto metálico, collar, anillo o reloj que pueda impedir el buen funcionamiento del desfibrilador.

—Lucio, ¿qué demonios haces? Tengo que esperar hasta que la perfusión esté lista para poder empezar.

—Aquí tienes, Mathieu —le responde el joven enfermero—, sólo me falta apretar un poco más el esparadrapo para evitar que la perfusión se mueva. Ya está, cuando quieras.

El médico agarra las dos asas del desfibrilador y coloca una placa sobre el seno derecho y la otra sobre el izquierdo. Luego se aparta cuidadosamente para no electrocutarse.

—Dale —le dice a Lucio.

Por debajo de la camisa, un sudor helado recorre el cuerpo del doctor. He aquí el momento crucial que decide, en un cuarto de segundo, la vida o la muerte de una persona. La resurrección o el viaje sin retorno de alguien que, a pesar de hallarse en los albores de su existencia, no ha disfrutado nunca de sus placeres.

El doctor oye el sonido estridente del desfibrilador y ve cómo la onda de choque se propaga por todo el cuerpo. A continuación, un ligero ruido producido por la espalda de Sarah al golpear el suelo después de la contracción. Mathieu suelta las asas del desfibrilador y palpa el cuello de la joven para tomarle el pulso. Tiene el ceño fruncido y los sentidos alertas. Cree percibir un ligero temblor, así que coge su estetoscopio para asegurarse.

—Ya está, vuelve a latir —dice alegrándose.

Pero de pronto vuelve el silencio. Su corazón ha vuelto a detenerse...

Capítulo 3

Qué hacer? ¿Aceptar la muerte de Sarah y abandonarla así? ¿O intentar reanimarla sin estar siquiera seguro de poder lograrlo? Siente deseos de abandonar. Conoce el destino de ese tipo de anoréxicas y, en el fondo, se pregunta si no debería concederle esa muerte que la joven desea.

Le duelen las rodillas de permanecer tanto rato agachado.

—¡Recarga! —le dice a Lucio con la voz temblando de angustia.

Sonia observa la escena, aterrorizada. El enfermero obedece y recoge las dos asas del desfibrilador para dárselas al médico. Se oye el canto de los pájaros en el patio de la clínica, banda sonora ridícula en ese momento mórbido que, sin embargo, logra esbozar un ápice de esperanza en la mente de Mathieu, como un signo que le indica que debe seguir, una luz que permite acceder al porvenir. Creer, seguir creyendo que las cosas pueden cambiar.

Coloca las dos placas del desfibrilador encima de las marcas dejadas por la maniobra anterior.

—Cuando quieras —le grita a Lucio.

El enfermero pulsa el botón, la descarga arquea el cuerpo de Sarah. Mathieu se inclina sobre el rostro de la joven y vuelve a ocluir-

17

le la nariz para insuflarle una gran bocanada de aire en los pulmones.

¡Revive! Lo sabe, lo siente. Coge su estetoscopio pero el pequeño sobresalto de la carótida en el cuello le permite comprender que probablemente ha logrado poner de nuevo en marcha ese corazón que latía de manera anárquica, al mismo ritmo que la mente de Sarah, desde hacía algún tiempo. En sus oídos percibe ese «pum-ta, pum-ta» que conoce tan bien y que indica la calidad del músculo cardíaco de la paciente.

«Salvada –se dice–. Salvada, sí, pero ¿hasta cuándo?»

Respira profundamente –hace por lo menos dos minutos que se ha olvidado de respirar de tan concentrado como estaba– y observa a Sarah.

El líquido traslúcido pasa lentamente por el tubo de perfusión hasta llegar a su brazo, tan desprovisto de carne que puede rodearlo con el pulgar y el índice. Su mirada se detiene en el rostro de la chica, horriblemente pálido. Hasta sus labios son blancos. La observa con detenimiento de arriba abajo. Sus senos han dejado de existir, tan sólo los señala la existencia de los pezones. Su vientre, hueco, revela la forma de los huesos de las caderas, sin grasa alguna, completamente vacías. La concavidad de ese vientre es una inversión simbólica de la redondez propia de una mujer embarazada. «Tal vez sea la expresión que puede definir a las anoréxicas –se dice–. Ahondar el vientre hasta volverlo estéril e incapaz de albergar la vida.» Se incorpora, agotado por las descargas de adrenalina y el miedo a perderla que ha sentido.

–Venga, Lucio, vamos a ponerla en la cama.

Mathieu se sitúa detrás de Sarah y la agarra por las axilas mientras el enfermero la coge por los pies. La levantan entre los dos, Sonia los sigue con el aparato de perfusión y la colocan delicadamente en la cama. El doctor incluso le pone otro almohadón debajo de la cabeza.

–Lucio, a partir de ahora quiero que alguien esté aquí constantemente. En todo caso, hasta que tomemos una decisión.

–Mira, Mathieu, esta niña no se merece lo que le está pasando. Su padre es un auténtico capullo: cuando uno tiene una hija en semejante estado, se ocupa de ella. Si no te importa, me gustaría quedarme con ella. Termino mi turno a las cuatro, pero me quedaré toda la noche junto a su cama. Déjame hacerle el informe de la mañana.

—Bueno, tal vez, pero primero hay que ver cómo evoluciona su estado. Hazle ahora mismo un análisis de sangre y envíalo al laboratorio; quiero saber el nivel de potasio antes de una hora. Tómale la tensión cada hora, recoge la orina, voy a ponerle la sonda inmediatamente. Quiero saber qué cantidad de líquido se le administra en transfusión y qué cantidad elimina con la máxima precisión posible. Acabamos de salvarla de un accidente cardíaco y no es plan que ahora se nos vaya por culpa de un edema pulmonar.

Lucio asiente y mira a Mathieu con aire inquisitivo:

—Imagino lo que quieres hacer: ponerle la sonda gástrica ahora mismo.

Mathieu estalla:

—¡Pues claro que sí! Hace un mes y medio que está en la clínica y no hemos conseguido nada. ¿Qué quieres que haga? ¿Que la deje morir mientras me quedo de brazos cruzados?

—Sabes perfectamente que la sonda no es una solución —responde Lucio, exaltado—. Cada vez que se la ponemos a una paciente coge peso, vuelve a casa y regresa dos meses después porque de nuevo ha dejado de comer. Resultado: le ponemos otra vez la sonda y vuelta a empezar. ¡Sólo cuando deciden curarse dejamos de tener noticias suyas! Porque, en realidad, siempre son ellas las que deciden.

—¿Y qué? Eso no significa que no podamos volver a intentarlo.

—No, Mathieu, te aseguro que hay algo distinto en esta niña. Creo que, si le explicamos con detalle el paro cardíaco de hoy, reaccionará. Ya verás.

—Lucio, me parece que la sonda te duele más a ti que a ella. ¿Qué quieres que haga? ¿Que la alimente con la glucosa de las perfusiones y que pierda aún más peso? ¡La próxima vez no la recuperaremos!

—Por favor, deja que sea yo quien le dé de comer. La conozco, no sé cómo explicártelo pero consigo comunicarme con ella. A veces siento que incluso está a punto de contarme cosas pero se contiene. Estoy seguro de que algo va a cambiar, dame veinticuatro horas.

—¡Teniendo en cuenta el punto en el que estamos, de acuerdo! Acepto, te doy tres o cuatro comidas para que intentes alimentarla.

Pero, a partir de ahora, con la perfusión siempre puesta para evitar que vuelva a producirse un accidente y poder reanimarla cuanto antes si hubiera de nuevo un problema. Mira, haz lo siguiente: para realimentarla, utilizarás exclusivamente alimentos líquidos o semilíquidos. Zumo de frutas, preparaciones lácteas, puré de patata, ni siquiera intentes darle materias grasas, de momento no las asimilará. Elige alimentos blancos, eso hará que los tolere mejor. ¡Y buena suerte! Ya verás, al principio será un auténtico suplicio.

—Gracias, Mathieu, gracias por dejarme intentarlo. Mañana le pediré a Clara que me prepare todo lo que acabas de decir, y ya verás: ¡lo intentaré con todo mi corazón, seguro que funcionará!

Mathieu esboza una mueca de duda.

—No conoces la dureza y la violencia de las jóvenes anoréxicas; equivalen a los sufrimientos que han sentido. Esta niña está llena de amor, el que no ha podido dar y el que no ha recibido porque su padre nunca ha estado a su lado. Y su madre es una mujer de pocas luces que se pasa el tiempo adulando a su marido a la que no hemos visto más de una vez por aquí. No creas que lograrás sustituirlos, aunque todos nos hayamos convertido un poco en su familia por delegación. Por último, no olvides que posee una inteligencia fuera de lo común; no sé si eso la ayudará a salir del atolladero, pero es lo único que le han legado los dos egoístas que la han criado. Por desgracia, es algo que ocurre a menudo —añade Mathieu, decepcionado.

Presa de un furor cada vez mayor contra la indiferencia de tantas personas y la injusticia del destino, decide dejar que Sonia y Lucio cuiden de Sarah y casi empuja a una paciente al salir en tromba de la habitación.

Capítulo 4

Vaya, señora Bensimon, ¿cómo usted por aquí?

Liliane Bensimon es una paciente habitual de la clínica. De cada cuatro meses, pasa dos allí. Pesa aproximadamente cien kilos y mide 1,65 metros. No necesita en absoluto ser hospitalizada, pero en cuanto se siente depresiva o apática ingresa inmediatamente para perder los diez kilos que ha recuperado «sin haberse saltado la dieta», como suele decir ella. Normalmente Mathieu no debería aceptarla como paciente, pero su presencia en la clínica aporta una especie de frescura y una atmósfera de «la vida de cada día» que resultan benéficas tanto para los demás pacientes como para el personal médico.

–Pobrecita Sarah, doctor. Pero, por Dios, ¿cómo puede uno abandonarse a la muerte de ese modo? Y sus padres, ¿están ciegos o qué? Si uno de mis hijos hubiera hecho eso, un buen bofetón y ya le digo yo que se le habría pasado la tontería: primero le habría tapado la nariz, después le habría metido la cuchara en la boca y ¡hala!

Mathieu se sorprende a sí mismo con una sonrisa en los labios. Le divierte la propensión de Liliane a meterse en todo, así como su visión simple de las cosas, que, sin embargo, no carece de cierto realismo. Porque, en el fondo, la teoría de la señora Bensimon, por más ruda y simplista que parezca, no es falsa. Los padres de Sarah deberían haberse ocupado de ella antes de que llegara a pesar 37 kilos.

Mathieu coge del brazo a la señora Bensimon y siente cómo ella se yergue, orgullosa de convertirse, de alguna manera, en su confidente. Esa mujer, que a menudo puede resultar pesada por su atrevimiento y su irreprimible curiosidad, que habla tanto de sí misma, de su padre, de su nombre —que suena demasiado viejo cuando en realidad ella sólo tiene cuarenta y cuatro años—, de sus historias de familia, tiene una capacidad extraordinaria —probablemente innata— de penetrar el alma y el pensamiento de la gente.

—Ha pasado usted un mal trago, ¿eh? —le dice como si comprendiera que él necesita hablar de lo ocurrido.

—Sí, señora Bensimon, yo he pasado un mal trago, pero sin duda ha sido peor para Sarah.

—Y ¿se quedará ingresada?

—¿Qué cree usted que va a pasar? —le pregunta Mathieu, deseoso de conocer la respuesta de aquella vidente improvisada.

—Pues, ¿sabe usted, doctor Sorin?, yo creo que se va a curar, porque a menudo, cuando uno se encuentra al borde de un precipicio y no se cae, es cuando decide dar marcha atrás.

—¡Su visión no es ninguna idiotez, señora Bensimon, ninguna idiotez! Lo único que falta es que Sarah lo comprenda.

—Pero, doctor, para eso está usted aquí.

Con un cumplido cariñoso, siempre consigue arrancarle una sonrisa forzada. De hecho, cuando la propia Liliane necesite algo de él, tocará esa cuerda sensible para intentar obtener lo que desea.

—Bueno —empieza Mathieu para cambiar de tema de conversación—, ¿y el peso? ¿Qué tal ha ido esta mañana?

—No se lo va usted a creer, pero he comido todo lo que me ha aconsejado y no he perdido un solo gramo. Incluso he cogido más.

—Dígame, ¿qué hacía usted ayer en la calle de la panadería con un paquetito blanco en la mano? La vi cuando volvía en coche a la clínica.

Liliane Bensimon se hace la ofendida:

—¡No irá usted a insinuar que estoy comiendo a escondidas!

—¡No lo insinúo, lo afirmo claramente!

—Y ¿cómo lo sabe?

—Simplemente porque la panadería que hay al final de la calle es donde yo mismo compro el pan cada tarde antes de volver a casa y la panadera me ha confirmado que usted va allí todos los días a comprar una bolsita de *chouquettes*.[1]

La paciente se queda estupefacta durante unos segundos, como dudando entre la mentira y la confesión. Por fin, con unos ojos muy abiertos y mirada inocente, dice:

—Pero, doctor, usted mismo ha dicho que las *chouquettes* son los dulces que menos calorías tienen: ¡aproximadamente, 260 calorías los 100 gramos!

Mathieu apenas logra contener una carcajada. ¡Es muy lista y, al menos, lee los libros que él escribe!

—Vamos a ver, señora Bensimon. He organizado su dieta en función de sus gustos, calculando exactamente todo lo que debía consumir. Si usted me hubiera dicho que quería poder comer *chouquettes*, yo me las habría arreglado para equilibrar su dieta e incluirlas. Pero, si no me lo dice, imposible.

—Ah, de acuerdo, no lo sabía —responde la paciente con un aire falsamente compungido.

La negociación ya está ganada. Olvidemos que se ha comido esos dulces a escondidas, hay que corregir ese tropiezo que se aleja de las recomendaciones del doctor.

Mathieu vuelve a la carga:

—Mire, vamos a hacer lo siguiente: durante los próximos quince días, si no logra perder el peso que se ha fijado como objetivo con el régimen y el ejercicio físico que le he prescrito, no podrá usted salir. Y eso hasta que aprenda a controlar sus compulsiones alimentarias o, al menos, a decirme lo que quiere comer.

—¡Vaya, ahora resulta que estoy en una cárcel! He ingresado en la clínica por mi propio pie y ahora quiere encerrarme. ¡Qué malo es usted!

A Mathieu le divierte que Liliane lo obsequie con su espectáculo habitual. Después del grave incidente de Sarah, esa pausa lo relaja. Pero el entreacto no dura mucho, Sonia lo llama.

1. Buñuelos dulces típicos de Francia. *(N. de la t.)*

—Mathieu, Jean-François está colgado al teléfono desde hace una hora intentando encontrar una cama para hospitalizar a Sarah en reanimación. Todo el mundo le dice que no.

—Pues claro, así son los hospitales —exclama Sorin—. Siempre es un placer recibir a la gente que no está realmente grave, pero en cuanto se trata de un caso difícil, no hay ningún voluntario. Dile que lo deje, vamos a quedarnos con Sarah. Si surge algún problema, llamaré a una amiga mía. Ella le encontrará una cama. Mira, incluso voy a pedirle ahora mismo que me la guarde durante dos o tres días. Si después de ese plazo su situación no ha mejorado, la transferimos. —Y añade—: Señora Bensimon, vaya a su habitación, pasaré a verla esta tarde si tengo tiempo o, si no, mañana a lo largo del día.

—De acuerdo, doctor, pero no se olvide de mis *chouquettes*.

Mientras vuelve a su despacho, Mathieu pasa por la habitación 201, cuya puerta está abierta. De lejos, como si de una imagen relajante se tratara, ve a Delphine de Luzille trabajando con su aguja. Como si viviera en otro mundo, la mujer, que padece una obesidad colosal, borda un Papá Noel tras otro en su cañamazo. Un día le explicó que pensaba recortarlos y que después los pegaría en las postales que enviaría a sus amigos para desearles un feliz año nuevo. Mathieu se sorprendió. El detalle le resultaba extremadamente conmovedor, sobre todo teniendo en cuenta el tiempo que la mujer invertía en crear cada uno de sus Papás Noel. Su actitud no encajaba para nada en aquella clínica, en la que convivían anoréxicos, obesos y algunos toxicómanos más bien centrados en sí mismos.

«Una mujer sorprendente», piensa mientras entra en su despacho. Completamente ajena al tiempo y con una familia alucinante. Uno de sus dos hijos, obispo en Roma, es tan seductor que provoca escándalos cuando por casualidad se cruza en la clínica con una de las enfermeras. Su otro hijo, un célebre autor y director de teatro, apenas va a ver a su madre, pero lleva unas bermudas que le dan un aire de niñito retrasado de unos cuarenta años. «Otra historia que aún no he logrado aclarar —se dice el nutricionista—, pero hoy tampoco voy a poder dedicarle más tiempo.»

Capítulo 5

Sólo los profanos acuden antes de hora a un desfile de alta costura. Por el contrario, las celebridades cuidan su entrada y llegan con un retraso proporcional a su fama, a pesar de que su presencia es recompensada con un vestido carísimo o un sobre bien repleto de billetes. El talento del fotógrafo consiste sobre todo en captar el momento en que parecen más impresionadas por los modelos que desfilan, para adular al máximo la marca del creador de moda en cuestión. Esas fotografías aparecerán después en todas las publicaciones de moda, revistas femeninas y prensa vip, y a partir de ese momento la imagen de toda esa gente guapa quedará asociada a la del creador. Alrededor del pódium ese día se encuentran, como de costumbre, las esposas del actual y de los antiguos presidentes de la República, así como las mujeres de algunos ministros, las más presentables. Para completar la asistencia, el «areópago» de las redactoras de moda, cuya ubicación en la sala depende de su importancia, y las clientas, las pocas que siguen pagando.

Tras las cortinas que pronto se abrirán para dejar paso a la primera modelo, un hombre echa una ojeada inquisitiva. Ralph Farrell, de origen americano y rey de la moda parisina desde hace una década, creó su marca hace más de quince años. Eso fue antes de que se la comprara François Rabault, el mayor industrial del sector que ha ido adquiriendo todas las casas de moda independientes y ahora reina como emperador del mundo del lujo. Hombre de negocios de gran talento, Rabault ha amasado minuciosamente una de las mayores fortunas mundiales y ha cultivado su imagen pública hasta convertirse en un aficionado al arte con muy buen criterio. Cuando compró la casa de moda Ralph Farrell, se hizo sobre todo con su creador. Y es que el único artículo del contrato de cesión que redactó personalmente fue el relativo al estilista, para así asegurarse la propiedad intelectual de todas sus creaciones. El mayor talento de François Rabault consiste, en realidad, en apreciar con rapidez y eficacia todo cuanto puede explotar en las personas a las que contrata, aunque ello le suponga un elevado coste; peones brillantes y susceptibles a los que puede despedir de un día para el otro con la frialdad propia de un depredador sin escrúpulos ni sentimientos, si no se le da completa satisfacción.

Diez años después, François Rabault puede alegrarse de su elección: la marca Farrell se ha convertido en el líder mundial de la moda. Los beneficios aumentan de manera exponencial, el volumen de facturación crece permanentemente, no hay un sector del mercado en el que la marca no se haya impuesto. De modo que puede embolsarse unas ganancias que no pueden ni siquiera compararse con los costes de producción de los productos. En el pequeño mundo del *fashion business* se rumorea que sus márgenes de beneficio alcanzan a veces el 1.000 por ciento. Rabault incluso ha encontrado la manera de ganar más dinero —y de asegurar más dividendos a los accionistas institucionales, fondos de pensiones y compañía— y hacer que una multitud de subcontratas dependan de su actividad antes de absorberlas. Un juego de niños para ese ogro del mundo empresarial: basta con prometerles un gran número de contratos de un año para el otro, hacer que se endeuden progresivamente y obligarlos a contratar más personal. A continuación, una vez que la actividad se ha establecido, el hombre de negocios da la orden brutal y repentina de dejar de hacer pedidos precipitando la empresa al borde del abismo. La única salida: venderse al vencedor; la mayoría de las veces, con agradecimientos incluidos.

Es un arte que él maneja a la perfección, y desprecia a quienes no saben apreciar su capacidad para generar dinero.

Pero ¿por qué seguir acumulando riquezas cuando podría vivir generosamente de sus rentas durante tres mil años? Lo que François Rabault desea en realidad es ser el primero en cualquier actividad en la que se lanza. Es una revancha personal. Sus padres sólo tenían ojos para su hermano, el pequeño genio al que, según ellos, le esperaba un gran porvenir como escritor. Después de dos libros resueltamente ignorados tanto por la crítica como por el público, es finalmente Rabault quien mantiene al «ex futuro Goncourt». Eso sí, sin demasiada generosidad, para que sepa quién lleva en realidad las riendas y comprenda finalmente qué firma, si la de un cheque o la de un libro, tiene más valor.

Ralph echa una rápida ojeada a la sala y comprueba que nadie ha faltado a la cita. Bernadette Chirac en persona lo ha honrado acudiendo a su desfile. El diseñador está tenso, como siempre antes de un show, pero al mismo tiempo se siente seguro de sí mismo. Su colección, cuidada y elegante, respeta los criterios de la costura y tiene suficientes bordados, fluidez magnificada y atrevimiento. Es buena, y él lo sabe.

El silencio se impone progresivamente entre los asistentes. Todo el mundo presta atención al inicio del desfile, puesto que es uno de los mejores momentos. Las luces de la sala se apagan, la música empieza a sonar, los proyectores recorren el pódium al compás. La primera modelo aparece, lleva una falda negra y un corpiño blanco del que sobresalen dos plumas enormes e inmaculadas. De pronto, el desfile se acelera al ritmo de la banda sonora. Las modelos se suceden en un encadenamiento calculado al milímetro.

Ralph se ha superado esta temporada: el desfile es realmente extraordinario. Un gran dominio de la creatividad, mucha elegancia y delicadeza incluso en los más mínimos detalles. El conjunto es *top chic,* como suelen decir sus clientas más fieles.

Tras media hora de espectáculo, la sala se oscurece por completo. Todo el mundo sabe que el creador va a aparecer junto a la modelo vestida con el traje de novia. Un «oh» de admiración recorre la asistencia. ¡Se ha atrevido! Un vestido de novia completamente negro, cuyas incrustaciones de cristal lo hacen brillar con mil destellos que atrapan los continuos flashes de los fotógrafos. Bajo el velo de seda blanca, aparece el rostro de la bailarina afroamericana Grace Berry. Ralph avanza delicadamente, cogiéndole la mano como si bailara un minueto, y da la vuelta al pódium. De fondo, una marcha nupcial mezclada con rap como banda sonora.

A continuación, la oscuridad vuelve a adueñarse por un momento de la sala, justo el tiempo necesario para que el público pueda recobrar el aliento e, inmediatamente después, todo el mundo prorrumpe en sonoros aplausos. En total, el espectáculo no ha durado más de treinta y cinco minutos, y el millón de euros consagrado al acontecimiento se ha evaporado.

En cuanto las luces se encienden, Ralph, rodeado por todas sus modelos, saluda como si fuera un actor. Se ha ganado una *standing ovation* como pocas veces ha obtenido en toda su carrera.

Un enjambre de camareros se extiende inmediatamente por la sala con bandejas llenas de cócteles de color negro y blanco. Como de costumbre, el público se precipita sobre el bufet, como si toda aquella gente no hubiera comido en los últimos ocho días.

Antes de contestar a las preguntas de los periodistas, el creador va a saludar a la mujer del presidente. François Rabault, escoltado por su esposa, se dirige hacia ellos.

—Señora presidenta, es un gran honor para nosotros que haya asistido a este desfile.

—Señor Rabault, siempre procuro honrar la moda francesa y a sus principales talentos cuando se me presenta una oportunidad. El amor que siente el señor Farrell por nuestro país y su inmenso talento merecen mi estima y la de mi marido.

—Muchísimas gracias, señora presidenta —responde Ralph—. Mi principal preocupación es mostrar que Francia sigue siendo el país de la elegancia y la feminidad. De hecho, es usted una de nuestras mejores embajadoras.

—Eso es en parte gracias a sus creaciones, señor Farrell.

En ese momento, François Rabault se muere de envidia. Ni una palabra para él, todo para Farrell, ese tipo pretencioso que al fin y al cabo no es más que un empleado suyo. Ese individuo gordo y probablemente con una sexualidad malsana que alardea de ser un creador cuando lo único que hace es combinar tres trozos de tela y dos colores. «Que disfrute, que disfrute, porque éste será su último desfile», se dice lleno de rabia.

En efecto, la noche anterior, el empresario estudió minuciosamente las cuentas de la casa de modas. Actualmente, la alta costura sólo representa un 4 por ciento de su volumen de facturación. El 96 por ciento restante proviene de los productos derivados y la ingeniería financiera. Es decir, que el conjunto de inversiones podría generar unos beneficios ampliamente superiores sin los gastos excesivos del estudio y el sueldo exorbitante pagado al estilista. Así que el hombre de negocios ha elaborado un plan para meterlo en cintura: una maniobra organizada con la ayuda de sus principales amigos, jefes de los grupos de prensa cuyas redactoras y accionistas han sido invitados al desfile. Los ha convencido del interés de la operación deslumbrándolos con dividendos mucho más sustanciales si se atenuaba un poco la línea de los sueldos en el balance general. Así mataba tres pájaros de un tiro: recuperaba lo que le pertenecía —¡porque al fin y al cabo es él quien paga!—, le daba una buena lección a un creador que le resultaba caro y le hacía sombra, y ganaría aún más dinero.

Pensando en el golpe que iba a dar después, ese jugador de ajedrez logra contener su ira. Más tranquilo, vuelve a lucir una radiante sonrisa. Él sabe mejor que nadie que en su universo, para no ser devorado, más vale morder que adular.

La señora Chirac se aleja, sus amistades la reclaman. El inversor le da una palmadita en el hombro a Ralph:

—La fiesta se ha acabado, es hora de trabajar. Vaya a ver a los periodistas. Ha llegado el momento de la verdad... un año más.

A Ralph le sorprenden esas palabras, Rabault nunca le había hablado de esa manera. Y, además, sin hacer ningún cumplido a su colección.

—Sí, claro, ya voy.

—Dígame, Ralph, ¿no ha ganado usted algo de peso últimamente?

La perfidia de Rabault desconcierta al creador. ¿El Tigre de la Bolsa —como lo han bautizado en las publicaciones de economía— le ha leído el pensamiento? En efecto, desde hace algún tiempo, él mismo está obsesionado con su silueta, que no hace más que ensancharse. Pero creía que la gente que lo rodeaba no se había dado cuenta gracias a la ropa que él mismo se diseñaba. El ego de Farrell acusa el comentario de Rabault. De hecho, en ese preciso instante lo odia profundamente. El mejor día de la temporada, que ha preparado con tanta paciencia y al que ha dedicado tanto tiempo, se ve rebajado, sucio, estropeado. El estilista trata de recobrar su confianza: no le ha dicho que está gordo, sólo que ha ganado «algo de peso». ¡No es lo mismo! Pero no lo consigue: percibe un algo de hipocresía en la actitud de Rabault y su instinto casi nunca le ha fallado.

Sin embargo, a la presidenta le ha gustado el desfile. ¿Y si el Tigre simplemente estuviera celoso, tal y como algunas personas le han comentado? ¿Acaso no le reprochan constantemente desde hace algunos meses el dinero destinado a financiar su marca? Sí, pero sin él, ¡adiós a la casa de moda!

—Venga —añade Rabault con una sonrisa cáustica—, basta con comer un poco de ensalada y limitarse a algunos bistecs a la plancha, no es tan difícil.

¿Ponerse a dieta? A Ralph la simple idea de privarse se le hace una montaña.

Al observarlo, el empresario se da cuenta de que ha dado en el clavo. Y desprecia la falta de sangre fría del estilista, que ha palidecido. Su plan funciona: ha logrado que se debiliten y se tambaleen los pilares del edificio. Ya ha resquebrajado sus certezas, el siguiente paso estará listo mañana. Y el toque final, la semana que viene, cuando las publicaciones semanales salgan a la venta.

Vagamente le dirige una seña a Ralph mientras se va para no tener que darle la mano:

—No lo olvide, mañana hemos quedado a las dos en mi despacho.

—Sí, por supuesto —responde el estilista, que en ese momento tiene la detestable impresión de estar sometiéndose.

Desconcertado por lo que acaba de ocurrir, se dirige hacia la sala en la que va a encontrarse con los periodistas para responder encantado a sus felicitaciones y agradecimientos tan sinceros como exagerados. Instintivamente, mete el vientre para adentro y pasa la mano entre su camisa y la piel. Tiene que pedir cita con ese médico del que tan bien le han hablado. ¡Cuanto antes!

Capítulo 6

Nada más despertarse, Ralph sufre unos extraños entumecimientos que ocupan su pensamiento y lo preocupan. Desde hace algún tiempo, siente las puntas de los dedos ligeramente paralizadas, lo que le recuerda con inquietud que sus arterias están envejeciendo y que empieza a acusar los primeros males propios de las personas de su edad. Le han sucedido tantas cosas a lo largo de su apasionante vida que le cuesta darse cuenta de que ya tiene sesenta y dos años. Pero esa parálisis, signo de su envejecimiento, lo preocupa, porque su mayor temor es quedarse inválido. O, lo que es peor, hemipléjico y con la boca torcida, o paralizado y vivir dependiendo de los demás en una silla de ruedas. Le da tanto miedo acabar como su padre, cuya baba en la comisura de los labios había empañado definitivamente la admiración que había sentido por él desde que era niño... Son factores genéticos, le dirá seguramente el médico.

Ralph estira el brazo para intentar desentumecerlo y comprobar si eso basta para que desaparezcan los síntomas. Una vez más, la operación tiene éxito. Pero al levantarse se da cuenta de que su flexibilidad ya no es la misma de antes. Una sensación extraña lo oprime últimamente, como si el final de algo se acercara.

«A menos que se trate de los primeros síntomas de una depresión –se dice mientras se incorpora–. Es cierto que no paro de trabajar.

Es lo que se conoce como estrés laboral. Yo simplemente lo llamo "intentar perdurar".»

A Ralph le encanta dormir desnudo y sentir el roce de las sábanas de seda contra su piel. Se sienta al borde de la cama y, con la mirada, busca su batín. No está donde debería estar —al alcance de la mano—, y esa constatación lo saca de quicio. Le ha pedido más de veinte veces a Fina, su asistenta, que lo deje en ese preciso lugar.

En realidad, Ralph sabe por qué está enfadado. No soporta ver su cuerpo desnudo reflejado en el espejo que recubre la puerta antes de entrar en el cuarto de baño. No tiene arrugas en la cara y lleva el cráneo afeitado para realzar sus ojos de color azul marino pero, a partir del cuello, su cuerpo es una auténtica catástrofe. Sus pectorales se han transformado en un par de pechos ligeramente caídos, su vientre tiene forma abombada, salvo cuando lo mete para adentro o cuando lo comprime con un ancho cinturón disimulado bajo sus anchas camisas. Observa también su sexo, se fija en los pelos blancos que escapan de su pubis, cada vez más numerosos en su opinión. Como los de un viejo. ¡Todo lo que detesta! Tendría que afeitárselos para no parecerse a la imagen que lo persigue, la de su padre víctima de tantos dolores.

Sus muslos conservan su forma, al igual que sus gemelos, pero ya no tienen la firmeza de la juventud. ¡Qué espectáculo tan deprimente!

Pensándolo bien, debería conservar los ojos y tirar el resto a la basura.

Entonces decide pensar en un tema que lo haga sentirse mejor: el desfile de la noche anterior. En realidad, esta mañana tiene motivos para estar contento: la rueda de prensa no lo dejó demasiado agotado y logró hacer todas las entrevistas en menos de cuatro horas.

Ralph abre el grifo de la bañera, no hay nada que le guste más que relajarse con un baño de agua tibia cuando dispone de tiempo para ocuparse de él. Coge una bata de detrás de la puerta, deja correr el agua y luego se dirige tranquilamente hacia la cocina recorriendo el pasillo a lo largo del cual se abren sus tres salones. El orgullo se lee en su mirada: le encanta ese piso decorado únicamente con muebles antiguos y de gran valor. Muebles de heredero, como le gusta pensar a él.

«No doy suficientes fiestas –piensa de pronto–. Aunque debo reconocer que ya no tengo amigos, sino tan sólo conocidos.»

Esa idea lo deprime aún más. Por otro lado, su vida sexual se ha visto considerablemente reducida. Desde hace más o menos un año, no siente ningún tipo de deseo físico, cuando antes era algo indispensable en su vida. Lo ha probado todo: los hombres, los travestis y hasta las mujeres. Pero ahora ya nada ni nadie lo inspira, e incluso la sexualidad le parece una actividad algo repugnante. Preferiría experimentar placeres más dulces, compartir momentos de ternura y nada más. Pero la pregunta es: ¿con quién?

–Soy viejo, estoy gordo, he dejado de follar –dice preocupado el estilista–. Creo que ha llegado el momento de hacer algo.

Cuando llega a la cocina se encuentra con Fina, que está preparándole el desayuno. Desde hace años, tiene la costumbre de comerse una rebanada de pan con mantequilla, un huevo pasado por agua y un café con leche al que añade achicoria porque le aseguraron que es mejor para la salud. Pero lo que más le gusta son los huevos revueltos con *pancakes* de beicon de su infancia, cuando vivía en Tampa, Florida, con su padre.

Su padre lo crió él solo después de que su madre murió cuando Ralph tenía once años. Falleció en un accidente de coche durante un viaje a Mérida, México, para vender sus colecciones de camisetas. Durante años, Ralph había curioseado en los cajones de su padre, que lo había conservado todo. Y había admirado los vestidos bordados creados por su madre, cuyos patrones ideaba para después confiárselos a las costureras de Yucatán, que los fabricaban a bajo precio.

Ralph estaba convencido de que su pasión por la ropa estaba relacionada con su voluntad de hacer revivir el universo en el que trabajaba su madre. Nunca la había llorado, no había tenido tiempo: su padre lo quería tanto que se ocupaba en exceso de él para así expiar la culpabilidad que sentía por no haber podido proteger a su mujer. Su hermana mayor, en cambio, abandonó muy pronto la casa familiar para casarse con un ingeniero con el que llevaba una vida muy ordenada en Nueva York, donde ahora vendía las creaciones de la casa Farrell. Verla no procuraba ninguna alegría a Ralph, que no le había perdonado que lo hubiera dejado solo con su padre, sin procurarle ese cariño maternal que únicamente había hallado en el trato con sus costureras, las únicas personas a las que a veces hacía confesiones íntimas.

Ralph se siente raro, nostálgico. Tiene que recuperarse como sea. Mecánicamente, le da a Fina la lista de los periódicos que le gustaría leer atentamente esa mañana. No quiere encender el televisor para no ver su desfile antes de haber leído las impresiones de los periodistas con los que habló la noche anterior.

Se sienta y se saca el móvil del bolsillo de la bata. Llama al número de información para obtener el teléfono de ese médico, el doctor Sorin.

—¡Clínica de París, buenos días!

—Buenos días, querría pedir cita con el doctor Sorin.

—¿Es usted paciente suyo?

—No, señorita, es para una primera visita.

—¿Cuándo le iría a usted bien?

—Pues... en cuanto me prepare: puedo estar en la clínica dentro de media hora.

—Bueno, a lo mejor tan pronto no va a poder ser —responde risueña la voz al otro lado del teléfono, que, de pronto, se ha vuelto más amistosa.

—Por favor, consígame una cita relativamente pronto. Se trata de una verdadera urgencia.

—Esta tarde si quiere, a las seis y media.

Ralph reflexiona un momento. Se dice que si el médico no lleva retraso la consulta probablemente haya terminado a las siete. Así tendrá tiempo de llegar antes de hora al estudio de grabación de la emisión de PEC (el alias de Pierre-Édouard Courtis), un presentador cuyo programa de entrevistas, emitido durante la segunda parte de la sesión televisiva de la noche, encabeza los índices de audiencia.

—¿Cree usted que para las siete estaré fuera?

—Sin duda, señor...

—Farrell, Ralph Farrell —dice él esperando la reacción habitual: «¿El diseñador?»

—¿Puede deletreármelo, por favor?

Sorprendido, y también algo ofendido, deletrea cuidadosamente su apellido. Le resulta raro que alguien, sobre todo tratándose de una mujer, no sepa quién es. Es raro pero no desagradable: eso significa que aún le quedan cosas por hacer.

—Muy bien, a las seis y media entonces, señor Farrell.

Ahora el estilista puede relajarse durante el resto de la mañana, ya que su primera cita es a las dos, con François Rabault. No lo ha invitado a comer como suele hacer normalmente. ¿Acaso quiere empeorar las cosas después de su comentario desagradable sobre su peso del día anterior?

Ralph comienza a impacientarse: ¿por qué Fina no ha vuelto todavía con la prensa?

Enciende el televisor y zapea para intentar ver un resumen de los desfiles, seguro de que el suyo será considerado el acontecimiento mayor.

En una cadena de noticias, una frase, como un derechazo, lo deja fuera de combate: «Podemos concluir diciendo que no fue el desfile más brillante que haya realizado el célebre diseñador Ralph Farrell.» ¿Cómo?

Oye el ruido de la puerta al cerrarse.

—Fina, ¿es usted?

—Sí, señor, ahora mismo voy.

Ralph casi le arranca de las manos la bolsa de plástico que contiene los periódicos. El primer titular lo alarma. En primera plana del *Parisien*: «Gran decepción en el desfile de Ralph Farrell.» Ni siquiera lee el contenido del artículo, sino que pasa de inmediato a otro periódico. *France-Soir*: «¿Ralph Farrell en decadencia?» *Le Figaro*, donde él creía que todo el mundo admiraba su trabajo, es aún más radical: «Ralph Farrell: *déjà vu* y tendencia *has been*.»

El corazón del estilista se acelera. Abandona su desayuno, se precipita hacia su salón de trabajo y marca febrilmente el número de su servicio de prensa.

—Póngame con Katia.

—De acuerdo, señor Farrell —responde el asistente, que ha reconocido su ligero acento norteamericano.

—Katia, pero ¿qué está pasando? ¿Has visto la prensa?

—Sí, Ralph, y no entiendo nada.

—No hay una sola línea favorable. ¿El desfile fue un desastre o qué? ¿Es posible que me haya equivocado por completo con esta colección?

—No lo sé, Ralph. En los quince años que llevo trabajando contigo nunca he visto una crítica tan unánimemente mala.

—Investiga los otros medios de comunicación, radio y televisión incluidos. Te llamaré antes de la una para que me hagas un resumen de todo.

—No te preocupes, tampoco es ningún drama que haya unas cuantas malas críticas en los periódicos. Concéntrate sobre todo en tu entrevista en el programa de PEC de esta noche, porque está claro que no va a perder la oportunidad de ensañarse contigo. ¿Quieres que la anule?

—De ninguna manera, Katia, sería interpretado como un signo de debilidad. Hasta ahora.

Ralph cuelga y permanece unos instantes de pie, aturdido, como un boxeador fuera de combate. De pronto, un pánico sordo se apodera de él: ¿y si estuviera acabado?

Segunda parte

Capítulo 7

En Boulogne, el día se inaugura bajo buenos auspicios. La ronda de los enfermeros que visitan las habitaciones de la clínica, el vaivén de los carritos del desayuno que pasan de un paciente a otro, las siluetas contrastadas de los enfermos que pronto empiezan a recorrer los pasillos para distraerse... Al doctor le gusta todo ese ritual cotidiano e intangible. Es la prueba de que, por la fuerza de la costumbre, su profesión instaura unos parámetros, unos puntos de anclaje. Aunque los incidentes alteren puntualmente la rutina terapéutica provocando la sorpresa, la serenidad que reina en su hospital hace que se sienta tranquilo y feliz.

Mientras el médico recorre el pasillo del segundo piso, la puerta entreabierta de la habitación de Sarah atrae su mirada. En su interior apenas distingue la cabeza de Lucio, que cree ver sentado en el borde de la cama. Normalmente debería entrar e interesarse por el estado de su paciente, pero una intuición lo retiene. Si hubiera algún problema, el enfermero lo habría prevenido. Mathieu decide entonces respetar el trato que ha hecho y deja que Lucio se ocupe de la joven.

Sarah mira de reojo a Lucio:

—Entonces, ¿me has salvado la vida?

—Yo he participado, pero sobre todo ha sido Mathieu quien ha evitado que mueras.

—Prefiero pensar que eres tú porque a ti te veo más a menudo que a él.

—Mira, Sarah, no quiero mentirte, lo cierto es que estoy aquí porque he hecho un trato con Mathieu.

—¿Qué quieres decir?

—Estás al corriente de la situación: acabas de sufrir un paro cardíaco. Si no vuelves a alimentarte de manera más o menos conveniente, vamos a tener que trasladarte a otro servicio, incluso puede que a otra clínica, para ponerte una sonda gástrica y alimentarte a la fuerza. A partir del momento en que pones en peligro tu propia vida, se considera que ya no es necesario obtener tu autorización para curarte.

La paciente aparta las sábanas y se incorpora:

—¡Ni hablar! Si es así, me voy de aquí inmediatamente.

Intenta ponerse en pie pero un mareo hace que se tambalee. Lucio la sujeta para que no se caiga y la tiende en la cama. Le acaricia la frente con un gesto tierno:

—¿Te das cuenta de cómo estás?

—Efectivamente —responde ella con resignación.

Un largo silencio se adueña de la habitación. Sarah ha cerrado los ojos, el enfermero cree que está dormida. De modo que la pregunta que ella le hace de repente, y sin mover siquiera una pestaña, lo sorprende aún más:

—¿Te gusto?

Lucio guarda silencio.

Desde que Sarah llegó a la clínica, siente la necesidad de ocuparse de ella, como si un imán lo atrajera. Ya ha curado a otras anoréxicas y sabe que, a menudo, poseen una personalidad fascinante. A pesar del ligero vello que recubre algunas zonas de su cara, llamado lanugo, la finura de sus rasgos les confiere una apariencia casi mística, como si fuera una presencia flotante en el espacio; un cuerpo en movimiento pero sin carne, animado por un intelecto extraordinariamente mordaz. No obstante, lo que le pasa con Sarah es algo distinto. No se trata únicamente de su belleza. Hay algo indefinible en ella que lo conmueve profundamente. ¡Pero no puede enamorarse de una paciente: es una falta profesional!

—¿Por qué me preguntas eso?

—No sé, tal vez porque nunca nadie me ha cuidado tanto y con tanta dedicación. ¿Estás casado?, ¿tienes hijos?

—No, vivo solo.

—Qué estúpida soy, perdona. ¿Quién va a querer a una pobre anoréxica completamente loca? Además, mi padre acabaría contigo en dos minutos y medio.

—¡Deja de hablar de tu padre como si fuera la única persona sobre la faz de la Tierra! ¡También estás tú!

Sarah se calla. ¿Cómo explicarle...?

¿Cómo explicarle que ha crecido en un hogar próspero, que sus padres nunca la han pegado ni maltratado, que nunca le ha faltado de nada? ¿Que, al contrario, la mimaron mucho y estaba muy bien acompañada (niñera, cocinera, chófer, profesores particulares...) y que tuvo todos los juguetes que quiso pero que a sus padres sólo los veía de vez en cuando? ¿Que a veces, ya tarde en la noche, si aún no se había dormido, lo único que la alegraba era oír el ruido de la puerta y ver a su padre entrar acompañado de su madre, y de ese modo saber que vivían en la misma casa?

¿Que cuando alguna vez su padre le acariciaba la mejilla con la mano, esa mano cuyo calor aún sigue sintiendo, ella se derretía y sentía que lo quería con todas sus fuerzas como les ocurre, de hecho, a cuantos se le acercan?

Sarah reprime las lágrimas que le provocan esos recuerdos. Debe hacer un esfuerzo para responderle a Lucio.

—¿Sabes qué hizo el día que cumplí dieciocho años?

—No.

—Como tenía varias reuniones importantes, me envió su coche para que fuera a su despacho y me anunció que iríamos a comer juntos, nosotros dos solos, para celebrar mi cumpleaños. Yo no me lo podía creer, estaba loca de alegría. Mientras el 607 nos llevaba al restaurante, su teléfono móvil sonó. La llamada no duró mucho. Después se volvió hacia mí, molesto, y me dijo que finalmente no podríamos comer juntos pero que tenía una idea. Le pidió al chófer que nos llevara a una pastelería y regresó al coche con una caja rosa que abrió encima del reposabrazos entre nosotros dos. Dentro había media docena de pasteles distintos y una vela. La puso encima de la lionesa de chocolate y la encendió. A continuación me pidió que soplara, me dijo: «Feliz cumpleaños, hija», me dio un beso y salió del coche. Por la ventanilla vi cómo llamaba a un taxi. El chófer me llevó a casa. Subí a mi habitación con la caja de dulces. Los cogí con las manos y me los comí todos, Lucio, en menos de un cuarto de hora. ¡Los devoré, los engullí, me los tragué uno detrás de otro! Después me miré al espejo. Mi vientre se había dilatado por lo que acababa de zamparme y me había puesto perdida de nata, chocolate, crema pastelera y mermelada de fresa. Me vi fea, sucia, no merecía ser su hija ni que nadie me quisiera.

—Y ¿así fue como empezó tu anorexia?

—Sí, eso creo.

—Sarah, si intento que comas algo, ¿te enfadarás conmigo?

—No, pero depende de lo que sea.

Aunque la tranquilidad parece seguir reinando en la habitación, acaba de resonar un trueno.

Capítulo 8

Tan pronto? Ralph intenta no pensar en ello, pero la idea se incrusta en su cabeza. ¿Cómo imaginar su vida sin su trabajo, sin creación, sin fama? Es inconcebible. Ahora no, de ninguna manera, si puede evitarlo. Él quiere morir encima de la pasarela, entre un frufrú de telas preciosas, bajo los focos y rodeado de aplausos. No arrastrarse como un viejo impotente con la baba colgando, como su padre. Valerse por sí mismo hasta el último segundo, no ver llegar el tijeretazo final, que no le dé tiempo a tener miedo. No, él no está acabado, aún le quedan muchas colecciones por crear.

Pero la confusión se adueña de Farrell: ¿y si la prensa tuviera razón? ¿Es posible que haya perdido su talento? Una generación de nuevos estilistas trata de empujarlos, a él y a los de su edad, hacia la puerta de salida. ¿Tal vez se ha quedado anticuado, pasado de moda? Una imagen se le viene a la cabeza: la del público en pie, aplaudiendo con todas sus fuerzas, al final del desfile. En ese momento, ¿qué hacía presagiar el ensañamiento general del día siguiente? Hay algo que no encaja...

Le echa una ojeada a su reloj y se olvida de sus conjeturas. Son más de las doce, tiene que acabar de prepararse y llamar a Katia antes de salir para el despacho de François Rabault.

Se dirige hacia el cuarto de baño, se quita el albornoz, se mira una vez más al espejo y vuelve la cabeza rápidamente. Se mete en la bañera, se sumerge por completo bajo el agua caliente con los ojos abiertos y luego se incorpora en medio de una lluvia de salpicaduras.

—Hola, Katia, ¿qué hay de nuevo?

—No te va a gustar. En *Le Monde* de esta tarde hay una foto tuya durante el desfile acompañada de un titular que te va a molestar bastante.

—Te escucho.

Hay un silencio y luego oye cómo Katia deja escapar un profundo suspiro:

—«Un vientre prominente para un desfile minúsculo.» Lo siento mucho, Ralph. Es verdad que la foto está hecha de tal manera que parece que estás, ¿cómo decirte?, algo rellenito, pero sólo es una cuestión de ángulo.

Otro silencio. A continuación, Ralph se echa a reír:

—No, es la verdad. De hecho, he cogido cita con un doctor del que me han hablado, el doctor Sorin, para recuperar la silueta de mi juventud. Te llamo mañana, no te preocupes, nos las arreglaremos, como siempre. ¡Confía en mí!

Después de colgar, Ralph se da cuenta de que en realidad no está tan seguro como finge estar. La vida es una serie de confrontaciones de las que uno debe salir victorioso, pero esta vez teme tener que vérselas con alguien mucho más fuerte que él.

Hace ya media hora que el diseñador espera sin que lo hayan invitado a entrar en el despacho presidencial. Normalmente, incluso si François Rabault no ha terminado de trabajar o está haciendo sus últimas llamadas, Ralph entra, se sienta en un sofá y hojea una revista hasta que el hombre de negocios acude a sentarse en el sillón de enfrente.

Farrell no es tonto: sabe que Rabault se comporta con ese descaro de cernícalo arrogante para hacerle pagar «el fracaso» del desfile. Un método en absoluto elegante.

Por fin la puerta se abre. Al estilista le sorprende ver que su «mecenas» sonríe, una sonrisa demasiado insistente en ese rostro que esperaba ver distante y algo glacial, como cuando quiere maltratar a uno de sus colaboradores. Pero ocurre todo lo contrario, el empresario se disculpa, le asegura que no sabía que esperaba desde hacía tanto y lo invita a entrar en su despacho. Una amabilidad que, en realidad, no hace sino aumentar la inquietud del creador.

—Vaya, pobre Ralph, parece que le han dado una buena lección esta mañana.

—Para un creador de moda, creo que incluso podríamos hablar de la peor de las humillaciones. Qué le vamos a hacer, son los misterios de la crítica.

—Ah, ¿sí? Creo que se toma usted las cosas muy a la ligera. Yo no. Como sabe, la alta costura es estructuralmente deficitaria y la conservo únicamente por la imagen y los productos derivados. Pero desde hace ya varios meses los pedidos que conciernen a la mayor parte de sus creaciones no hacen más que caer en picado.

—Pero bueno, François, ya sabe que en este momento el mercado japonés se ha ralentizado bastante y que los americanos nos han dejado un poco de lado debido a la devaluación del dólar.

—¡Desde luego, la catástrofe de su último desfile no nos ayudará a recuperarlos! Es preciso enmendar ese error cuanto antes.

—La próxima colección no estará lista hasta dentro de seis meses.

—Y nada nos garantiza que tenga una mejor acogida que ésta.

Un sudor helado recorre la espina dorsal de Farrell.

—¿Qué piensa hacer?

—Sabe el cariño que siento por usted, querido Ralph. Pero mi primer deber es comportarme como un director de empresa responsable que hace vivir, directa o indirectamente, a varios miles de personas.

—¿Quiere bajarme el sueldo y mis derechos de autor?

—Me temo que eso no será suficiente.

—Perdone —el estilista traga saliva porque acaba de comprender el verdadero plan de su patrón—, ¿está... está pensando en despedirme?

—¿Qué quiere que le diga? Ha logrado que todo el mundo se ponga en su contra. Desde las ocho de la mañana no he dejado de recibir llamadas de nuestros accionistas y colaboradores. Estiman que no merece las importantes sumas, no podrá negármelo, que le pagamos. No los culpo por ello.

Lo único que Ralph quiere es salir de ese despacho, huir de esa voz cortante y de esa mirada que escruta sus reacciones con el placer de la fiera que ha detectado el olor de la sangre y le anuncia fríamente que quiere descuartizar aquello que da sentido a su vida.

—Muy bien, François, sólo tiene que enviarme una carta estipulando que da por terminada nuestra cooperación y que me pagará la indemnización que me corresponde, y yo me iré sin organizar ningún escándalo.

—Pero Ralph, ¿acaso no recuerda que su contrato expira el mes que viene? Simplemente no se lo renovaré y punto. En cuanto a la indemnización, una cláusula me dispensa en caso de falta grave como, por ejemplo, el fracaso de una colección.

—Pero... pero... yo sigo siendo socio de su empresa, ¿no?

—Un socio extremadamente minoritario, mi querido Ralph, porque me he visto obligado a realizar numerosos aumentos de capital desde que compré su casa de moda. Y únicamente en tres sociedades del grupo; no las más ventajosas, desgraciadamente para usted. Incluso me pregunto si no tendré que cerrar una o dos.

El abogado de Ralph lo había prevenido quince años antes. Pero tenía el agua al cuello y no le había quedado más remedio que aceptar las condiciones de François Rabault: la cesión del 90 por ciento de sus acciones y de su marca, es decir, su nombre. Pero, como después su trabajo alcanzó tanto éxito, creyó que era intocable. ¡Menuda quimera!

Rabault se levanta y, con una expresión falsamente acusadora en el rostro, remata la faena:

—Ralph, creo que no tenemos mucho más que decirnos. Es mejor que se abstenga de volver a su antiguo despacho, le haremos llegar sus pertenencias a su domicilio. En caso de palabras desconsideradas a la prensa, le advierto que lo denunciaré por difamación. Sabe que me lo puedo permitir, por lo que le recomiendo que sea prudente. Por mi parte, haré que redacten un comunicado anunciando que, de común acuerdo, hemos decidido poner punto y final a nuestra colaboración. No lo acompaño hasta la puerta, ya conoce el camino.

Ralph se levanta y sale sin decir una sola palabra. Tras quince años de buenos y fieles servicios, acaban de despedirlo como si fuera un don nadie.

Capítulo 9

Lucio va a buscar un bote de requesón a la cafetería. Se arriesga y le añade un poco de azúcar. Intrigado, se dice: «Qué curioso es que algo tan insignificante como un estúpido requesón cobre tanta importancia en una situación como ésta.»

El enfermero entra en la habitación, cierra la puerta y busca a Sarah con la mirada. Se da cuenta de que la chica se ha cepillado el pelo y se ha puesto un poco de brillo en los labios. Como cada vez que la mira, un escalofrío se adueña de él. A pesar de la extrema fragilidad de la joven, a veces le entran ganas de abrazarla, de estrecharla contra su cuerpo hasta la fusión total. Si se dejara llevar, cogería su cabeza entre las manos, le cubriría la cara de besos, friccionaría su espalda con ternura para mostrarle el cariño que le inspira. Querría poder transferir la fuerza que siente en su interior a ese cuerpo tan debilitado.

Por su parte, Sarah lo observa y admira la silueta atlética que su bata abierta permite entrever. Se da cuenta de que le gustan los rasgos de su rostro, el contacto de su piel. Y de pronto se produce algo increíble, siente que el deseo brota en su interior, calentando progresivamente ese cuerpo helado por las privaciones. Ni siquiera recordaba cuán deliciosa era esa sensación. Se quedarán juntos. Y hablarán durante horas y horas.

Se está haciendo de noche. Tan sólo la pequeña lámpara de la mesilla ilumina la habitación. Lucio se acerca a Sarah. La joven acaba de convencerse de que el enfermero tiene una sonrisa encantadora. Él coge la cucharilla y le pregunta:

—¿Empezamos?

—De acuerdo.

Lucio coge un poco de requesón y acerca la cuchara a los labios de la joven. Un momento de duda. Él contiene la respiración. Luego ve la lengua rosada de Sarah posarse delicadamente sobre el requesón, como la de un gatito al lamer la leche. Lucio no se mueve, espera.

—¿Le has echado azúcar?

—Sí. ¿No debería haberlo hecho?

Ella lo mira, impávida, y alarga un poco el suspense antes de dar su veredicto:

—No, has hecho bien, así sabe mejor.

Es increíble que ese segundo le procure tanta felicidad. Podría empezar a saltar, gritar de alegría, ponerse a bailar alrededor de la cama.

Sarah percibe su entusiasmo:

—No te precipites, aún no hemos terminado.

—No importa, tengo todo el tiempo del mundo. ¿Seguimos?

Ella asiente y vuelve a abrir la boca. Lucio procura no llenar demasiado la cucharilla e ir despacio. Siente la mirada de la muchacha fija en él y esa impresión lo turba muchísimo.

Sarah ha aceptado comerse todo el requesón, Lucio está encantado.

—¿Quieres algo más?

—No —le dice ella en voz baja—, no estoy segura de poder hacerlo tan a menudo. Me sigue resultando difícil.

El enfermero le guiña un ojo:

—¡No pasa nada! Mañana estaré aquí a la hora del desayuno: cruasanes, Nutella y zumo de naranja.

La chica se ríe con cierto nerviosismo y luego su expresión se torna grave.

—Oye, todavía no has contestado a mi pregunta.

—Sarah, yo aquí no tengo derecho a amarte.

Ella se queda como paralizada y, de entrada, su mirada evita la de Lucio.

Entonces el joven se coge la cabeza con las manos. ¿Cómo podría el amor ser considerado una falta? ¿Por qué tiene que hacerle daño a la persona que tanto lo necesita y que él tanto desea proteger y querer? Se incorpora y describe un amplio gesto con la mano como para deshacerse de todo aquello que los separa.

—¡Bah! ¡A la mierda con la deontología! Sarah, estoy loco por besarte.

—¿Besarme? ¿A mí? ¿Tú me deseas? No, es sólo por compasión.

—Compasión sería hablar contigo, irme y olvidarte. En cambio, no dejo de pensar en ti, lo único que quiero es estar a tu lado, respirar tu olor, tocar tu piel, estrecharte en mis brazos. No sé si es exactamente amor, pero se le parece una barbaridad.

—Bueno, ¿y a qué estás esperando?

Lucio acerca la cabeza lentamente. Roza sus labios con los suyos, sus respiraciones se unen. Él recorre su rostro con pequeños besos y le acaricia el cabello diciéndole en voz baja:

—Sarah, Sarah, Sarah... ¡Mi Sarah!

La joven se echa a llorar. Con la punta de la lengua, Lucio recoge las lágrimas que surcan su rostro:

—Me bebo tus lágrimas para conocer tus pensamientos.

Ella, aún llorosa, sonríe. Él la mira fijamente a los ojos:

—¡Creo que te vas a curar muy pronto!

Fuera, la noche, que cae rápidamente en esa época del año, es fría y clara. Una luna con grandes mejillas brilla. No hay ningún ruido en la clínica. Siguen abrazados.

—Había que matarlo —murmura ella—, tú lo has logrado. Quiero hacerle daño.

Lucio, pensando en lo que se ha atrevido a hacer, no presta atención al discurso sibilino de Sarah.

—Sarah, es tarde, te dejaré dormir. Estoy de guardia esta noche; si tienes cualquier problema, pulsas el botón y vendré. ¿Quieres que venga mañana por la mañana para ayudarte a tomar el desayuno?

—¡Sí, sí!

Lucio se levanta, le da un último beso en los labios y se dirige hacia la puerta sin dejar de mirarla porque no quiere darle la espalda.

Una vez sola, Sarah coge su móvil y escribe un mensaje. Sus ojos brillan y sus mandíbulas se crispan. Pulsa la tecla «enviar» y dice entre dientes: «¡Toma ya!» Luego lanza el teléfono contra la pared con todas sus fuerzas.

Capítulo 10

En el taxi que lo lleva a la clínica, Ralph sufre varios tics nerviosos. Toda la tensión de la discusión con Rabault se ha esfumado para dejar paso al desarraigo. Se siente perdido, vacío, aniquilado, maltrecho e incapaz de hacer nada.

La recepcionista, sentada detrás de un mostrador de madera oscura, le pide que se siente y él más bien se deja caer en un sillón. A través de una neblina esponjosa, oye decir:

—¿Doctor Sorin? El señor Farrell está aquí.

Un hombre con una bata blanca se le acerca con una amplia sonrisa en los labios y le tiende la mano.

—Buenas tardes, señor Farrell, acompáñeme, por favor.

Una vez sentado frente al médico, Ralph se siente ajeno a su propia existencia. Hundido por ese despido tan repentino como injustificado, no sabe por dónde empezar. Mathieu rompe el silencio e interrumpe la cascada de oscuros pensamientos que lo inunda por dentro:

—¿Qué lo trae a nuestra clínica, señor Farrell?

—En realidad, esta mañana había decidido venir a verlo para ponerme a dieta y perder un poco de barriga, pero esta tarde me han despedido de la empresa que yo mismo creé, no tengo trabajo y me siento gordo, viejo y acabado. A las diez y media de esta noche estoy invitado a un programa de televisión y no tengo ni idea de lo que voy a decir. Y, además, tengo algunos síntomas extraños, como hormigueos en las puntas de los dedos, me cuesta abrir la mandíbula, casi como si estuviera paralizada. ¿Podría darme un vaso de agua, doctor? No me encuentro nada bien.

Mathieu Sorin le recomienda que se tumbe en la camilla. Primero le levanta las piernas y luego le da un vaso de agua y una galleta. Cuando el estilista los ha ingerido, el médico le sube la manga de la camisa y le toma la tensión.

—¿Cuánto tiempo hace que no se ha hecho ningún análisis de sangre?

—Ni idea, doctor. Yo creía que era inmortal.

—¡Al menos eso demuestra que se considera usted joven!

Ralph sonríe, es la primera palabra agradable que oye en todo el día:

—No lo sé, doctor, me siento tan cansado...

Mathieu vuelve a sentarse a su escritorio y empieza su interrogatorio médico: antecedentes, síntomas, alergias, etc. Ralph responde mecánicamente.

—Señor Farrell, ¿aceptaría usted que lo hospitalizáramos, al menos hasta que hagamos los análisis y descanse un poco?

—Si no quiero acabar teniendo un accidente vascular cerebral como mi padre, creo que es una buena idea. ¿Le importa que ingrese en la clínica esta misma noche, aunque sea tarde?

—En absoluto, lo único que tenemos que hacer es preparar su admisión con mi secretaria. Yo pasaré a verlo mañana por la mañana.

—Perfecto. ¿Cree usted que me quedan fuerzas para asistir a ese programa de televisión?

—No lo sé, señor Farrell. Tiene la tensión un poco baja y probablemente estaba en hipoglucemia cuando llegó, lo que explica que se encontrara mal. Sin embargo, a primera vista, y a la espera de los análisis, no parece que haya nada alarmante. Usted decide: ¿cree que puede no asistir o es algo realmente importante?

Ralph tiene la respuesta adecuada.

—Dadas las circunstancias, no tengo más remedio que ir.

Mathieu coge una tarjeta de visita, escribe algo en ella y se la tiende.

—Tenga, éste es mi número de móvil personal. Desde ahora y hasta que lo hospitalicen después del programa, si no se encuentra bien y necesita hablar de lo que sea, no dude en llamarme.

—Qué curioso, me ha hecho usted mucho bien, doctor.

—Lo único que he hecho ha sido darle una galleta y un poco de agua.

Ralph se ríe discretamente:

—Ha hecho usted mucho más, y lo sabe. ¿Adónde tengo que ir ahora?

—Quédese aquí, mi secretaria vendrá a verlo. Ahora tengo que dejarlo, me quedan algunos pacientes por ver en la clínica. Buena suerte con el programa. Hasta mañana.

Capítulo 11

Mathieu llama a la puerta 305:

—¿Señora Bensimon?

—¿Es usted, doctor Sorin? ¡Entre, entre!

Liliane Bensimon se ahueca el pelo y su gesto hace sonreír a Mathieu.

—¿A qué debo el placer de que me visite tan tarde?

—Me gustaría que comprendiera que, si quiere adelgazar, debe limitarse estrictamente a comer lo que le servimos en la clínica y nada más, y que además debe practicar las tres actividades físicas que le he prescrito.

—Pero eso no sirve de nada, doctor, todo me hace engordar. Sólo con mirar un plato de espaguetis cojo un kilo.

—Señora Bensimon, confíe en mí. En la clínica tenemos aproximadamente treinta personas en la misma situación. Todas adelgazan, excepto la que se pasea cada tarde cerca de la panadería. ¿No le parece extraño?

—Sí, de acuerdo, me sé de memoria su historia: engordo porque compro comida a escondidas. Pero le digo que hoy al mediodía sólo he comido una sopa de verduras y un yogur. Y que anoche me contenté con una fruta y un plato de verdura pero que, de todos modos, he cogido medio kilo.

Lo cierto es que Liliane Bensimon no quiere adelgazar, y Mathieu lo sabe. Si lo hiciera, tendría que enfrentarse a dos cosas: no pasar la mitad de su vida en la clínica y dejar de utilizar la comida como vía de escape. La paciente interrumpe sus pensamientos:

—Es demasiado difícil. ¿Por qué tengo que privarme constantemente? ¿Por qué no puedo comer lo que me apetece?

—Señora Bensimon, eso es precisamente lo que le digo desde el principio. Nadie la obliga a adelgazar, es usted quien lo ha pedido. ¿Por qué?

—Me siento tan bien aquí... Sin problemas ni tristezas.

—¿No echa de menos a su hijo?

—No, viene al menos dos veces por semana. Desde que se fue de casa, no lo he visto nunca tan a menudo.

—¿Y a su marido?

Liliane Bensimon hace una mueca de disgusto:

—¡Él sí que no me echa de menos!

—Sin embargo, siempre lo veo aquí los miércoles por la tarde y los fines de semana.

—Así se queda con la conciencia tranquila.

—¿Acaso tiene usted algo que reprocharle?

—No tengo ganas de hablar de eso. Bueno, ¿cómo está la pequeña Sarah? Ah, he oído decir que el célebre diseñador Ralph Farrell ingresará en la clínica, ¿es eso cierto?

—Efectivamente, está usted muy bien informada.

—¡Genial! Me encanta conocer a gente famosa.

—No cambie de tema y volvamos a su dieta, ¿quiere? Para no tener hambre y evitar picotear, debe aprender a comer tres o cuatro veces al día. La dieta de 1.500 calorías que le he prescrito debería permitirle adelgazar sin pasar mucha hambre, siempre y cuando haga un poco de ejercicio.

Liliane suspira:

—Muy bien doctor. A partir de ahora seguiré sus instrucciones al pie de la letra. ¿Me asegura usted que la semana que viene habré perdido al menos un kilo y medio?

—Si evita las excursiones al exterior, sí.

—¡Ah, no! No irá a empezar otra vez con lo mismo. Las *chouquet-tes* eran para una enfermera a la que quería hacerle un regalo.

—En ese caso, si no pierde un kilo y medio en los próximos ocho días, le cambiaré la dieta.

—De acuerdo, empezaré mañana por la mañana.

Mathieu se levanta y cierra la puerta detrás de él. Una vez en el pasillo advierte que la puerta de la habitación de Sarah está cerrada. Mañana la verá, será su primera visita. Pero ahora está agotado y lo único que le apetece es volver a casa y ver a Marianne y a sus hijas.

Capítulo 12

Ralph reflexiona dentro del Mercedes-Benz negro enviado por la cadena de televisión que debe conducirlo al programa de Pierre-Édouard Courtis. Se siente mejor desde su visita al nutricionista, tiene las ideas más claras. ¿Qué va a contestarle a PEC cuando empiece a bombardearlo a preguntas? Entre las espantosas críticas de la mañana y el comunicado de prensa del que le ha hablado François Rabault y que seguramente será publicado mañana, no le queda mucho margen de maniobra. Lo único que puede hacer es adelantársele y ser el primero en anunciar el final de su colaboración de la manera más elegante posible. Ser sincero y confiar en PEC, que siempre le ha demostrado su amistad y su respeto.

El coche sale de la carretera de circunvalación y se dirige hacia Plaine Saint-Denis, barrio en el que se encuentran los estudios de grabación más importantes.

El Mercedes llega cerca de las barreras tras las que esperan los numerosos curiosos que han acudido a ver a las celebridades invitadas. El estilista debe reconocer que le encanta el instante en el que la portezuela del coche se abre y, con una rápida ojeada, recorre el espacio que lo rodea para ver cuántos curiosos esperan. Y pensar que pronto se verá privado de las satisfacciones que procura el fanfarroneo...

Dentro del estudio, un cuidado ritual permite diferenciar rápidamente a los huéspedes distinguidos del populacho: la distribución en los palcos. En general, los situados en la planta baja se destinan a las estrellas o a los amigos personales del presentador. Katia le ha dicho que compartiría protagonismo con el ministro de Sanidad, Philippe Fillot, nueva figura política cuyo lenguaje directo, dinamismo y físico aventajado deberían permitirle alcanzar las más altas funciones. Qué pena que no sea el ministro de Cultura o el de Comercio Exterior, se lamenta Ralph. De serlo, tal vez podría haberlo ayudado en algo.

En su camerino lo esperan el clásico ramo de flores, una bandeja de pastas Dalloyau... y una botella de champán caliente. ¡El detalle que lo estropea todo!

De todos modos, Ralph no tiene nada de hambre y debe empezar su dieta de adelgazamiento mañana. Caer en la tentación tan pronto sería un mal signo. Y ya ha acumulado demasiados indicios negativos, nefastos incluso, a lo largo del día.

Hay bullicio en el pasillo. Alguien llama a la puerta abierta y asoma la cabeza como un guiñol en un teatro de marionetas. Ralph oye una voz con un timbre agradable:

—¿Puedo saludarlo?

Ralph exhibe su sonrisa mundana número uno:

—Por supuesto, el honor es sobre todo mío, señor Fillot.

1,85 metros, entre 80 y 85 kilos de peso, cuerpo atlético, una sonrisa de escándalo, la piel ligeramente bronceada, justo lo necesario, ni mucho, ni poco.

«¡Caray! Si fuera candidato a la presidencia, sería el primero en votarlo», se dice el estilista.

Además, su interlocutor le confiesa que, en su opinión, él es el mejor diseñador de todo París, y que las críticas que ha recibido son invenciones de esos seres infectos a los que sólo les interesa proferir difamaciones y desterrar a sus propios ídolos.

—Yo mismo estoy acostumbrado a que a menudo los periodistas me busquen las cosquillas o incluso me critiquen duramente. En eso consiste su trabajo. Después de habernos cubierto de cumplidos, sienten la obligación de ponernos verdes de vez en cuando. Así tienen la impresión de ser poderosos.

—Siempre me han dicho que el arte de la política consistía en saber encajar los golpes —replica Ralph—, pero ignoraba que fuera posible amortiguarlos con tanta elegancia.

—Me halaga usted en exceso —le responde con humor y soltura Philippe Fillot.

¡Qué clase! Aunque nadie ha organizado el encuentro, ese hombre ya ha salido del camerino, ha dejado a Ralph fascinado y probablemente debe de estar saludando a otro invitado. La campaña electoral y la caza de votos han empezado pronto esta temporada.

El estilista se sienta delante del televisor que han instalado en su camerino para que vea el principio del programa.

Títulos de crédito, primer plano de la cara de PEC, el clásico: «Buenas noches, señoras y señoritas, buenas noches, señores.» PEC es un presentador seductor, jovial, cuyo tono le ha gustado desde siempre.

—Esta noche está con nosotros Ralph Farrell, el gran estilista, acribillado por la crítica tras su último desfile. Él mismo nos dirá si su carrera está tocando realmente a su fin o si, en cambio, se trata de un simple accidente.

Ay, justo lo que Ralph se temía. Pero, al mismo tiempo, Courtis le da un indicio del rumbo que va a tomar la entrevista. Así tendrá tiempo de prepararse unas cuantas frases durante el resumen en imágenes de la semana. PEC prosigue:

—A su lado pueden ustedes ver a Philippe Fillot, el ministro más popular, el hombre que triunfa en todos los frentes, nuestro Kennedy particular. ¿Hasta dónde espera llegar? ¿Al Elíseo? También nos acompaña Baptiste de Luzille, autor y director de una obra teatral torturada sobre un difícil tema que está triunfando en París.

Ciento veinticuatro segundos más tarde, una asistente con unos auriculares en las orejas entra en su camerino y le indica que debe seguirla. Ha llegado la hora de entrar en el plató. Tiene las palmas de las manos húmedas y la boca seca. Suele sentirse a gusto delante de las cámaras, pero nunca había estado en una postura tan delicada como la de esa noche. Venga, ánimo, será un mal trago pero dentro de dos horas podrá refugiarse en la clínica, lejos del guirigay mediático.

En el plató, sentado entre Philippe Fillot y Baptiste de Luzille, Ralph está además flanqueado por dos actrices de la obra de teatro.

PEC se vuelve hacia el director:

—Empecemos por Baptiste de Luzille. Bueno, ¿se alegra de estar aquí con nosotros esta noche para celebrar su éxito?

—Pues sí, es algo nuevo para mí.

—¿Cuál es el tema de su obra?

—La violación y el incesto.

—¿Acaso los sufrió usted en sus propias carnes durante su infancia?

De pronto, el ambiente del plató se vuelve pesado. Ralph no se atreve a mirar al joven autor, que, sorprendido por la pregunta, tarda unos cuantos segundos en responder:

—¿Por qué? ¿Acaso cree usted que carezco de imaginación?

PEC decide batirse en retirada:

—No, yo no he dicho eso, pero he visto su obra y debo reconocer que me ha hecho sentirme incómodo porque las réplicas parecen extraordinariamente veraces.

—Se lo agradezco, es el mejor cumplido que podría hacerme.

PEC siente que debe soltar a su presa y continúa la entrevista siguiendo la línea marcada por Baptiste. A continuación, «destripa» a las dos actrices.

Mientras espera su turno, François Fillot parece aburrirse soberanamente. Acostumbrado a los platós de televisión, sabe que puede ajustarse la corbata y enjugarse discretamente la frente con toda tranquilidad. Ralph incluso percibe una vibración contra su cadera izquierda: el móvil del ministro. «¡Qué obsesión, como si no pudiera desconectar el teléfono durante media hora!», se dice.

El ministro saca su teléfono y consulta la pantalla. Su mano empieza a temblar y deja el aparato delante de él. Ralph, intrigado, mira de reojo disimuladamente y consigue leer unas cuantas palabras.

«Su hija Sarah ha muerto esta noche a las ocho y veinte.»

El estilista siente cómo la sangre se hiela en sus venas.

Philippe Fillot le hace señas a una asistente para que se acerque y le dice unas cuantas palabras al oído. La joven afirma con la cabeza y se aleja para hablar por su micrófono auricular. Inmediatamente, Ralph ve que PEC se lleva un dedo a la oreja. Deja de lado a las actrices y se vuelve hacia el ministro:

—Philippe Fillot, me dicen que tiene usted mucha prisa y que preferiría que lo entrevistara cuanto antes. ¿Se trata de una cita amorosa o de una crisis política que debe solucionar?

Completamente estupefacto, Ralph contempla cómo el político luce su devastadora sonrisa:

—Efectivamente, acabo de enterarme de que ha habido un grave accidente en Madrid. Vamos a reunirnos en el ministerio para enviar inmediatamente varios equipos sanitarios para ayudar a nuestros amigos españoles.

Ralph no sabe si admirarse u horrorizarse. Aquel saber estar implicaba algo monstruoso. Él no es padre, pero le parece que si le anunciaran la muerte de su hija se sentiría mal y saldría de allí inmediatamente sin preocuparse de la impresión que pudiera causar.

PEC y Fillot se devuelven mutuamente la pelota y su habilidad dialéctica los hace brillar a ambos. Son casi como un dúo perfectamente calibrado. Una vez terminada la entrevista, la asistente, agachada para escapar de las cámaras, se acerca al ministro y le indica con un gesto que dentro de dos minutos podrá salir.

PEC hace una pausa para la publicidad y luego se dirige a François Fillot: «Adelante, señor ministro.» El político ya no sonríe en absoluto, se levanta, hace una pequeña inclinación de cabeza para darle las gracias al periodista, que va a su encuentro para estrecharle la mano. Siempre puede resultar útil tener un amigo en las altas esferas...

La voz de la asistente inicia la cuenta atrás: diez, nueve, ocho... Ha llegado la hora de Ralph.

PEC se vuelve hacia él:

—Bueno, señor Ralph Farrell, ¿qué está pasando? Su desfile de ayer fue un auténtico fracaso, como si todos los medios de comunicación se hubieran aliado en su contra. Eso es algo inédito en su carrera. ¿Podríamos decir que se ha equivocado usted?

—Oh, los periodistas no siempre han sido delicados conmigo, no es la primera vez que una de mis colecciones no tiene una buena acogida. Ningún creador que someta su obra al juicio de los demás puede pretender que éste le sea siempre favorable.

—¡Estoy de acuerdo, pero es que esta vez se trata de una auténtica masacre! ¿Por qué tanto odio?

—No lo sé, pero debo aceptarlo y sacar mis conclusiones.

—¿Acaso nos está usted anunciando que va a jubilarse? ¡Ésa sería la noticia de la semana!

—Yo no he dicho nada semejante, querido Pierre-Édouard, pero puede estar tranquilo: el día en que tome esa decisión extrema, usted será el primero en saberlo.

—Muchas gracias, me encantan las exclusivas.

—Pues tengo una. ¿Le interesa?

—¡Por supuesto que sí! Venga, Ralph, me muero de curiosidad. ¿Ustedes también? —pregunta PEC volviéndose hacia el público, que empieza a gritar y a golpear el suelo con los pies.

Ralph espera y no responde hasta que el bullicio se calma:

—Voy a abandonar la casa de moda que yo mismo creé.

—¿Por qué? ¿Tan sólo por unas cuantas malas críticas?

—No, eso es sólo la punta del iceberg. Hace ya más de quince años que trabajo sin descanso y no he tenido más de ocho días de vacaciones seguidos. Creo que ha llegado el momento de cumplir un antiguo sueño.

—¿Cuál?

—Ver el nacimiento de las ballenas en las costas de Madagascar.

—¡Desde luego, nada que ver con sus modelos raquíticas!

El público se ríe a carcajadas y aplaude. PEC interviene de nuevo:

—Y ¿qué hará después? ¿Contar las escamas de las tortugas en las islas Galápagos?

—¡Fíjese, qué buena idea! No, todavía no lo sé, espero que el canto de las ballenas me lo revele.

—Señoras y señores, un fuerte aplauso para el señor Ralph Farrell, que, a pesar de lo que digan algunos colegas más bien groseros, sigue siendo el mejor diseñador de París y, por tanto, del mundo entero. Gracias, Ralph, esperamos que vuelva usted pronto a nuestro programa.

—Será un gran placer, como siempre. Gracias a usted, Pierre-Édouard.

PEC se levanta para despedir a Ralph y acompañarlo hasta la escalera que conduce a los camerinos. En el calculado protocolo de su programa, dicho movimiento representa un tratamiento especial, reservado a las estrellas más importantes. Mientras suena el *jingle* de salida, el presentador le dice unas palabras al oído a su invitado:

—El director general de la cadena me ha llamado antes del programa para decirme que estaba acabado y que podía ensañarme con usted. Eso no es propio de él... ni de mí. Tenga cuidado, Ralph, está usted siendo objeto de una conspiración, por no decir de un complot.

—Muchas gracias, es usted un amigo de verdad.

Antes de separarse, los dos hombres se dan un último apretón de manos y se guiñan el ojo con complicidad.

En el asiento trasero del Mercedes que lo lleva de vuelta a casa, Ralph analiza una y otra vez las últimas palabras de PEC. En efecto, ¡eso explicaría muchas cosas! Finalmente se alegra de haber asistido al programa. La estancia en la clínica le permitirá reflexionar y preparar su contraataque. Nadie sabrá dónde está: ¡es perfecto!

Capítulo 13

Cada vez que Mathieu mete la llave en la cerradura de su domicilio, se alegra de no haberse quedado soltero. No habría soportado volver a una casa vacía. La idea de que, aunque sea tarde, Marianne —su mujer— lo está esperando es como un bálsamo contra sus problemas cotidianos que lo hace sentirse más sereno. Está deseando contarle su jornada. Sabe por adelantado que lo escuchará con atención y le dirá exactamente las palabras que necesita oír para tranquilizarlo. Ella lo calma y al mismo tiempo le da energía. A veces se siente culpable por agobiarla con sus historias, pero, por suerte, Marianne forma parte de la raza de los filántropos.

—¡Hola! —lo saluda una voz desde el entrepiso.

—Hola, corazón mío.

Marianne asoma su cabeza de un rubio veneciano por encima de la barandilla:

—¿Tienes hambre?

—He hablado tanto de comida a lo largo del día que no debería. Pero mi bulimia particular se despierta en este momento, cuando por fin me relajo. ¿Qué me propones?

—Versión dieta: endivias braseadas, hígado de ternera a la plancha, yogur y manzana. Versión normal: queda pasta con atún que las niñas no han acabado y un trozo del pastel de chocolate que ha hecho Laura.

—Ya sabes que no sé elegir, ¿una combinación de las dos versiones?

Marianne baja rápidamente y le da un beso en los labios:

—Al parecer, uno de tus pacientes sale en el programa de PEC esta noche.

—¿Cómo lo sabes?

—He intentado llamarte a la clínica y me han dicho que tenías cita con Ralph Farrell, y en el programa de la tele anuncian que va a participar en la emisión. ¿Quieres verlo? Entonces pon la tele cuanto antes, porque hace ya un rato que ha empezado.

—Ese hombre es un tipo fascinante. No entiendo muy bien por qué ha venido a la clínica para perder peso, pero he tenido la impresión de que debía acogerlo.

—Te vas a reír, creo que ha sido la noche Sorin en el programa de PEC, porque también han invitado al padre de tu anoréxica.

—¿Al ministro de Sanidad?

—Sí.

Mientras Mathieu se prepara, suena el teléfono. Marianne contesta:

—Sí, espere, ahora mismo se lo paso.

Le da el teléfono a su marido:

—Es de la clínica.

Mathieu lo coge con el ceño fruncido:

—Doctor Sorin, soy el guardia de seguridad del turno de noche. He pensado que debía avisarlo. Acabo de recibir una llamada de un tal señor Fillot que quería hablar con su hija, Sarah, la joven de la habitación 203. Yo he seguido el reglamento y le he dicho que tenía prohibido pasar las llamadas después de las nueve y media de la noche. Él ha empezado a gritarme diciéndome que era ministro, que iba a hacer que cerraran la clínica y que todo el personal, incluido usted, iría a la cárcel. Me ha dicho de todo, pero yo no tengo la culpa.

—Y ¿qué ha pasado después?

—Me ha dicho que su hija había muerto y que venía inmediatamente hacia aquí. Yo le he explicado que nadie había muerto en la clínica, pero no me ha hecho caso y ha colgado. ¿Qué hago?

—¡Voy para allá! Si por casualidad llega antes que yo, ábrale la puerta y acompáñelo a la 203. Avise a Lucio ahora mismo.

¿Qué significa todo esto? Mathieu coge su abrigo y se dirige precipitadamente hacia la puerta. Marianne suspira con fatalismo. Cuando una quiere pasar veladas tranquilas y en pareja no se casa con un médico...

Capítulo 14

En una callejuela cercana a los Campos Elíseos, los focos halógenos del Nightfly, que coronan la doble puerta blindada con un ojo de buey incrustado, se encienden. Dentro de la discoteca, Patrice Houbert supervisa la disposición de la zona vip. ¡Qué gran invento hacer pagar aún más caro el mismo alcohol y el mismo ambiente!

Patrice reina en las noches parisinas desde hace veinte años, pero esa increíble resistencia no ha dejado huella en él. A base de liftings, inyecciones de bótox, musculación y dietética, logra dar una impresión de atemporalidad. O, más bien, parece no envejecer de tan embalsamado como está. Pero poco importan esos experimentos artificiales: cuenta con la fama y con cierto poder. El de ser el rey de la fiesta, como suelen recalcar los titulares de algunos periódicos a falta de mejores imágenes.

Pero lo cierto es que sí tiene el poder de un rey. En efecto, su agenda de contactos pesa más que una maleta, y conoce los secretos más escandalosos de los miembros de la jet set que disfrutan apiñándose en sus pistas de baile. «Sus» pistas de baile es una manera de hablar, porque en realidad es sólo el gerente del Nightfly, no el propietario. Un elemento de la fachada, nada más, suele decirse las mañanas en las que se siente algo depresivo, cuando las luces vuelven a encenderse y un ápice de lucidez asalta de nuevo su pensamiento.

Como todas las noches, Patrice controla la lista de las reservas, da las consignas y ve a todos los empleados. El disc-jockey está listo, las bebidas, en la bodega. El jefe de barra le dice que ha encontrado una nueva camarera para sustituir a la que tiene gripe. No tiene mucha experiencia, pero es atractiva y está muy motivada, le dice guiñándole el ojo con complicidad. Patrice mira a la joven que está preparando las hileras de vasos y asiente. «¡Muy atractiva en realidad!», se dice, algo pícaro. Rasgos finos, cabello largo y rubio, y el escote de su camiseta deja entrever unos pechos generosos. Sin duda alguna le dirá que se pase por su despacho al final de la noche. Para hablar, por supuesto, como siempre suele decir.

Apertura, empieza la fiesta. Va a ser de nuevo una locura. El portero, secundado por dos guardias de seguridad, escoge a algunos afortunados de entre la larga cola de jóvenes que esperan a las puertas de la discoteca. Los demás, decepcionados, saben que no sirve de nada insistir, pero siguen esperando. La clientela «de verdad» no llegará hasta dentro de una hora como mínimo, ¿por qué perder la esperanza de poder entrar en ese lugar santo?

Patrice sonríe pensando en el éxito del lugar cuando de pronto Fred, uno de los guardias, le avisa de que una señora quiere hablar con su hija, la nueva camarera. Podría despacharla con una mueca de desprecio, pero le ha enseñado una tarjeta profesional que asegura que es juez de instrucción. Atención, peligro. El gerente frunciría el entrecejo si el bótox se lo permitiera porque es la primera vez que ve algo así: la madre que viene a buscar a la hijita que trabaja detrás de la barra. ¡Qué profesión, la suya! Primero le pide algunas precisiones al jefe de barra sobre el nuevo fichaje para saber si está en terreno minado:

—No será menor, ¿verdad?

—Qué va, tengo cuidado con eso, siempre controlo los papeles. Tiene veintitrés años y se llama Émilie Weber. Vive en el distrito 16 de París. *Look* BCBG,[2] estudiante. Nada sospechoso.

2.   Acrónimo francés de «*bon chic, bon genre*»: «buen estilo, buena clase». (*N. de la t.*)

Si estuvieran a principios de semana la habría echado inmediatamente. Pero un viernes y con la gente tan importante que espera en la zona vip no puede permitirse quedarse sin una camarera. Así que tiene que encargarse él mismo del asunto y arreglar el incidente en menos de cinco minutos.

Patrice le hace un gesto a Émilie para que ésta lo siga y, mientras suben por la escalera, la mira por encima del hombro:

—Al parecer, tu madre está fuera y anda buscándote, así que deshazte de ella rápidamente y luego vuelve al trabajo.

—Sí, señor, lo siento.

A través del ojo de buey, el jefe observa el reencuentro familiar sin perder detalle. La escena vale la pena: ofendida e incluso furiosa, la hija le dice tres frases a la madre, se da media vuelta sin escuchar su respuesta y, a continuación, corre hacia la puerta como alma que lleva el diablo. Bonito trasero, por cierto, no puede evitar pensar el gerente al verla correr.

La madre se queda plantada delante de la entrada como si esperara que regresase. Luego da media vuelta y, con los hombros caídos y a paso lento, desaparece de su campo de visión.

¡Émilie la ha mandado para casa en un santiamén! Si no demuestra ser demasiado torpe durante el servicio, le gustaría contratarla.

Capítulo 15

De pie en medio del vestíbulo, Mathieu ve cómo los faros del Vel Satis avanzan hasta la escalera de la entrada. Una portezuela se cierra de golpe y unos pasos presurosos resuenan en la escalera. Una borrasca con un abrigo de cachemir azul marino abre la puerta de par en par: Philippe Fillot, seguido por sus dos guardaespaldas con cara de funeral, entran con gran estruendo:

—Quiero ver el cuerpo de mi hija. Usted la ha matado, voy a acabar con usted.

—Tranquilícese, señor ministro. Sarah está bien, lo acompañaré para que la vea.

Sorprendido, el político sigue al médico sin decir una sola palabra después de hacerles señas a sus gorilas para que se queden abajo.

Mathieu llama a la puerta de la 203 y anuncia:

—Sarah, tu padre está aquí.

—¡Ya iba siendo hora!

Lucio está sentado al borde de la cama y la joven le agarra la mano con tanta fuerza que tiene los nudillos blancos. Philippe los mira con suspicacia y luego se dirige a Sarah en tono melodramático:

—Pero ¿qué pasa? ¡Creía que habías muerto!

—Ah, ¿sí? Desde luego no es que siga viva gracias a ti. ¿Tengo que convertirme en un cadáver para que vengas a verme?

—¿Cómo puedes decir algo tan horrible?

—Que te den. La historia de siempre: hoy te quiero más que ayer pero menos que mañana. Así que gracias por tu visita y lárgate: ya has visto que estoy viva.

—Pero, entonces, el mensaje que he recibido...

—Era sólo para decirte que estoy muerta... para ti. Porque, de todas maneras, tu vida no cambiará esté yo viva o muerta, ya que nunca te has ocupado de mí.

Philippe Fillot, sonrojado por los reproches y horrorizado por la presencia de testigos, se vuelve alternativamente hacia Mathieu y Lucio antes de exclamar:

—¿Qué le han hecho a mi hija? ¡Se ha vuelto completamente loca! ¿La han drogado? ¿Le han lavado el cerebro?

Ofendidos por la acusación, el médico y el enfermero se disponen a contestar, pero Sarah se incorpora, lo fulmina con la mirada y se les adelanta:

—¡Eso sí que no! Gracias a Mathieu y a Lucio sigo perteneciendo a este mundo. No les toques ni un pelo. De lo contrario, contactaré con *Paris-Match*, *Voici* y compañía y les hablaré del padre ejemplar que eres, les diré que nunca te has ocupado de mí y podrás decirles adiós a tus queridos electores. Así que vuelvo a decírtelo y no pienso repetirlo: sal de mi habitación porque no quiero volver a verte nunca más. ¿Está claro?

Philippe Fillot abre la boca para contestar... pero no dice nada. Atónito y con las mandíbulas apretadas, echa a andar mecánicamente y sale de la habitación. Mathieu corre hasta darle alcance, Lucio le pisa los talones:

—No se preocupe, señor ministro —trata de tranquilizarlo el médico—, en realidad su hija se encuentra mucho mejor. La escena que acaba de presenciar es dura, estoy de acuerdo, pero es necesaria para ella. Supone una saludable catarsis.

—Oh, haga usted el favor de callarse.

El tono es seco, como una bofetada. Mathieu está pensando en cómo reaccionar cuando de repente el político regresa bruscamente hacia la puerta e intenta abrirla. Pero ahora el cerrojo está echado. Sus dedos tamborilean en el batiente:

—Sarah, soy papá, ábreme, tenemos que hablar.

—¡Demasiado tarde! ¡Diez años tarde! Lárgate, idiota.

—Esto no va a quedar así. Ábreme o llamo al GIGN[3] para que eche la puerta abajo.

—Soy mayor de edad, no tienes ningún poder sobre mí, y estoy aquí por voluntad propia.

La situación degenera y Mathieu se pregunta qué puede hacer. Trata de interceder, hablar con los dos, pero ni el padre ni la hija quieren entrar en razón. Lucio, por su parte, aprovecha la confusión general para escabullirse. Cree haber adivinado lo que Sarah pretende hacer, y él decide actuar también. Sin pensarlo dos veces, baja la escalera rápidamente para salir del edificio y rodearlo por la derecha y se cruza con dos guardias de seguridad que, alertados por los gritos, suben los escalones de cuatro en cuatro.

Cuando acaba de bajar la escalera de incendios, su intuición le hace susurrar en voz baja:

—Sarah, Sarah, ¿estás ahí?

Una frágil silueta surge de la penumbra. Lucio le tiende la mano a la joven y la conduce hacia una puerta que da a una calle detrás de la clínica. Allí tiene aparcado su Clio rojo. Entra y se sienta al volante. Sin dejar de mirar el retrovisor, arranca con suavidad y comprueba que ningún coche los sigue. La huida es la única solución que ha encontrado.

---

3.   Grupo de Intervención de la Gendarmería Nacional afincado en París y de gran movilidad cuyas principales misiones son las operaciones de antiterrorismo, el rescate de rehenes y la asistencia a los gendarmes franceses en arrestos de alto riesgo. (N. de la t.)

Capítulo 16

El Nightfly está lleno hasta la bandera. La noche está en su apogeo, las botellas desfilan a un ritmo casi industrial.

Patrice, como profesional de la noche que es, nunca bebe alcohol. No obstante, de vez en cuando, no se priva de una rayita. Cuando se siente cansado como hoy, un tiro de cocaína le permite –o al menos así lo cree él– recuperar esa jovialidad indispensable en su profesión. Y esta noche la necesita. Entonces se encierra en su despacho para tomarse su «reconstituyente». Extiende su gramo encima de la mesa de cristal, prepara una raya con su tarjeta de crédito Platinium, se tapa una fosa nasal, esnifa y hace otro tanto con la otra. Después se limpia cuidadosamente la nariz y vuelve a la discoteca. «Lo mejor de la coca –se dice–, es que el efecto es inmediato.» Ahora está animadísimo, se mueve entre las mesas de la zona vip como si acabara de levantarse, le dice una buena palabra a uno, un cumplido a otro, antes de invitar a una ronda a la mesa del ganador de un *reality show* televisivo.

Émilie, por su parte, se afana detrás de la barra, eficaz y sonriente. Incluso podría decirse que se esfuerza demasiado, avergonzada por la intrusión de su madre. El jefe de barra tiene los ojos puestos en ella, y la chica es consciente de ello. Hacia las cinco, cuando la sala comienza a vaciarse, las bandejas de vasos sucios se acumulan de golpe. Hay que limpiarlo y ordenarlo todo. La noche se le ha pasado volando, no le ha dado tiempo a pensar en nada. Olvidar, olvidarse de sí misma. Eso es lo que ella quiere.

El olor agrio del sudor y del tabaco cuando empiezan a enfriarse empieza poco a poco a impregnar el local. Entonces Patrice se acerca al bar y le hace señas al jefe de barra. La pregunta no lo coge por sorpresa: ¿cómo se las apaña la nueva? Satisfecho por la respuesta, observa a la joven. En realidad está harto de enrollarse con las mujeres más bellas de todo París pero, vete a saber por qué, esa chica lo atrae. Normalmente evita acostarse con el personal porque le aporta más conflictos que placer, pero no le parece que esa chica vaya a quedarse mucho tiempo en el Nightfly. ¡Además, le apetece tocarle las tetas!

Cuando el último cliente se va, la música se detiene y la luz inunda el local. «Cuanto más conocido es un local, más repugnante resulta esa visión», se dice Patrice. No hay espectáculo más deprimente que una discoteca iluminada cuando se hace de día. El decorado, que parecía lujoso en la favorecedora penumbra, se vuelve sórdido y revela sus heridas. Quemaduras de cigarrillos, manchas en la moqueta, asientos cansados, pinturas deslucidas, una auténtica catástrofe en cuanto amanece. Un momento que él aborrece.

Pero, antes de irse, quiere liquidar el problema con la nueva. En cuanto Émilie alza la cabeza, capta su mirada y le hace señas para que lo siga.

Patrice cierra la puerta acolchada de su despacho y adopta un aire enojado.

—Bueno, siéntate. Y ahora explícame por qué tu madre se ha presentado aquí esta noche. No tendrá pensado volver mañana para montar otro escándalo, ¿verdad?

—No, señor. Lo que pasa es que hasta la semana pasada estudiaba cirugía dental y dependía totalmente de mis padres. Pero estaba harta de que se metieran en mi vida y me fui de casa. Por eso necesito este trabajo. En cuanto a mi madre, con lo que le he dicho esta noche no creo que vuelva, puede estar tranquilo.

—¿Seguro? Y ¿tu padre no hará nada?

—Oh, no, no es para nada su estilo. Mi madre es el brazo armado de la familia, él es más bien un blandengue.

El comentario divierte al rey de la fiesta. Émilie lo observa e, implorándole, le dice:

—Señor Houbert, no irá usted a despedirme, ¿verdad?

—Llámame Patrice. ¿Por qué debería contratarte?

—Porque soy más bien guapa, lo cual es importante en un local como el suyo, porque trabajo bien y porque me interesa el empleo. Además, me ha criado una jueza, así que no seré tan tonta como para meter la mano en la caja.

No es tonta, la niña. Patrice adopta entonces un tono paternal:

—De acuerdo, te contrato, siempre y cuando tus padres no me creen ningún problema. Eso sí, déjame darte un consejo: es mucho mejor un gabinete de cirugía dental que una discoteca. No dejes tus estudios: trabajando cuatro o cinco noches por semana aquí, ganarás suficiente como para independizarte. Te pondré en la sala y, si lo haces bien, te darán buenas propinas. No te juegues tu futuro por una estúpida discusión familiar.

—¿Por qué tú, que ves a gente interesante cada noche, piensas que es más excitante pasarse la vida con las manos en la boca de alguien que la mayor parte del tiempo no puede hablar?

—¿Por qué? ¿Acaso te parece más interesante servir bebidas a nuevos ricos, alcohólicos y tías vulgares que te machacarían si te los cruzaras en la calle a la luz del día? Al menos, un cirujano dental ejerce una profesión útil que goza de una cierta consideración social.

Patrice se dispone a continuar con su discurso pero de pronto se da cuenta de que Émilie está muy pálida y tiene las sienes cubiertas de sudor.

—Oye, ¿estás bien? ¿Te pasa algo?

—No, Patrice, no es nada. Es sólo que tengo un poco de hambre.

—Seguro que estás a dieta, como todas las chicas de tu edad que sueñan con parecerse a las modelos, y no has comido casi nada en todo el día.

—No, no es eso. Y la dieta la hago con un médico. Pero es muy tarde y el cansancio no ayuda. ¿Puedes darme un zumo de naranja, por favor?

Patrice sale del despacho y se dirige hacia el bar. El resto del personal se ha ido y el equipo de mantenimiento no llegará hasta dentro de dos horas. Lo que le deja un buen margen para improvisar.

Cuando vuelve al despacho ve que la camarera se ha tumbado en el sofá con las piernas levantadas. Se acerca y le da el vaso. Ella se incorpora y se lo bebe de un trago. Instintivamente, él le pone la mano en la pierna. Siente un escalofrío que no se parece a nada de lo que ha sentido hasta ese momento.

Entonces la besa como hacía tiempo que no besaba a nadie y le acaricia el cabello. Para su sorpresa, es Émilie quien toma la iniciativa a continuación.

Capítulo 17

Cuando se dispone a empujar la puerta blindada de su casa, a Lucio se le encoge el corazón. ¿Qué pensará Sarah, tan acostumbrada al lujo, al ver su modesto —por no decir miserable— estudio?

—¿Estás segura de que no prefieres ir a casa de una amiga?

—¡Tan pronto y ya quieres abandonarme!

—Déjate de paranoias, es sólo que me da vergüenza no poder ofrecerte nada mejor.

—En ese caso, el que debe dejarse de paranoias eres tú: yo quiero estar contigo, lo demás me da igual.

Lucio abre el sofá cama y arropa a Sarah con el edredón. La joven mira entonces a su alrededor y le sonríe:

—Es perfecto, eres un chico muy ordenado y cuidadoso: no hay ni un calcetín por el suelo.

Él se encoge de hombros:

—Bueno, ahora vamos a hablar en serio. Necesito que me ayudes, Sarah. Tienes que recuperarte, y rápido, porque si no tendré que llevarte de nuevo a la clínica. ¿Te sientes capaz de comer algo ahora? ¿Qué te apetecería?

—¿Tienes conchitas de pasta?

—Creo que sí.

—Sin mantequilla, por favor.

—¡Como quiera mi princesa!

Mientras espera a que el agua hierva, Lucio se dice que pedir ese tipo de pasta, que recuerda a la infancia, es una buena señal. Es la prueba de que esa chica, por la que ha sentido un flechazo inmediato, establece vínculos con su pasado y con una alimentación afectiva. Se siente orgulloso de haber originado ese indicio de resurrección, pero adelantar acontecimientos podría ser peligroso. No hay nada definitivo aún. De hecho, desde la cocina llama a Mathieu para decirle que ha llevado a Sarah a su casa. Porque estar en un refugio seguro hará que vuelva a la vida en mejores condiciones, porque la posibilidad de que su padre regrese a la clínica dejará de ser un fardo sobre sus hombros, y así seguro que se recuperará. Al médico no le entusiasma en absoluto la idea de una evasión fomentada con la complicidad de un miembro del establecimiento, pero las explicaciones de Lucio tienen su lógica, así que le da sus instrucciones:

—Mira, tienes que realimentarla de manera muy progresiva porque no soportará una ración alimentaria demasiado grande al principio por razones puramente mecánicas. No obstante, rápidamente deberás pasar a dosis calóricas bastante importantes para que coja peso. Hoy debería consumir, aproximadamente, unas 600 calorías. A continuación, intenta aumentar a 1.000-1.200 calorías diarias utilizando alimentos líquidos o semilíquidos añadiendo discretamente materias grasas en las verduras y alimentos ricos en fécula preparados, preferentemente, en forma de puré. Dale sólo productos lácteos con 0 por ciento de materia grasa, a los que podrás añadir miel. Hay una connotación psicológica positiva que suele gustar. Si puedes, dale algún fruto seco oleaginoso, como los anacardos o los cacahuetes... Cada 100 gramos contienen 700 calorías y te ayudarán a alcanzar progresivamente esa ración. Compra cajas de productos nutritivos en la farmacia. Con esas latas, intenta añadir un 30 por ciento más a su ración energética de base hasta alcanzar entre 1.400 y 1.800 calorías. Cada una debe contener entre 200 y 350 calorías, eso te ayudará. Con dos cada día y las modificaciones alimentarias, deberías poder conseguirlo. ¡Después, ya veremos!

Evidentemente, le aconseja al enfermero que sobre todo permanezca alerta.

—Mathieu confía en nosotros —le dice Lucio a Sarah una vez ha colgado el teléfono—. No vamos a decepcionarlo, ¿verdad?

—Por supuesto que no.

¿Qué hace Sarah para resultar tan enternecedora a sus ojos? Sólo con verla masticar concienzudamente su pasta unos minutos más tarde, Lucio tiene sofocos. La chica señala rápidamente y con orgullo su plato vacío:

—¡Me lo he comido todo! ¿Y si nos fuéramos a dormir? No puedo con el cansancio.

—Tienes razón, yo tampoco. ¿Puedo acostarme a tu lado... encima del edredón?

—No, debajo, y más vale que me abraces porque si no me pongo a llorar.

—¿Ahora resulta que me haces chantaje?

—¡Exacto!

Ninguna intención maligna en esa orden proferida con una sonrisa puesto que la joven se duerme inmediatamente con la cabeza en su hombro. Su cabello le hace cosquillas en la nariz pero Lucio no se atreve a moverse. ¡Qué jornada tan desconcertante! Después de haber rozado la muerte, Sarah parece dispuesta a coger el camino de la curación. ¿Lo logrará? ¿Es posible que recaiga? Lucio teme que así sea, porque ahora el que está loco es él. Loco por ella. Y antes de que el sueño también se apodere de él, no puede evitar pensar que en ese camino no faltarán los obstáculos. ¿Qué hará el ministro?

Capítulo 18

Quieres un poco de coca?

Hace mucho tiempo que Patrice no echa un polvo sin haberse metido cocaína. Teme que, si no la toma, sus sentidos se entumezcan o su vigor desaparezca.

—¿Por qué no? —responde Émilie.

Patrice saca el polvo blanco, más por él que por ella, y de pronto lo asalta una sombra de culpabilidad.

—¿La has probado alguna vez antes?

—Pues claro —responde la joven con el tono exageradamente despreocupado propio de la reciente novicia que en realidad es.

«Al fin y al cabo, ya es mayorcita y cursa estudios médicos, así que conoce los riesgos», se dice el jefe para sentirse menos culpable..., aunque la raya que le prepara es mucho más fina que la suya.

Minutos después, Émilie se deja llevar por completo, con una sensualidad que Patrice nunca habría sospechado en ella. O no hace el amor desde hace mucho tiempo, o la cocaína actúa como afrodisíaco.

Lo que le gusta de esa droga es la sensación de estar continuamente al borde del éxtasis pero, al mismo tiempo, ser capaz de contenerse, aunque olvida la dependencia cada vez más fuerte a esa sustancia de efectos perniciosos.

De hecho, pasan del sofá a la moqueta y practican todas las posiciones que su imaginación les dicta. Patrice no sabe cuál de los dos está más imantado por el otro. Pierde la noción del tiempo. El efecto de su adicción se atenúa.

Después del placer, el gerente del Nightfly se adormece unos minutos con la cabeza de Émilie sobre su vientre, pero no logra conciliar un sueño profundo. Los latidos de su corazón, demasiado acelerados, no lo dejan dormir. Entonces la mira.

Su cuerpo es blanco, el más blanco que ha visto nunca. Las curvas de su silueta y la redondez armoniosa de sus caderas le hacen pensar en una antigua conquista. Sus pies están delicadamente apoyados en el brazo del sofá y a él le encanta observar los pies de una mujer que revelan, según él, su nivel de sofisticación. Émilie suele hacerse la pedicura, se nota a primera vista.

Despacio, Patrice se incorpora y consulta su reloj. ¡Las seis de la mañana! Le pone la mano en el muslo a Émilie para despertarla:

—Es hora de volver a casa si quieres trabajar esta noche.

Después se viste en silencio y percibe un ruido de aspirador entrando por la puerta.

—¿Qué vas a hacer hoy?

—Creo que voy a ir a ver a mi nutricionista, llevo mucho tiempo sin coger cita.

—¿Por qué? ¡Estás muy delgada!

—Y ¿crees que no me ha costado? Llevo años luchando contra mi exceso de peso. He perdido doce kilos y no quiero recuperarlos. Pero creo que no voy a tardar en hacerlo porque con lo que como cada día...

—El mejor remedio es el deporte. Mírame a mí, ¿a que no te imaginas la edad que tengo?

—Sí, ésa es la frase favorita de todos los tíos, lo que pasa es que yo no siempre tengo tiempo de ir a quemar calorías, y encima el deporte no me gusta. Además, hacen falta meses y meses para obtener resultados, mientras que ponerse a régimen es mucho más sencillo.

—¿Quieres que te deje en casa?

—No, pero si fueras amable llamarías un taxi para que me llevara, y puede que incluso me lo pagaras.

—No hay ningún problema —replica Houbert tendiéndole despreocupadamente un billete de cien euros antes de dirigirse al teléfono.

Émilie se sonroja al guardarse el billete. ¿Demasiado para un taxi pero suficiente por sus servicios? Pero ha sido ella la que se lo ha pedido, como una puta. Salvo que las profesionales piden su «regalito» antes, no después.

Suben la escalera de la discoteca uno al lado del otro, sin tocarse. Hay gestos que preferimos evitar y otros a los que deberíamos atrevernos. Y sólo cuando es demasiado tarde comprendemos lo que hemos dejado escapar.

Tercera parte

Capítulo 19

Esa mañana, Mathieu ha llegado a las siete y media refunfuñando, irritado, muy nervioso y de un humor de perros. La sucesión de incidentes, las tensiones y el estrés de la jornada anterior lo han dejado hecho polvo. Y la sesión nocturna con el ministro acabó de rematarlo. ¿La culpa es de la luna llena? ¡Culpable de su insomnio seguro que sí! El caso es que ha dormido mal y su paciencia se resiente. Afortunadamente, la perspectiva de ir a hablar con los distintos pacientes para la ritual visita matinal calma su malhumor. Vuelve a su despacho, donde el teléfono ya ha empezado a sonar:

—Émilie Weber quiere hablar con usted, doctor Sorin —le anuncia la recepcionista—. Dice que es urgente.

—Pásemela.

—Doctor Sorin, ¿es usted?

—Sí, Émilie. ¡Llamas muy temprano! ¿Cómo estás?

—No muy bien, necesito verlo.

—¿Has seguido perdiendo peso?

—Sí, pero no he conseguido alcanzar el objetivo. Me está costando terminar.

Mathieu percibe cierta tensión en la voz de su paciente. Una aprensión que activa sus reflejos y le hace comprender que la situación es más compleja de lo que parece.

—¿Quieres venir lo antes posible?

—Sí, por favor.

—¿Qué te parece esta tarde? Te recibiré entre dos visitas. Seguramente tendrás que esperar un poco y no podré dedicarte mucho tiempo, pero es lo máximo que puedo proponerte hoy, y mañana sería lo mismo.

—Es perfecto, doctor. Gracias, hasta luego.

Mathieu cuelga, pensativo, y luego busca el dossier de Émilie. En su última visita había alcanzado un peso satisfactorio: 52 kilos para 1,64 metros después de haber perdido doce gracias al régimen prescrito. Entonces, ¿por qué sigue? Eso no le gusta. Y su instinto no suele fallarle.

Capítulo 20

Tras colgar el teléfono, Émilie piensa en lo que ha hecho mientras sale del despacho de Patrice. Y un escalofrío de vergüenza y horror le recorre el cuerpo. Las imágenes desfilan por su cabeza y le hacen pensar en una película mala.

Fuera, el día amanece gris y cae una insidiosa llovizna. El coche la estaba esperando. Le da las gracias furtivamente a Patrice. ¿Por el taxi, por el polvo o por no haberla despedido? Es la pregunta que se hace mientras lo ve alejarse.

Una vez dentro del Laguna, Émilie se relaja. Una inmensa fatiga la abate en el asiento de atrás y las lágrimas brotan bajo sus párpados cerrados.

No puede llorar allí. Debe resistir y hacerlo más tarde, cuando esté sola en su casa. Apoya la mejilla contra el cristal e intenta concentrarse en la frescura del vidrio húmedo, pero no le sirve de nada. Una bola de angustia le oprime el pecho y le anuda la garganta. Una vieja compañera, siempre fiel a la cita, que ella misma se ha buscado. Porque, ¿acaso no es la primera vez que hace tantas tonterías juntas en tan poco tiempo? ¡Dejar sus estudios, enfadarse con sus padres, acostarse con su nuevo jefe y tomar drogas! Todo ello en tan sólo cuarenta y ocho horas.

Su tarjeta de crédito está bloqueada y, de no ser por la generosidad de Patrice, sólo le quedarían diez euros en el bolsillo. ¿Qué más se puede pedir? La palma se la lleva su madre, la muy puerca, que se ha atrevido a ir a molestarla a su trabajo para agobiarla con sus sempiternas lecciones de moral. ¡Haría mejor en barrer delante de su propia puerta, que ya tendría trabajo para un buen rato!

El taxi la deja en una callejuela de Courbevoie. El único punto positivo es que una amiga suya, que está haciendo unas prácticas en Londres, le ha dejado su estudio durante algunas semanas. Pero, después, ¿cómo se las arreglará?

La angustia estrecha su cerco, Émilie apenas puede respirar. Tiene que dejar de pensar. Y sólo conoce un método para lograrlo.

En vez de empujar la puerta del edificio, Émilie se dirige hacia el colmado árabe de la esquina. Coge un cesto de plástico rojo y se dirige directamente a la sección que mejor conoce: la de la tentación, la de los dulces. Como si necesitara otra dosis de droga —una droga de venta libre al público esta vez—, amontona decenas de paquetes de galletas y de tabletas de chocolate. Procura escoger los más baratos, porque lo importante es la cantidad.

Pasa del ascensor, demasiado lento, demasiado angustioso, y sube los seis pisos a marchas forzadas. Eso no compensará la cifra astronómica de calorías que se dispone a ingerir, lo sabe perfectamente, pero necesita infligirse un pequeño castigo. Una especie de compensación ficticia.

La bola sigue estando ahí, esperando a que ella la alimente. Empieza el calvario. Abrir los paquetes. Escoger el orden en que va a comérselos. Tragar, tragar y tragar. Y seguir tragando hasta que no quede nada, tan sólo los paquetes abiertos y las migajas crujiendo bajo sus pies.

La comida desciende progresivamente por su esófago, hace que su estómago se vuelva pesado y se compacte. Entonces, por fin, durante unos minutos, se siente mejor, llena, casi en paz. Pero el alivio dura más bien poco porque el vientre, duro e hinchado, empieza a dolerle. Y lo que es peor, ella lo contempla asqueada y con remordimientos.

A continuación, irremediablemente, el pánico la invade. Una avalancha de vergüenza y asco, una oleada que la obliga a evacuarlo todo para dar marcha atrás. Tiene que eliminar inmediatamente toda esa porquería. Entonces empieza a beber directamente del grifo, con la misma ansiedad con la que ha comido.

Después espera, entre quince y treinta minutos. Justo lo suficiente para que los alimentos se fluidifiquen al mezclarse con el agua.

Conoce bien la técnica, la ha estudiado, repetido y practicado. Y domina a la perfección el arte de provocarse el vómito.

Si no espera lo suficiente, le costará más vomitar y el dolor será más intenso. Si espera demasiado, su organismo ya habrá absorbido parte de las calorías. Hay que intervenir en el momento adecuado.

Mira su reloj. Es pronto pero ha llegado la hora del ritual.

Primero, inspirar. Meterse dos dedos en la boca hasta provocarse el reflejo faríngeo. ¡A veces sirve ser estudiante de medicina! A continuación, esperar hasta que siente náuseas, luego viene el espasmo liberador y la parte superior del cuerpo expurga el mal que ella misma se ha infligido. El momento de la expulsión es a la vez un horror y un alivio. Y ¿después? Pues después tiene que volver a repetir esa misma operación hasta que el estómago se rinda, hasta que vuelva a sentir la concavidad de su vientre. ¡Sin olvidar que, a veces, incluso se pesa!

La sesión termina, invariablemente, con los mismos gestos. Tirar de la cadena varias veces, limpiar el váter con la escobilla, echar una dosis de producto desinfectante, limpiar la tapa con un estropajo empapado de desinfectante, airear y vaporizar con el ambientador porque no hay nada más persistente que el olor a vómito. Lavarse las manos y los dientes, enjuagarse la boca, ducharse.

«Es una pena que no exista un detergente capaz de limpiar la suciedad que se incrusta dentro de nuestro cuerpo», se dice mientras observa su rostro empapado en sudor en el espejo del cuarto de baño.

«Es una pena», se repite, pensando en todos aquellos gestos al tiempo que la voz de Mathieu sigue resonando en sus oídos.

Porque, desde entonces, aquel rostro, aquella mirada, aquellos gestos la atormentan más que nunca.

Capítulo 21

Baptiste de Luzille acelera el paso. No puede permitirse llegar tarde al acontecimiento que es esa comida en familia. Acontecimiento porque su madre ha salido por primera vez de la clínica en la que está ingresada desde hace seis meses, y porque su hermano Pierre-Marie ha venido desde Roma, su lugar de residencia. En cuanto a su padre, hace por lo menos un año que no lo ha visto, ya que su relación se limita a una conversación telefónica mensual. Unas cuantas palabras desprovistas de interés intercambiadas sin sentimiento ni cariño.

Baptiste, por su parte, se siente culpable. Sólo ha visitado dos o tres veces a su madre, y eso que es el único miembro de la familia que vive en París. Su padre, sin embargo, aunque vive en Touraine, en el castillo de la familia, va a la clínica mucho más a menudo. A su amor propio le queda una escasa consolación, un pétreo bálsamo a la hora de cubrir los escalofríos de remordimiento que a veces lo atormentan: es la primera vez que Pierre-Marie abandona el Vaticano desde que su madre ingresó. ¿Irá con la sotana? Baptiste no logra acostumbrarse: ¿por qué lucir ese signo ostensible de su estado cuando la mayor parte de los sacerdotes optan en la actualidad por el traje de calle con el alzacuello blanco y la cruz por dentro? Está claro que su sentido del uniforme, su deseo de llamar la atención y su voluntad de mostrar que él posee un estatus diferente lo llevan siempre a querer diferenciarse de los demás. En realidad es algo que Baptiste, siempre discreto por no decir banal, nunca ha aceptado. Pero también es cierto que su hermano no es un simple cura: ¡él es obispo!

Capítulo 22

Émilie siente impaciencia y a la vez temor al pensar en su cita con Mathieu Sorin. Fue su padre, cirujano-dentista, quien le dio la dirección de ese médico cuando anunció a sus padres que quería adelgazar. En aquella época pesaba unos 57 o 58 kilos y tenía mucho éxito entre los hombres, pero no le gustaba su cuerpo. Se fijaba en las imperfecciones, que sólo ella veía, e ignoraba todas las miradas admirativas que se posaban en ella. Así, cuando se examinaba delante del espejo de pie del cuarto de baño, se pellizcaba los muslos en busca de un minúsculo átomo de celulitis que nadie veía. Su vientre le parecía plano a todo el mundo, pero ella se había convencido de que le estaba empezando a salir un michelín. En cuanto no lograba abrocharse su pantalón vaquero favorito, se ponía enferma. ¡La vida no era posible más allá de la talla 36! Entonces, presa del pánico, obsesionada por esas imperfecciones que para mucha gentc eran completamente imaginarias, Émilie empezó a creer en el más mínimo rumor relacionado con la alimentación que elogiara las virtudes de cualquier método engañoso, recortaba todos los artículos de las revistas de baja estofa sobre pociones milagrosas, se sometía a dietas aberrantes a base de huevo duro, de manzana y piña... Esa actitud extremista avivaba su frustración e, irremediablemente, cuando ésta era demasiado intensa, era la primera en precipitarse a la nevera familiar y comerse todo lo que encontraba. Crisis sin motivo y con motivo, la bulimia por un lado y la elección de provocarse el vómito por otro, esa espiral la torturaba pero no podía hacer nada. Y seguía encontrándose demasiado gorda.

Durante las primeras consultas con Mathieu, Émilie intentó jugar con él como una Lolita lo haría para provocar a un hombre maduro. Por prudencia, el médico siempre había fingido no advertir su belleza y su sensualidad, y le hablaba en un tono entre amistoso y paternal. Así, mantenía las distancias para evitar caer en la trampa. Pero ella sabía perfectamente que, cuando cruzaba sus piernas cubiertas con medias negras, los ojos del doctor derrapaban ligeramente debajo de su falda. Incluso lo había sorprendido varias veces, mientras se desvestía para pesarse, mirando sus pechos firmes y generosos. Unas miradas que la divertían y atizaban su deseo de provocar más reacciones, intenciones que rápidamente se enfriaron debido al profesionalismo jamás desmentido del médico. Muy a su pesar, aquella joven seductora que no sabía quererse a sí misma no había logrado sacar a Mathieu Sorin de la discreción que le imponía su función. Al principio, ese fracaso la había irritado y, luego, Émilie se había arrepentido de su comportamiento provocativo diciéndose que era digna hija de su madre y que en realidad no tenía razones para enorgullecerse de lo que había hecho.

Mathieu se opuso desde el principio a una pérdida de peso demasiado importante. ¿Por qué? En su opinión, Émilie casi había alcanzado las formas ideales teniendo en cuenta su morfología. Ante el pavor y el abatimiento evidente que dicho diagnóstico había provocado en el rostro de su paciente, por prudencia, y con la esperanza de lograr que se alimentara de manera más equilibrada, habían llegado a un acuerdo y le había prescrito una dieta de 1.200 calorías diarias durante cuatro o cinco semanas para que perdiera tres kilos. Evidentemente la adaptó para ella y eliminó los alimentos irritantes para el intestino para que no se sintiera hinchada.

Dieta de 1.200 calorías

Desayuno:
- *1 bol de leche desnatada, 1 o 2 cucharaditas de cacao en polvo.*
- *2 biscotes o 30 g de pan tostado + 1 o 2 cucharaditas de jalea o mermelada de frutas (preferentemente, jalea, excepto si la mermelada no contiene semillas).*

Durante la mañana:
- *Café, té, agua e infusiones sin límite, sin azúcar, con o sin edulcorante artificial.*
- *1 ración pequeña de compota de frutas sin azúcares añadidos.*

Comida:
- *Verduras crudas cortadas muy finas, sin aceite. Aliñar al gusto con limón, vinagre, mostaza, chalotas, cebollas, finas hierbas...*
- *125 g de carne magra, desgrasada, a la plancha o equivalencia.*
- *Verdura cocida sin aliñar + 5 g de mantequilla (excepto si se trata de legumbres secas).*
- *1 yogur, preferentemente a base de leche fermentada o leche de oveja descremada (cuya particularidad es que contiene 183 mg de calcio por 100 g, lo cual es extraordinario).*
- *1 fruta en compota.*

Merienda:
- *Café, té, agua e infusiones sin límite, sin azúcar, con o sin edulcorante artificial.*
- *30 g de pan tostado o 2 biscotes + 15 g de chocolate (3 cuadraditos) negro o con leche porque la diferencia no es realmente significativa.*

Cena:
- *Verduras crudas o 1 sopa de verduras (se pueden comprar ya*

*preparadas siempre y cuando no superen los 3 g de lípidos por cada
100 g y contengan al menos un 50 % de verduras).*

- *125 g de carne magra, desgrasada, a la plancha o equivalencia.*
- *100 g de alimentos ricos en fécula cocidos (3 o 4 cucharadas de
pasta, sémola de trigo, arroz o una patata pequeña) + 5 g de materia
grasa. Si se tiene hambre, verdura verde hervida sin límite.*
- *1 fruta o 1 compota.*

Sobre el papel, el método parecía fácil. Pero en la realidad y fuera
de la sala de consulta, a la joven le faltaron fuerzas para llevarlo a la
práctica. Todo se mezclaba en su cabeza. Dividida entre sus pulsiones
y la razón, pronto se rebeló contra la disciplina impuesta. Tan voluble
y caprichosa como ella, su voluntad había volado en pedazos, someti-
da a los sobresaltos de sus exigentes estudios, de un horario anárqui-
co, de los repasos para los exámenes, de las noches con los amigos...
Se saltaba el desayuno, olvidaba la merienda y por la noche tenía
hambre y acababa comiendo cualquier cosa. Contradiciendo los consejos de Mathieu, se pesaba todas las mañanas y se desesperaba si no
había perdido al menos doscientos gramos. Como le parecía que no
adelgazaba lo suficientemente rápido, decidió ingerir la mitad de las
cantidades prescritas, una práctica excesiva que le suscitó una hambre
permanente y tenaz que calmaba con la ayuda de varios litros diarios
de Coca-Cola *light*. Al cabo de quince días sufría vértigos, tenía la
barriga hinchada y dolores gástricos. Y todas las recetas que Mathieu
le había preparado habían acabado en la papelera porque Émilie había preferido recurrir al único método que, en su opinión, le había
dado resultado: provocarse el vómito. Era muchísimo más fácil...

Capítulo 23

Una y diez de la tarde. Baptiste es el último en llegar al restaurante, buena cocina parisina tradicional. Tras saludarse sobriamente, el hijo menor se sienta frente a su madre, bastante elegante con su sobrio vestido. Mientras las cartas del restaurante circulan entre los comensales y la conversación se centra en banalidades relativas al menú, Baptiste observa cuidadosamente a toda la familia. Una madre obligada a perder sus kilos de más, un padre indiferente y un hermano altivo, su rechazo a abordar los temas espinosos..., menudo cuadro. Después de la comanda —platos hipercalóricos para los hombres, que ni siquiera piensan en el suplicio que están infligiendo a la única mujer sentada a la mesa, que se contenta con pedir pescado—, empiezan a hablar de temas más personales.

—Entonces, ¿qué tal la hospitalización, mamá?

—Muy bien —responde Delphine—. Y, como no me queda más remedio que perder peso, me resigno.

—¿Cuánto has perdido?

—Veinte kilos.

—Bravo, es realmente formidable.

—Eso parece.

Pierre-Marie interviene:

—¿No te alegras de perder peso, madre?

—Es sobre todo vuestro padre el que está contento... porque así no tiene que aguantarme.

Louis de Luzille levanta la nariz de su copa de Sancerre blanco y se encoge de hombros.

—Es la verdad, querido —replica su esposa—, admítelo de una vez. A decir verdad, ni siquiera te guardo rencor. ¡Incluso te comprendo!

—No digas tonterías. Perder peso se había convertido en algo vital para ti: no podías moverte y te costaba respirar.

Pierre-Marie percibe la tensión entre ambos y opta por cambiar de tema:

—Dime, madre, ¿ves a menudo a la abuela?

—Muy a menudo, y eso que antes me pasaba años sin verla. Desde que estoy en la clínica parece que se alegra de ello y viene todas las tardes. Me obliga a jugar al Scrabble hasta que se va, después de las cinco. Incluso a veces me veo obligada a mentirle e inventarme exámenes médicos u otras citas para poder estar un rato a solas.

Baptiste se sorprende:

—¿No te alegras de verla?

—Ella se esfuerza y me doy perfecta cuenta de ello, pero de nada sirve engañarse: no nos llevamos bien.

El obispo aprovecha la ocasión:

—¿Por qué sigues reprochándole que dejara al abuelo?

—Eso no es verdad —se indigna Delphine con más vehemencia de la que desearía—, y reconozco que tenía derecho a hacer lo que quisiera con su vida. ¿Por qué piensas eso? Explícamelo. Pierre-Marie, ¿acaso pretendes que diga que no quiero a mi madre y que soy una rencorosa?

Baptiste interviene para socorrer a su hermano y calmar la discusión que está a punto de estallar:

—No creo en absoluto que ésa sea tu intención. Pero al menos deberíamos poder hablar de nuestros abuelos sin que ello sea motivo de reproches. Al fin y al cabo, tal vez él no la hacía feliz.

Una nota de amargura embarga entonces la voz de la madre:

—Reconoced al menos que nunca lo quisisteis.

—Es cierto que era un hombre raro —replica Louis de Luzille.

—¿Y qué? ¿Acaso vosotros no sois raros también? ¿Y yo?, ¿no os parezco rara a veces? Todo el mundo es raro, sobre todo la gente que se cree normal, y nosotros los primeros, eso es así.

Antes de que ninguno de los tres hombres haya logrado encontrar una respuesta pertinente, Delphine sonríe y añade con la voz casi rasgada:

—Lo sé perfectamente: en el fondo os alegrasteis de que muriera.

Todo el mundo intercambia miradas de pánico. Hay que hacer algo para evitar que todo degenere antes de que les sirvan el primer plato. De manera brusca, pero con buen tino, el señor De Luzille pone su mano encima de la de su mujer y le dice con una sonrisa:

—Por una vez que nuestros hijos están con nosotros, intentemos no estropear la comida antes de disfrutarla.

—Tienes razón, amigo mío —asiente Delphine mientras libera discretamente su mano para coger la copa de agua.

A partir de ese momento, tanto los padres como los hijos de la familia De Luzille evitan cuidadosamente los temas que puedan provocar enfado, riñas y crispación. No hablan ni de secretos de familia, ni de política, ni de cuestiones de dinero. Prefieren hablar de generalidades y bromear a propósito de la vida cotidiana. Pierre-Marie los distrae con una pintoresca descripción de su existencia en el Vaticano. Delphine cuenta su trayectoria en la clínica de manera agradable explicándoles, con mucho humor, que entrevistarse todos los días con un psicoterapeuta es como ir al confesionario a diario. Louis habla de sus tierras, de los problemas meteorológicos y administrativos. Baptiste, por su parte, asiente sin confiarse demasiado.

En realidad, tiene la impresión de estar comiendo en medio de un campo de minas. ¡La suya es una familia imposible! Su padre le hace pensar en la caricatura de un campesino aristócrata y avaro, flaco como una caña y tan cálido como un cubito de hielo. Su madre, perdida en un caparazón de grasa, conserva un rostro sorprendentemente infantil para la edad que tiene, pero sabe que su trayectoria no coincide en nada con las expectativas que tenía antes de casarse. Su hermano posee un físico de actor norteamericano que contrasta vivamente con su hábito episcopal y su temperamento proclive a la disimulación que, contrariamente a lo que se podría pensar, encaja muy bien con su sacerdocio. Y él, Baptiste, ¿qué pinta tiene? Seguramente la de un artista arruinado. Gracias al éxito de la obra que ha escrito, ahora podría vestirse como un autor de moda, pero no, él está convencido de que sería el colmo del ridículo. Los reparos de su educación siguen encadenándolo a un cierto miedo del qué dirán, lo que no impide que se plantee múltiples preguntas sobre la vida íntima de los demás, él, que nunca habla de sus amores ni de sus pasiones. Así que se pregunta, al ver a su padre y a su madre tan fríos el uno con el otro, cuánto tiempo hace que no comparten la misma cama. Sin carbono 14, es difícil de decir.

Los platos se han sucedido, así como el concierto de los cubiertos y los ruidos de masticación. Otro tanto ha ocurrido con los postres, tentaciones azucaradas y cubiertas de nata a las que Delphine ha logrado resistir con gran brío. Llega la cuenta. Delphine mira entonces a sus dos hijos y les dice:

—Ahora que todos estamos en París, espero que vengáis a verme entre semana, a vuestro padre lo veo sobre todo el fin de semana.

Aunque la frase ha sido pronunciada acompañada de una sonrisa, la petición suena como una orden.

—¿Hasta qué hora podemos visitarte en la clínica? —pregunta Baptiste con un suspiro.

—Si quieres pasar después de tu espectáculo, hacia las doce de la noche, no cuentes con ello. A esa hora estoy durmiendo. Pero desde las diez de la mañana hasta las ocho de la tarde no hay ningún problema.

—¿No necesito ninguna autorización?

Delphine se ríe por primera vez en toda la comida.

—Qué va, no estoy en la cárcel. ¿Y tú, Pierre-Marie?

—Yo, por desgracia, vuelvo a Roma dentro de tres días. Pero iré a visitarte antes, no te preocupes.

Su hermano no deja pasar la oportunidad:

—Madre, yo iré después de que Pierre-Marie se vaya, te lo prometo.

Una promesa que no está seguro de poder cumplir en esta ocasión. Porque ha llegado el momento de liquidar de una vez por todas los secretos que envenenan a su familia. Y él sabe que es el único que quiere y que puede combatirlos. Tan sólo espera que no le falte valor.

Capítulo 24

Bueno, ¿ha pasado algo, Émilie?

—Sí, ¡de todo!

La joven habla atropelladamente. Su desordenado relato se ve entrecortado por los sollozos. Desde la tarjeta de crédito bloqueada hasta la aventura con Patrice, Émilie saca todos sus trapos sucios en el despacho de Mathieu, que la escucha en silencio. El médico espera hasta que la verborrea de su paciente se agota, y le dice irónicamente:

—¡Vaya, vaya, está claro que no te andas con chiquitas!

La joven le responde, furiosa:

—¿Eso es lo único que se le ocurre decirme?

—No. Tus crisis de bulimia y tus vómitos son sólo un síntoma. Uno no puede hacerse psicoterapia a sí mismo, por citar tu expresión. Mientras no quieras hablar de lo que realmente te hace sufrir, no avanzaremos.

Mathieu apoya los codos en su escritorio, cruza los dedos bajo el mentón y mira fijamente a su paciente:

—Mira, cada cual tiene derecho a hacer lo que quiera con su vida. Pero cuando uno tiene la oportunidad, como tú, de poder realizar unos estudios que te asegurarán un futuro y te alejarán de las dificultades materiales contra las que la mayoría de la gente tiene que luchar en este planeta, hay que reflexionar un poco. Lo que acabas de hacer no tiene ninguna importancia; lo importante ahora es no estropear lo que vendrá después. No estoy siendo paternalista, y tampoco es que esté chapado a la antigua, ¡simplemente quiero que comprendas que puedes emplear tu tiempo en hacer cosas más interesantes que servir bebidas en una discoteca o acostarte con el primero que pasa!

Émilie se sobresalta. Mathieu nunca le ha hablado así. Está a punto de responderle con rabia, pero entonces él añade:

—Si crees que vas a impresionarme con tu insolencia, te equivocas. Conozco esos lugares de los que me hablas, los he frecuentado antes que tú y sé cómo funcionan. Te tengo cariño, pero debes saber que nunca he podido ayudar a alguien que haya decidido ahogarse. Debes saber también que tu inteligencia me merece el suficiente respeto como para hablarte con franqueza: te estás equivocando. Y mucho. No eres feliz, estás demasiado delgada, tus síntomas se agravan. Te estás destruyendo a ti misma, ni más, ni menos.

Émilie asiente, las lágrimas corren por sus mejillas.

—Tienes que reaccionar ya. Voy a proponerte algo: yo te hago hospitalizar durante algún tiempo. Gratis. Te quedas aquí hasta que recuperes el estilo de vida que conviene a una chica de tu edad. Cuando salgas, te daré una factura. Y en cuanto ganes dinero, me la pagarás poco a poco, cada mes, hasta que estemos en paz. ¿Qué te parece?

Mathieu sigue mirando fijamente a Émilie, que le devuelve la mirada. Ella asiente imperceptiblemente dando a entender su rendición.

—Como no quiero que te vayas sola a casa, voy a pedirle a alguien que te acompañe. Recoges algunas cosas y vuelves a la clínica esta noche. Y mañana por la mañana hablamos. ¿De acuerdo?

—De acuerdo.

Antes de salir, Émilie dirige a Mathieu una de esas jocosas muecas que tanto le divierten. Él le responde con un guiño y le dice adiós.

La joven cierra la puerta detrás de ella con el corazón palpitante. Ha llegado la hora de la verdad. No habrá ninguna evasiva más. El doctor tiene razón, es ahora cuando debe curarse. Llamará al Nightfly para anunciarle al jefe de barra que está enferma y presentarle su dimisión. No quiere hablar con Patrice, no tiene nada que decirle. Y, de hecho, él tampoco.

Cuarta parte

Capítulo 25

Durante la visita, Mathieu le había dicho que podía pedir un somnífero. Pero, agotada por los acontecimientos de los últimos días, Émilie se ha desplomado en la cama de su nueva habitación, de sobria decoración, a la vez discreta y tranquilizadora, y se ha quedado profundamente dormida. El chirrido de la puerta alerta su inconsciente y la despierta. Abotargada por el sueño, abre un ojo y reconoce la sonrisa del médico, que le dice al oído:

—¿Has dormido bien?

Émilie se incorpora pero sigue tapándose con el edredón y apoya su espalda contra la cabecera de la cama. Las persianas bajadas sumen la habitación en una íntima penumbra.

—Como un lirón.

El doctor se sienta en el sillón que hay junto a la cama:

—Estás aquí para encontrarte a ti misma, Émilie. O más bien para volver a encontrarte. Si te soy sincero, acepté prescribirte un régimen tan sólo para que no te cerraras en banda. Pero en realidad lo que tú tienes no es un problema de peso, sino un problema con tu cuerpo. No es lo mismo, y ese problema no lo arreglarás adelgazando. ¿Por qué no te gusta tu cuerpo?, ésa es la pregunta que debes hacerte.

—¿Qué es un cuerpo sino un montón de células fruto de los avatares de la genética tal y como nos enseñan en los estudios de medicina?

—¡Vaya, empiezas fuerte, y eso que te acabas de despertar! A ver, desarrolla un poco tu idea —insiste Mathieu, tan divertido como intrigado.

—Sólo soy un cruce entre los cromosomas Y de mi padre y los cromosomas X de mi madre —se atreve a decir la joven, cuyo timbre de voz revela una confesión guardada en secreto durante mucho tiempo.

—¿Acaso intentas decirme que tus padres son la causa de tus trastornos alimentarios? Me parece demasiado fácil como explicación psicológica, y estoy seguro de que puedes hacerlo mejor.

Émilie lo mira fijamente con una sonrisa pérfida y, sin darse cuenta, empieza a tutearlo como si tuviera delante a un amigo íntimo:

—Mathieu, si crees que todo es cuestión de psicología, ¿por qué te interesas por la alimentación?

—No me has escuchado: yo te he dicho que me ocupaba de la alimentación de la gente, de su deseo de adelgazar o engordar y de todo lo relacionado con su cuerpo porque creo que se trata de una clave que permite llegar a la mente. Intento utilizar los medios que tengo a mi disposición para ayudarlos a liberarse de su sufrimiento. ¿Tú quieres adelgazar? ¡Pues vas a adelgazar! Y al mismo tiempo intentaré volver a enseñarte a comer, haré lo posible para enseñarte de nuevo a vivir, señora cirujana dental.

—Eso ya forma parte del pasado —responde Émilie, decepcionada.

—Qué va. Sigues inscrita en la universidad, ¿verdad?

—Sí, ¿por qué?

—¡Bueno, al menos hay algo en lo que no te has equivocado! Porque ya sabes que si te saltas una inscripción será el final de tu carrera. Pero, como estás inscrita, tengo todo el año para curarte.

—¿Crees que los estudios son la respuesta a los problemas existenciales?

—Deja de tomarme por un viejo imbécil que no hace más que desvariar. Nadie te ha obligado nunca a ir a la facultad de cirugía dental. Lo decidiste después de haberte sacado el bachillerato con una excelente nota, pero no era la única posibilidad que tenías. Tú misma me lo dijiste durante la primera visita. Si no te hubiera gustado, no te habrías quedado tres años.

—Bah, lo único que he hecho ha sido seguir los pasos de mi padre.

—¿Y qué? —replica el doctor—. ¿Acaso es menos honorable? ¿Crees que uno puede inventar su vida de cabo a rabo? El medio en el que nacemos nos determina siempre, eso es así. Si el ejemplo que te ha dado ese padre que tanto pareces detestar no te hubiera parecido valioso, habrías escogido otro camino.

—Yo sólo quería ser una buena persona, como él, y no una puerca como mi madre.

Mathieu conserva una expresión neutra, pero interiormente pasa a lo que él y sus colaboradoras llaman el «modo de máxima vigilancia». Por fin su paciente le deja entrever el enrejado de sus tormentos interiores.

—¿Por qué piensas que tu madre es una puerca?

—Un día, hace un año y medio o dos, sorprendí, sin querer, una conversación telefónica entre ella y su amante. La señora jueza era puro desenfreno, créeme, hablaba de sexo de una manera... que me ha... asqueado. Parecía estar excitadísima. Ni siquiera puedo repetir lo que dijo, era... ¡Puaj!

—Bueno, ¿nunca habías pensado que tu madre podía tener una vida sexual activa? ¿Con tu padre o con cualquier otra persona? ¡Pero si te ha traído al mundo!

Émilie, escandalizada, alza la voz:

—¿A su edad, con la pinta de estrecha que tiene y su culo gordo?

—¿Y qué? ¿Crees que el sexo está reservado a la gente joven y guapa?

—Desde luego, no a ella, la jueza que pronuncia las sentencias, la que aplica la ley y manda a la gente a la cárcel. Ella no tiene derecho a engañar a mi padre y hablar como una puta le hablaría a un cliente.

—Para que lo sepas, no está engañando a tu padre, sino a su marido. Por tanto, no tienes por qué sentirte concernida.

—Precisamente por eso. Ahora lo sé, y tengo que guardar el secreto. Porque ahora, cada vez que veo a mi padre me digo que me estoy equivocando, que debería decírselo todo, que soy cómplice de mi madre. Eso ya me resulta bastante insoportable. ¡Pero lo peor es que cuando están juntos veo la hipocresía de Carole, que con muchos remilgos le dice: «Buenas noches, cariño», y le da un beso cuando durante el día debe de haberse acostado con el otro!

—Y ¿para no terminar contándolo todo te atiborras a comida?

Al oír esa pregunta crucial, ese interrogante que pone el dedo en la llaga y acierta donde más duele, el llanto y las lágrimas la embargan como nunca antes lo han hecho. Devastan sus mejillas, le enrojecen los ojos, le deforman los labios, convulsionan ese cuerpo que ha sufrido tantos maltratos surgidos tanto del fondo del corazón y del alma como del fondo del estómago. Herida en su orgullo por haberse dejado llevar de esa manera, avergonzada por haberse abandonado a ese temporal cuyo origen se remonta tanto tiempo atrás, Émilie rompe en sollozos. Se hace un ovillo debajo del edredón y se cubre la cara con las manos. Mathieu, sorprendido por la intensidad de su reacción, va a buscar la caja de Kleenex del cuarto de baño y, sin decirle nada, le tiende un puñado de pañuelos de papel. La joven sigue llorando desconsoladamente durante varios minutos y luego se calma poco a poco. Mathieu, más conmovido de lo que desearía, carraspea para aclararse la voz y poder expresarse de manera más o menos decente.

—Muy bien, Émilie. Ve a lavarte un poco la cara. Y, si quieres, te acompaño a desayunar.

La joven le hace un gesto para indicarle que está de acuerdo y se mete en el cuarto de baño. Poco después vuelve a salir con una bata de color azul pastel y el cabello cepillado y recogido en una cola de caballo.

—Bueno, ya estoy lista, ¿vamos?

Capítulo 26

La cafetería está situada al fondo del pasillo del primer piso y sus ventanas dan al jardín. Hay incluso una terraza, pero hace demasiado frío para utilizarla. La paciente y Mathieu se sientan a una mesa, cada uno con su taza de café delante.

—Émilie, me gustaría que retomaras contacto con la comida y recuperaras un poco la alegría de vivir para así escapar a la espiral en la que te has encerrado.

—¿Qué me propones?

—Vamos a darte de comer de manera casi normal. Pero no te preocupes, te juro que no engordarás. En realidad, como ya no sabes a qué corresponde una repartición alimentaria normal con sus minerales, vitaminas y oligoelementos, hay que reorganizarlo todo. No te preocupes por la evolución de tu peso, ya sabes que de eso me encargo yo. Tú limítate a comer lo que te demos y a decirme si te gusta o no, porque es preciso que vuelvas a sentir placer al comer. También querría que practicaras un poco de ejercicio físico, que volvieras a entrar en contacto con tu cuerpo, ¿de acuerdo?

—¡De acuerdo, jefe! —le dice ella saludándolo al estilo militar. Ha recobrado el sentido del humor y eso tranquiliza al médico.

Capítulo 27

En la sala, en la que las mesas con bandejas de colores han sido cuidadosamente repartidas para preservar un poco de intimidad, un paciente recién llegado llama la atención. Parece desorientado por el lugar, sus gestos son poco hábiles, poco acostumbrado a hallarse en un espacio común en el que debe arreglárselas solo sin que nadie acuda a recibirlo o incluso a ayudarlo. Busca una mesa, no sabe si dirigirse primero hacia el bufet en el que grandes termos dispensadores de café y agua caliente, los cereales y las frutas esperan. Se siente algo torpe, desamparado y perdido. Su gran carcasa le resulta aún más pesada en ese establecimiento en el que, sin embargo, la mirada de los demás debería resultarle indiferente por primera vez.

Émilie se inclina hacia Mathieu y le dice en voz baja:

—Yo conozco a ese señor, ¿puedes recordarme su nombre?

—Se supone que no estoy autorizado a revelártelo. Simplemente te diré que es una celebridad, un gran estilista.

—¡Ah, sí, Ralph Farrell!

Al igual que el resto de los pacientes de la clínica, Émilie juzga de inmediato la silueta del recién llegado para saber qué motiva su presencia allí. Es verdad que está grueso y tiene bastante barriga. Sin embargo, de él emana una presencia singular. Su indumentaria, un caftán de seda pesada y oscura con bordados de un blanco roto y babuchas a juego, sería perfecta en la terraza de un fastuoso *riad* en Marrakech, pero en una clínica de Boulogne-Billancourt, desentona un poco. «Aun así, qué elegancia desde primera hora de la mañana», se dice la joven mientras se recoloca su bata de felpa.

Mathieu se acerca al creador y lo conduce hasta Émilie. Los presenta limitándose a decir sus nombres respectivos.

Ralph responde con gran cortesía:

—Encantado, señorita.

—Lo mismo digo, señor —le dice ella con coquetería mostrando de nuevo su sonrisa seductora.

Mathieu se vuelve hacia el diseñador:

—¿Nos vemos dentro de una hora?

—Con mucho gusto.

—Discúlpenme, pero ahora debo dejarlos.

Ralph prosigue la conversación:

—Perdone mi intromisión, pero yo la encuentro espléndida. ¿Por qué está aquí? ¿Para perder peso?

Émilie duda. Le parece difícil hablar tanto de su bulimia como de sus vómitos a un desconocido, que además es famoso, a pesar de que en ese lugar todo el mundo tiene algo en común: una relación problemática con la comida. Sin embargo, no quiere mentir más, por eso busca una respuesta que no se aleje mucho de la realidad.

—He venido para estabilizar mi peso.

—Es mi primer día aquí, ¿y para usted?

—Igual. ¿Hace mucho tiempo que Mathieu sigue su caso?

—Eh..., ¿el doctor Sorin? No, desde ayer.

Entre los nuevos pacientes se establece cierta complicidad de manera inmediata. Émilie ayuda a Ralph a prepararse un café y le hace compañía mientras se lo bebe. Hablan de unas cosas y otras, del tiempo y de sus problemas de peso. A la simpatía instintiva y recíproca del primer contacto se añade progresivamente la solidaridad de quienes comparten el mismo sufrimiento.

Ralph se asombra de lo fácil que le resulta hablar con esa joven. Él, a quien tanto le suele costar hablar de dudas y tormentos interiores, altivo incluso con aquellos a quienes no conoce, se siente como si estuviera descansado de su propia vida, como si se hubiera escapado del universo artificial del lujo, de sus convenciones mundanas, de su materialismo. Se siente como liberado de las limitaciones que lo obligan a comportarse de manera distante, a mostrar una expresión arrogante e incluso desdeñosa, a no confesar la verdad, es decir, los males que lo acosan desde hace tantos años sin que se atreva a reconocerlo. Los minutos desfilan, a la vez tranquilos y tranquilizantes cuando, de repente, una ojeada a su reloj de oro lo obliga a dar por terminada la conversación.

—Oiga, señorita..., Émilie, ¿verdad? Es la hora de mi cita con el doctor Sorin, pero, si lo desea, le propongo que repitamos este momento mañana por la mañana. A menos que nos veamos en la clínica durante el día.

—Con mucho gusto.

El café caliente ha bajado por la garganta de Émilie hasta alcanzar su estómago. Piensa en vomitar, ese gesto tan duro y tan excitante al mismo tiempo del que se había olvidado mientras hablaba con Ralph Farrell. Empieza a sentir que la bola vuelve y se hincha. Émilie la conoce bien, la presiente. Pero no puede vomitar: ¡no ha comido nada! Entonces siente la necesidad de moverse, de hacer algo, y enciende un cigarrillo. De pronto ve un cartel de «Prohibido fumar» y regresa rápidamente a su habitación. Una vez dentro, abre de par en par la ventana y aspira el cigarrillo a grandes caladas. La brisa de la mañana sonrosa sus mejillas y su nariz. Se siente viva. Por fin.

Capítulo 28

Entonces, señor Farrell, ¿qué tal le fue en el famoso programa? Por desgracia, no pude verlo, tuve que volver a la clínica.

Ralph separa las manos y con expresión dubitativa le dice:

—Creo que no demasiado mal. En todo caso, mejor de lo que esperaba.

—Perfecto. Los análisis que le hemos hecho esta mañana en su habitación han sido llevados al laboratorio. Me darán los resultados esta tarde. Sin embargo, no los necesito para explicarle la dieta que quiero que siga. Va a comenzar con 1.800 calorías diarias para que no se sienta muy frustrado en comparación con su alimentación habitual. Añadiremos un poco de ejercicio físico, lo que incrementará la pérdida de peso. A continuación, si resiste bien, pasaremos a 1.600 calorías diarias para que el adelgazamiento sea más rápido y obtenga un resultado visible que lo anime a perseverar.

—Espero que no me haga pasar mucha hambre...

—¡En absoluto! De hecho, he previsto raciones alimentarias suficientes como para llenarle perfectamente el estómago. Tenga, échele un vistazo.

Mathieu le da a su paciente varias hojas dactilografiadas.

Dieta de 1.800 calorías

Desayuno:
- *Café, té, agua e infusiones sin límite, sin azúcar, con o sin edulcorante artificial. Puede añadir una gota de leche desnatada sin que ello altere significativamente la dieta.*
- *4 biscotes o 60 g de pan (1/4 de baguette) + 10 g de materia grasa (1 paquetito individual de mantequilla o bien 2 cucharaditas rasas).*
- *25 g de queso con el 50 % de materia grasa o equivalencia.*
- *1 yogur con 0 % de materia grasa sin azúcar, con o sin edulcorante artificial o equivalencia.*

Comentarios:
Preferentemente se empleará pan blanco o integral porque su efecto saciante es mayor. Desaconsejamos los panes industriales porque a menudo han sido enriquecidos con materias grasas y azúcares.

En cuanto a los quesos, la clínica propone el camembert, La Vaca que Ríe y las porciones individuales de Babybel, que presentan la ventaja de contener entre 260 y 270 kcal por cada 100 g, lo que los convierte casi en quesos light.

En cuanto a las materias grasas, en general utilizamos la mantequilla, excepto en caso de hipercolesterolemia, que a veces nos lleva a prescribir margarinas o margarinas con estanoles si el paciente las asimila bien.

Preferimos utilizar yogures a base de leche fermentada para mejorar las funciones digestivas. Independientemente del tipo de yogur, debe comprobar que su valor calórico no sobrepase las 60 kcal por cada 100 g.

Durante la mañana:
- *Café, té, agua e infusiones sin límite, sin azúcar, con o sin edulcorante artificial.*

Comida:

- *Verduras crudas aliñadas al gusto con 1 cucharada de aceite con limón, vinagre, mostaza, chalotas, cebollas o finas hierbas.*
- *125 g de carne magra, desgrasada, a la plancha o equivalencia.*
- *Verduras cocidas + 5 g de mantequilla.*
- *25 g de queso con menos del 50 % de materia grasa + 40 g de pan.*
- *1 yogur con 0 % de materia grasa sin azúcar o equivalencia, con o sin edulcorante artificial líquido o en polvo.*
- *150 g de fruta.*

Merienda:

- *Café, té, agua e infusiones sin límite, con o sin edulcorante artificial.*
- *Si tiene hambre puede añadir una fruta o un yogur 0 %.*

Si siente mucha hambre antes de la cena, tome verduras crudas (apio, coliflor, pepino, zanahoria), que puede mojar en una salsa hecha con un yogur 0 %, mostaza y especias.

Cena:

- *1 sopa de verduras (100 kcal).*
- *125 g de carne magra, desgrasada, a la plancha o equivalencia.*
- *200 g de alimentos ricos en fécula cocidos (6 o 7 cucharadas soperas) + 5 g de materia grasa y verdura verde cocida y sin aliñar sin límite.*
- *1 yogur con 0 % de materia grasa sin azúcar o equivalencia con o sin edulcorante artificial.*
- *150 g de fruta o 1 vaso de vino.*

Comentarios:

Es importante variar las verduras crudas a menudo para asegurar una buena diversificación alimentaria y no dejar de consumirlas porque la saciedad que procuran suele limitar el consumo alimentario durante el resto de la comida. No las elimine, este producto resulta muy útil para retrasar el hambre. El maíz y los aguacates no son considera-

dos verduras crudas, pero puede comerlos una vez a la semana con la condición de aliñarlos con una vinagreta sin aceite. No dude en aumentar las cantidades si siente hambre porque 100 g de estos productos contienen entre 30 y 40 calorías, lo que es extremadamente poco.

En cuanto a las féculas, puede consumir pasta, arroz, patata, sémola de trigo o trigo. Lo importante es que los cueza con agua, en papillote o al vapor, y que luego les añada muy poca materia grasa.

En cuanto a la carne, privilegiamos las partes menos grasas del animal, es decir el lomo, hígado, filetes, delgados[4] que no sobrepasan las 150 kcal por cada 100 g, al igual que las escalopas o el jarrete de ternera (se pueden cocinar con muy poca materia grasa). El conejo, el pollo, la pintada o el pavo son también muy apreciados y permiten variar las recetas.

Hay que procurar no sobrepasar un consumo de 125 g de salmón dos veces a la semana porque dicho pescado, cuyo contenido calórico es de 229 kcal cada 100 g, es bastante graso.

El consumo de frutas no es indispensable, también es posible hacer una compota o cocerlas al horno, sin añadirles azúcar, por supuesto.

En cuanto a las bebidas, los refrescos light están autorizados a condición de alternar su consumo con el de una agua poco rica en sodio (700 mg por litro como máximo), para no estimular el deseo de alimentos azucarados.

Dieta de 1.600 calorías

Para llevar a cabo esta dieta basta con suprimir 200 kcal a lo largo del día. Recuerde que 40 g de pan o 100 g de féculas contienen 100 kcal, de modo que es posible suprimir los 40 g de pan durante la comida y la mitad de la ración de fécula durante la cena. Las féculas tienen un gran poder saciante, por eso no deben ser estigmatizadas como a menudo ocurre. Basta con aprender a cocinarlas.

---

4. En los cuadrúpedos, partes inferiores del vientre, hacia las ijadas. (N. de la t.)

Equivalencias:

- *125 g de carne magra (caballo, buey, ternera, filete de pavo, redondo de pavipollo, pierna de cordero desgrasada, lomo o chuleta de cerdo cuidadosamente desgrasada, hamburguesa) pueden sustituirse por:*
- *150-175 g de pescado magro limpio (pescadilla, merluza, bacalao desalado, platija, gallo, lenguado, congrio, carbonero, abadejo, dorada, lubina, bacalao fresco, sargo, salmonete, rodaballo...); pueden consumirse varias veces a la semana;*
- *125 g de atún o salmón 2 veces a la semana como máximo;*
- *150 g de crustáceos o marisco (gambas, langostinos, cangrejo, langosta, bogavante, 6 ostras, sepia, vieiras), pesados una vez limpios;*
- *125 g de ave de corral (pechuga de pavo), lomo de conejo..., un poco menos si se trata de una parte más grasa como el muslo;*
- *125 g de jamón sin tocino ni vetas de grasa (2 lonchas);*
- *2 yogures naturales sin azúcar + 1 huevo cocido o 25 g de queso con menos del 50 % de materia grasa;*
- *2 o 3 huevos + 1 loncha de jamón o 2 huevos + 25 g de queso con menos del 50 % de materia grasa;*
- *75 g de queso con menos del 50 % de materia grasa.*

Puede consumir las siguientes verduras (ración recomendada: 200 gr):
- *Alcachofa entera, espárragos, berenjena, acelgas, brócoli, cardos, champiñones, setas, palmitos, apio, col blanca, col verde, coliflor, col roja, chucrut cocida sin cocinar, calabacín, endivias, espinacas, hinojo, níscalos, nabo, acedera, pimiento, calabaza, lechuga, rábano.*

Puede sustituirlos por:
- *300 g de pepino o tomate;*
- *150 g de remolacha, zanahoria, apio nabo, judías verdes, cebollas, puerros, brotes de soja;*
- *100 g de coles de Bruselas, corazones de alcachofa, guisantes, salsifís, maíz.*

Puede sustituir un yogur con 0 % de materia grasa por:

- *125 g de requesón con 0 % de materia grasa;*
- *200 ml de leche desnatada;*
- *20 g de leche desnatada en polvo (2 cucharadas soperas).*

Puede sustituir 25 g de queso con menos del 50 % de materia grasa por:

- *50 g de queso con un porcentaje de materia grasa igual o inferior al 25 %;*
- *1 yogur natural;*
- *200 ml de leche desnatada (un vaso grande);*
- *125 g de requesón con menos del 20 % de materia grasa;*
- *1 loncha de jamón desgrasado;*
- *1 huevo.*

Puede consumir 150 g de las siguientes frutas:
—Manzana, pera, naranja, albaricoque, melocotón, mandarina, clementina, kiwi.

Puede sustituirlas por:

- *300 g de melón;*
- *200 g de fresas, sandía, moras, arándanos, piña, pomelo;*
- *125 g de cerezas o uva;*
- *80 g de plátano.*

Mathieu espera a que Ralph haya terminado de leer y luego prosigue:

—¿Cree que su dieta es, por un lado, compatible con sus gustos alimentarios y, por el otro, soportable?

—Creo que sí. En realidad puedo comer prácticamente de casi todo excepto patatas fritas, foie-gras y dulces, ¿no?

—No exactamente, también tendrá que suprimir el azúcar y algunos platos cocinados demasiado calóricos. Pero la idea general es evitar la frustración. Asimismo, gracias a la lista de equivalencias, puede organizarse la dieta a su gusto, con la condición de respetar, por supuesto, el total calórico global. Es como si tuviera un capital que pudiera manejar: puede invertir sus calorías en lo que más le apetezca. Por ejemplo, puede sustituir la ración de fruta por una copa de vino.

—¿O de champán?

—¡Por supuesto!

Ralph relee las hojas que le ha dado Mathieu y luego, de pronto, mira al médico con aire preocupado:

—Mientras esté aquí no creo que sea demasiado complicado: no habrá tentaciones ni riesgos de «derrape». Pero, una vez fuera, ¿cómo me las arreglaré? No suelo comer en mi casa, la mayor parte de las veces como en un restaurante.

—No se preocupe, antes de que salga de la clínica le daré una lista de recomendaciones para las comidas en restaurantes e incluso para las comidas rápidas. Pero tenga cuidado con los cócteles en los que le propongan canapés, aperitivos y pastas. Son cosas que no parecen tener gran importancia, pero en realidad contienen bastantes calorías. Además, uno tiene la impresión de que no ha comido nada. Limítese a los bastoncillos de verduras y no se pase con el champán. Tómese una agua con gas, que también tiene burbujas y va mucho mejor para quitar la sed.

De pronto, Ralph se enfurruña:

—¡Oh, ahora que me han echado de mi propia casa de moda, ya no me invitarán!

—¿Tiene algún proyecto?

—Todavía no, pero pienso aprovechar mi estancia aquí para encontrar alguno.

—¡Excelente idea! Nos vemos mañana a la misma hora y me cuenta cómo le ha ido en su primer día de dieta, ¿de acuerdo?

—De acuerdo, doctor, hasta mañana.

Capítulo 29

El estilista prefiere no coger el ascensor y decide subir por la escalera hasta su habitación, situada en el tercer piso. La lista de las dietas lo ha dejado un poco saturado de tan difícil como le parece poder acordarse de todo y, aunque paralelamente las palabras del médico han calmado sus angustias en cuanto a la incitación al delito que suponen las comidas en el restaurante, ¿logrará seguir todas esas recomendaciones? Su voluntad está ahí, en el fondo de su corazón, de su mente, y también del espejo en el que se mira por la mañana, pero entre el deseo y la realidad, a menudo hay un abismo. Esas dudas que se ha guardado para sí —ahora se arrepiente de ello—, ¿cómo hará para digerirlas? ¿Cómo tragárselas de un solo bocado, devorarlas, despedazarlas y alejarlas de él? ¿Cómo borrarlas de su vida para afrontar su peso y su destino, que a priori parece obstruido? Ese destino que se ha visto ensombrecido —por no decir juzgado y condenado— en tan poco tiempo...

Ese torbellino de pensamientos lo asalta mientras sube por la escalera y tiene que hacer una pausa para recobrar el aliento desde el primer rellano. Un pensamiento tan jocoso como irónico se apodera de él: ¡para ser un hombre a dieta, le queda mucho trabajo en cocina!

Una vez en la habitación que le ha sido asignada, decide hacer de tripas corazón. Primero debe comprobar si lo que le ha dicho PEC es cierto. ¿Ha existido un complot para demoler su colección? Si es cierto, sabe perfectamente quién lo ha orquestado. Sólo quiere estar seguro, nada más. Unas cuantas llamadas deberían bastar para acabar de convencerlo.

—Hola, Katia, ¿has recibido más artículos? ¿Qué dicen?

—Lo mismo, llega un punto en que resulta inquietante.

—A mí también me lo parece. ¿El artículo de Caroline Desmonts en *Modissime* ha salido ya?

—Hay un resumen de la colección en *Modissime* tan crítico como los demás. Pero lo firma una tal Natacha Larcher. No sé quién es.

—¡Vaya, eso sí que es raro! Caroline Desmonts es mi única verdadera amiga entre las periodistas del mundo de la moda. Y vi que estaba en el desfile, como siempre desde hace quince años. Entonces, ¿por qué no es ella la autora del artículo?

—Ralph, hay algo que no cuadra. Ninguna de las periodistas con las que he intentado contactar desde ayer ha querido hablar conmigo. Prensa, radio, televisión, da igual. Estoy preocupada... y perpleja.

El estilista duda. ¿Sería Katia capaz de guardar el secreto? No está seguro de ello. Se echa atrás.

—Te mantendré informada, hasta luego.

Tiene que hablar con Caroline cueste lo que cueste. Si hay algo fuera de lo normal, ella debe de saberlo. La periodista tiene puesto el contestador. Ralph le deja un mensaje. Su móvil suena unos minutos después.

—Ah, Caroline, gracias por llamarme.

—Perdona, Ralph, lo siento, he sido cobarde.

—¿Qué quieres decir?

—Debería haberte avisado en cuanto me enteré de lo que se estaba tramando, pero la directora de la redacción me amenazó con despedirme si lo hacía. Tengo cincuenta años, ¿qué sería de mí sin este trabajo?

Ralph suspira:

—Lo que me estás contando no me sorprende mucho. Así que no te preocupes, avisarme no habría cambiado nada. Sólo quiero que me confirmes algunos elementos. Tú sólo tienes que decirme «verdadero» o «falso». ¿Qué me dices?

—Te escucho.

—Tu artículo ha sido rechazado porque hablabas bien de mi colección.

—Verdadero.

—Te han pedido que lo reescribas en versión negativa.

—Verdadero. Pero no he querido firmarlo con mi nombre, por eso he utilizado un pseudónimo.

—Las redacciones de todos los medios de comunicación han recibido instrucciones ordenándoles que hundan mi desfile.

—Verdadero, por lo que he oído decir a varias compañeras.

—Todo ha sido orquestado por Rabault.

—Nadie se ha atrevido a citar su nombre, pero ¿quién más podría ser? ¿Qué pasa, Ralph? ¿Quiere deshacerse de ti?

—Ya lo ha hecho.

El estilista ni siquiera está sorprendido cuando cuelga. Al contrario, se siente aliviado. No se ha equivocado con su colección, su buen juicio y su talento son incuestionables, o sea, que no hay nada imposible todavía. Las verdaderas preguntas son otras: ¿por qué su accionista ha provocado esa persecución? Y él, ¿qué quiere hacer ahora que es libre?

Capítulo 30

Pensando en lo ocurrido mientras vuelve a la clínica, Delphine de Luzille, a quien su marido conduce de vuelta al establecimiento después de la comida, no puede evitar sentir remordimientos. Estaba tan contenta de volver a ver a sus hijos, su única razón de existir, de poder hablar con ellos, de lograr reunir a todos sus hombres y, una vez más, como siempre, había hecho que se sintieran mal. ¿Por qué le cuesta tanto disfrutar de los pequeños placeres de la vida? ¿Por qué tiene el don de suscitar tensiones? ¿Por qué su familia nunca logra hablar tranquilamente? ¿De dónde proviene esa ineptitud suya para los gestos íntimos, para disfrutar de la alegría de estar juntos? Mientras el 607 avanza por la ronda parisina y su marido se complace en su mutismo habitual, Delphine se concentra en sus propios tormentos. Hay tantas preguntas que no se ha atrevido a hacer desde que murió su padre... Preguntas que ha guardado en su vientre, que ha encadenado con silencios y tapizado con calorías. Como una especie de bolsa de los dolores, continuamente lleno por la comida que Delphine deposita en su interior desde hace tantos años. Su estómago acumula las preguntas y los pudores, los rencores y las dudas. Pero sus hombres no saben nada de todo eso.

Además, ¿abandonar a los suyos para seguir esa dieta es realmente útil? Delphine no ingresó en la clínica de buena gana, pero su marido la obligó a prometerle que se quedaría hasta que hubiera perdido los kilos que hacían peligrar su vida. Y ella había obedecido. Como siempre. Sigue sin saber por qué aceptó, pero ¿no es lo que siempre ha hecho? Probablemente fue un momento de debilidad. La asalta un pensamiento doloroso: debería haberse dejado morir en la habitación del castillo. Porque era su destino, estaba escrito en el misterioso libro de las maldiciones familiares.

Louis no encuentra un sitio donde aparcar delante de la clínica pero ve una plaza de parking reservada al personal y deja allí su Peugeot. Fiel a sí misma, y ofendida ante semejante acto de incivilidad, Delphine no puede evitar encogerse de hombros y hacer un comentario mordaz:

—¡No te molestes, querido! Déjame aquí mismo. De todas maneras no vas a subir a mi habitación, bastante me has visto ya hoy.

El marido suspira sin saber qué decir. Encaja los reproches sin replicar para evitar el conflicto.

«Si al menos levantáramos la voz de vez en cuando», se dice Delphine decepcionada al ver que su provocación no surte ningún efecto que le permita ver su pasión, que le demuestre que están vivos y no disecados por la fuerza de la costumbre, prisioneros de sus secretos. Pero ni él ni ella son capaces. ¿Por qué no se dan la oportunidad de ajustar las cuentas con ese pasado que tanto les pesa? O, mejor dicho, que tanto le pesa a ella.

—Muy bien, querida, como desees.

Para evitar tener que besarlo en los labios, Delphine le pone la mejilla. Habría querido terminar con una palabra amable, pero no se le ocurre ninguna:

—Louis, la próxima vez ten la amabilidad de traerme la manta escocesa que está encima de mi cama.

—De acuerdo.

Por fin un detalle amable:

—Ten mucho cuidado.

El señor De Luzille sabe cuánto le cuesta pronunciar esas palabras y se conmueve.

—Por supuesto, no te preocupes, sólo tengo dos horas y media de carretera.

—Hasta pronto —se corrige Delphine mientras trata de salir del coche con gran esfuerzo.

Porque uno de los dramas que hace más pesado su silencio tiene lugar en ese preciso momento. Sus kilos de más. Su peso, que la mortifica y pone su salud en peligro. Ese peso que la obliga a adoptar una técnica muy particular para abandonar su asiento. Había empezado agarrando el montante superior del 607 con la mano derecha para tener un punto de apoyo. Después había sacado la pierna derecha y había hecho pivotar su trasero. A continuación había sacado con gran esfuerzo la pierna izquierda dejando escapar suspiros tan extenuantes como dolorosos. Una vez los dos pies en el suelo, le quedaba lo más difícil: ponerse en pie. Para ello, la pobre infeliz había tenido que servirse de sus dos brazos y hacer un esfuerzo considerable que la dejó sudorosa y sin aliento. A pesar de los veinte kilos que ha perdido en la clínica, esa maniobra sigue resultándole casi igual de trabajosa. El doctor Sorin le ha explicado que debería perder veinte kilos más para notar una verdadera diferencia. Está a medio camino, pero ¡cuán largo le parece el trayecto para recobrar la esperanza de volver a ser como antes!

Luego, sin darse la vuelta, limitándose a un leve gesto para despedirse de su marido, ha subido los cinco escalones que conducen a la entrada de la clínica agarrándose con sumo cuidado a la barandilla. En el fondo la alivia volver a un sitio en el que no se siente diferente a pesar de serlo, en el que la gente la mira, la escucha y la aprecia por lo que es realmente, independientemente de su aspecto.

Delphine saluda brevemente a la recepcionista y luego se dirige hacia la escalera. Mathieu le ha aconsejado que haga todo el ejercicio que pueda, y se dice a sí misma que esos escalones le servirán. Puede que algún día se decida a bajar al sótano, al gimnasio, en donde los pacientes se entrenan regularmente. Ella sigue diciendo a los enfermeros que la invitan a ir que no tiene ganas, pero la verdad es que teme la mirada de los demás. Porque, incluso en ese lugar, en el que nadie es juzgado por su apariencia física, una voz interior le susurra continuamente que ella es, de lejos, la más gorda. Además, aunque no lo reconozca abiertamente, le da miedo no poder volver a subir después, acostumbrada como está a vivir con la angustia terrible y petrificante de no saber nunca si su cuerpo logrará obedecer a su cerebro.

Ninguno de los miembros de su familia ha entendido que su decisión de no volver a bajar de su habitación en el castillo no era una cuestión de esnobismo ni un capricho: temía caerse en un escalón y no ser capaz de levantarse. Le aterrorizaba la idea de sufrir un accidente que la haría parecer una ballena varada. Una De Luzille, nacida en el Tillart de Cerquoy, no puede permitirse el lujo de ofrecer a los demás, a su familia, a su marido, un espectáculo tan vergonzoso.

Delphine se agarra a la barandilla para izar su cuerpo escalón a escalón. Las lágrimas ruedan por sus mejillas. Llora silenciosamente, como siempre. Su dolor es lo último que desearía compartir con alguien. No tender la mano ni pedir ayuda pero aguantar. Por sí misma. Por su honor.

Por fin ha llegado al pasillo que conduce a su habitación. De prisa. Debe recobrar el aliento y enjugarse la frente rápidamente para tener buena cara y ponérsela a los demás, meterse cuanto antes en su cuarto, ponerse de nuevo a bordar y tener las manos ocupadas para distraer su mente.

Delphine avanza poco a poco, una manera de andar dolorosamente característica de los grandes obesos porque los ayuda a mantener la estabilidad de su centro de gravedad y les evita caerse hacia un lado o hacia el otro.

Cuando por fin cierra la puerta y se desploma en el sillón, que la acoge —él sí— con los brazos abiertos, Delphine renace. Sabe bordar palabras y sentimientos. Así que, mecánicamente, sus dedos repiten una vez más esos gestos tantas veces realizados. Y puede soñar. Sus pensamientos se escapan por los agujeros del cañamazo. ¿Ha sido una buena madre para sus hijos o ha fracasado? ¿Qué sabe de sus penas y alegrías? ¿Sus respectivas carreras son un verdadero éxito o simplemente una vía de escape a sus propias neurosis? ¿Y su marido? ¿Por qué ella siempre tiene que estar lanzándole indirectas? Exactamente, ¿qué es lo que le reprocha? ¿Que la mire con ojos de cocker abandonado? ¿Es culpa suya que su marido la quiera más de lo que ella lo quiere a él? ¿Es culpa suya si ella ha sido la mujer de varios hombres? De su padre, de su marido, de sus hijos... Un ser nunca colmado, siempre insatisfecho. Una creación de Dios que no fue bien amada al principio y que se convirtió en una mala amante después.

Lágrimas de silenciosos remordimientos ruedan por sus mejillas. Como si se liberara de un excedente inagotable. Unas lágrimas que ahora, pensando en el momento que acaba de vivir, ya no puede reprimir.

Capítulo 31

A Liliane le cuesta bajar la escalera. A velocidad reducida se dirige hacia el despacho del doctor Sorin, que la espera dispuesto a hacerle frente como ya le ha dado a entender. La paciente sabe por adelantado cuál será su discurso. Todos los años se lo dedica a ella, la paciente reincidente. Cada vez él se muestra cortés, cordial, le presenta sus métodos y sus consejos envueltos en amabilidad y promesas de adelgazamiento, que son como el lazo que acompaña al papel de regalo. Y cada vez ella abre el paquete esperanzada, pero sabiendo por adelantado que no lo logrará. ¡Dichosas calorías! Que se quedan pegadas a sus células, a sus caderas, a su trasero. Dichosas calorías que habría que perseguir, desterrar, erradicar. Pero ella odia contar, medir, limitar, restringir, privarse. Y sobre todo odia la perspectiva de apartar de su existencia su único placer: comer. De manera que acude a la clínica, sigue las dietas y pierde peso, pero cuando vuelve a su casa su voluntad se desvanece y recupera los kilos perdidos. Cuando la aguja de su balanza se acerca de nuevo a los cien kilos, se asusta y vuelve a pedir cita. Una espiral, una deriva con la que el doctor quiere acabar. Pero ¿para qué?

Llama a la puerta discretamente —lo cual no es habitual en ella—, con la esperanza de que el doctor no la oiga. Mala suerte, tiene el oído fino.

—¡Adelante!

—Buenos días, doctor.

—Buenos días, señora Bensimon. ¿Cómo está?

—Como siempre, ni bien ni mal.

Mathieu se echa hacia atrás en su sillón:

—¿Puede explicarme eso de manera más detallada?

—¿Usted es feliz?

—No todos los días, pero a veces sí. ¿Y usted?

Liliane alza los ojos al cielo y luego se inclina hacia él:

—¿Cree que si yo fuera feliz lograría adelgazar?

—Seguramente la ayudaría a soportar las restricciones alimentarias sin sufrir tanto. ¿Por qué sigue queriendo adelgazar si ni siquiera soporta la idea de ponerse a dieta?

—Usted sabe por qué, ya hemos hablado de ello. Es por mi marido..., para que deje de perseguir a otras mujeres.

—¿Cree que la pérdida de peso bastará para que él esté más por usted?

—No pierdo nada intentándolo; eso no pide pan, nunca mejor dicho.

—Es joven, ni siquiera tiene cincuenta años, ¿no ha pensado nunca en buscar un trabajo o una ocupación que la haga salir de casa y le permita conocer a otras personas? Su hijo ya es mayor.

Una intensa tristeza se adueña del rostro habitualmente sonriente de Liliane.

—Un metro ochenta, es muy alto, doctor. Pero ahora ya no vive en nuestra casa, sino en la suya, con su novia, que apenas sabe calentar un plato precocinado en el microondas.

—¡Razón de más para que se busque una ocupación e incluso para que se ocupe de usted!

—¿Qué quiere que encuentre? Sólo tengo un diploma de bachillerato, y nunca he trabajado. Nadie querrá contratarme.

—Pero bueno, se lo vuelvo a repetir: es usted joven todavía, con cuarenta y cuatro años aún no se es demasiado mayor para empezar una formación.

—Mi marido no quiere. Debe de temer que no me dé tiempo a hacerle mis platos y plancharle sus camisas.

Conmovido, Mathieu se levanta:

—Piense en ello de todos modos. Venga, súbase a la balanza, voy a ver si se ha portado bien.

Ella obedece dejando escapar un suspiro.

—Seiscientos gramos menos, no está mal.

—¡En comparación con los treinta kilos que tengo que perder, es una ridiculez!

—No se desanime tan pronto, ya verá como lo conseguimos.

El médico le entrega unas hojas dactilografiadas.

—Mire, le he cambiado el régimen para que tenga menos hambre.

Dieta de 1.500 calorías

Desayuno:

• *Café, té, agua e infusiones sin límite, con o sin edulcorante artificial.*

• *1 tacita de leche desnatada.*

• *2 biscotes o 30 g de pan (1/4 de baguette) + 10 g de materia grasa (1 paquetito individual de mantequilla o 2 cucharaditas rasas).*

• *1 fruta o 2/3 cucharaditas de mermelada.*

• *1 yogur con 0 % de materia grasa con o sin edulcorante artificial.*

Comentario: para satisfacer los gustos de la sra. Bensimon hemos intentado variar el desayuno proponiéndole los siguientes ejemplos, que sustituirán los elementos anteriores excepto las bebidas sin azúcar.

• *60 g de pan vienés + 1 compota pequeña de fruta*

o

• *1 brioche de fabricación industrial con pepitas de chocolate + 1 yogur con 0 % de materia grasa y sin azúcar (mire la etiqueta y evite cualquier yogur con más de 60 calorías por cada 100 g).*

• *100 g de* chouquettes *(es decir, aproximadamente 8)*

o

• *1 panecillo de leche de la panadería + 1 yogur con 0 % de materia grasa*

o

• *una vez a la semana como máximo, 1 napolitana de chocolate de panadería de tamaño normal.*

Durante la mañana:
• *Café, té, agua e infusiones sin límite, con o sin edulcorante artificial.*

Comida:
• *Verduras crudas. Aliñar al gusto con 1 cucharada de aceite, limón, vinagre, mostaza, chalotas, cebollas, finas hierbas...*
• *125 g de carne magra desgrasada y a la plancha o equivalencia.*
• *Verduras cocidas en agua o al vapor + 5 g de mantequilla.*
• *1 yogur con 0 % de materia grasa o similar, con o sin edulcorante artificial.*
• *150 g de fruta.*

Merienda:
• *Café, té, agua e infusiones sin límite, con o sin edulcorante artificial.*
Si tiene hambre, añada 1 yogur con 0 % de materia grasa.

Cena:
Si siente mucha hambre antes de la cena, tome bastoncillos de verduras crudas, que podrá mojar en una salsa a base de yogur natural con 0 % de materia grasa, mostaza y condimentos.
• *Verdura cruda + 1 cucharada de aceite con limón, vinagre, mostaza, chalotas, cebollas o finas hierbas al gusto para aliñar.*
• *125 g de carne magra desgrasada y a la plancha o equivalencia.*
• *150 g de alimentos ricos en fécula cocidos (4/5 cucharadas soperas) + 5 g de materia grasa con un plato de verdura verde cocido con agua, al vapor, y aliñada al gusto.*
• *1 yogur con 0 % de materia grasa o equivalencia, con o sin edulcorante artificial.*
• *150 g de fruta o una copa de vino.*

La cuarentona regordeta relee las hojas con aire satisfecho:

—¡Qué detalle! Me gustan las variantes del desayuno.

—El verdadero problema, señora Bensimon, lo tendrá cuando vuelva a su casa y empiece de nuevo a cocinar. Mientras no cambie sus hábitos alimentarios seguirá recuperando en unos cuantos días lo que haya perdido aquí en varias semanas. ¿Tiene usted una cuscusera?

—¡Por supuesto!

—Entonces utilícela para cocer el pescado, las verduras verdes, pero no sémola de trigo.

—¡Si hago eso, mi marido pedirá el divorcio inmediatamente!

—Entonces hágalo para usted y siga preparándole sus buenos platos sin comerlos.

—¡Pero lo que usted me pide es inhumano! ¡Es usted un nazi con la comida, en serio!

Mathieu la fulmina con la mirada:

—¡Tenga mucho cuidado con lo que dice, por favor se lo pido!

—Perdone, doctor, soy así de exagerada, no lo puedo remediar.

—Ya lo sé, por eso no me enfado con usted, pero no vuelva a decirme otra barbaridad como ésa.

—Se lo prometo, discúlpeme.

Liliane Bensimon sale del despacho. Mathieu, agotado, deja escapar un suspiro. «¡Que soy un nazi con los alimentos, dice! Y ¿por qué no el marqués de Sade de la comida?» Él no obliga a nadie a hacer nada. Y si prescribe dietas es por el bien de sus pacientes. ¡Lo que hay que aguantar a veces en este trabajo!

Capítulo 32

Pensamientos contradictorios lo atormentan. ¿Abandonar o intentar salir a flote? ¿Hacer cuanto esté en su mano para demostrar que se han equivocado al querer asesinarlo con ese intercambio de columnas de periódico y tinta de impresión envenenada o, al contrario, retirarse al Aventino,[5] exiliarse para ver cómo quienes lo han humillado se arrepienten rápidamente de haber participado en ese complot y echan de menos su talento? En parte, cierta arrogancia y también el dolor de la herida provocada lo empujan a querer actuar de ese modo, pero sabe que abandonarlo todo significaría el fin de su nombre. Sin embargo, no puede resignarse a ver traicionado, devaluado y mermado ese apellido que tantos años le ha llevado transformar en una marca de lujo. En el fondo se niega a presenciar cómo lo que le ha llevado tantos años construir, esos años de trabajo duro y pasión, se ve convertido en una firma banal sin la menor elegancia como ha ocurrido con tantas otras antes. Entonces, la mejor de las revanchas, e incluso de las venganzas, consistirá en demostrarles a todos hasta qué punto se equivocaron al intentar hundirlo para no contrariar a un gran comprador de páginas de publicidad. El más intenso y delicioso

5. El monte Aventino es una de las siete colinas sobre las que se construyó la antigua Roma. Hoy es una elegante zona residencial de la ciudad, muy rica desde un punto de vista arquitectónico. *(N. de la t.)*

de los placeres será volver al primer plano de la actualidad para humillar con su talento a la persona que intentó eliminarlo y reaparecer en el pódium más inesperado más joven, esbelto y elegante que nunca.

Sin embargo, la energía recobrada del estilista se evapora de inmediato cuando se plantea la situación desde una perspectiva más realista. ¿Ralph quiere empezar una nueva carrera con más de sesenta años a sus espaldas? De acuerdo. Pero los términos del contrato que estableció con François Rabault le prohíben formalmente firmar con su apellido la más mínima creación, ni siquiera unos trapos de cocina. Si quiere seguir trabajando deberá utilizar una máscara, tomar prestada una firma, ocultarse tras un pseudónimo. ¿Es realmente posible? Indecisión y dudas... Temor y deseo... Al fin y al cabo, ¿por qué no? La perspectiva de reinventar su vida por completo empieza a divertir a Ralph. La idea de que una nueva aventura lo espera y de que un porvenir regenerado puede estimularlo acaba imponiéndose. Entonces, llevado por el frenesí que suscita en él la idea de superar su depresión y pensando en darles una lección a todos, coge un cuaderno de bocetos que siempre lleva consigo y juega con las letras de su nombre intentando anagramas y diminutivos. Una hora pasa volando sin que se dé cuenta de ello. Una hora desgranada en un instante durante el cual se ha olvidado de tener hambre.

Ese descubrimiento lo lleva a hacer otras deducciones: ¿y si la ausencia de nuevos proyectos desde hace varios años hubiera contribuido a hacerlo engordar? ¿Y si su cuerpo se hubiera metamorfoseado hasta reflejar el tedio que había acabado sintiendo a fuerza de repetir la misma rutina un día tras otro, a fuerza de querer satisfacer a aquellos exigentes inversores que tanto tiempo le habían hecho perder? Recuperar la silueta de un hombre joven será el primer acto de su nueva existencia.

Una música lo saca de sus conjeturas. Es su móvil. Un nombre aparece en la pantalla. Hace un mohín de disgusto y luego descuelga.

—Ralph, un rumor corre por la agencia —le grita Katia, al borde de la histeria—, ¿es cierto que te vas? ¡Dime que no es verdad, que no nos vas a hacer eso!

—Por desgracia, sí, aunque debo añadir un pequeño detalle: ha sido en contra de mi voluntad. Rabault me ha despedido.

—Pero no puede ser. ¿Cómo te va a despedir a ti? ¡Es tu casa de moda, tu nombre, tu obra! ¿Y yo? ¿Qué va a ser de mí? ¿Te das cuenta?

—Claro que me doy cuenta. Y, para serte sincero, temo que te ocurra lo mismo que a mí —no puede evitar decirle con un leve timbre metálico en la voz. Está cansado de la gente que sólo piensa en sí misma y no en él, sobre todo en semejante situación.

La responsable de prensa, que conoce bien a su patrón, se da cuenta de su torpeza y le pregunta, más tranquila:

—¿Vas a coger la jubilación?

El estilista se echa a reír.

—Eso es lo que Rabault espera, pero no voy a darle el gusto. Simplemente voy a tomarme unas vacaciones y a ponerme de nuevo en forma y luego renaceré de mis cenizas, como el fénix.

—¿Qué quieres decir?

—¡*Top secret*, cariño!

Al otro lado del teléfono, Katia solloza:

—Y ¿qué va a ser de mí? ¿Qué voy a hacer?

—Vas a dejar que te despidan y vas a cumplir tu preaviso escrupulosamente. Después, tal vez encuentres un nuevo trabajo con un joven creador que seguramente necesitará darse a conocer.

—Pero ¿a quién te refieres? Yo quiero trabajar contigo, y no con uno de esos ridículos y fríos intelectuales que se creen mejores que nadie. No quiero tener que volver a empezar de cero.

—Y ¿quién ha hablado de eso? ¡Sobre todo cuando sepas que el principiante en cuestión no es ningún novato y tiene sesenta y dos años!

—Ralph, eres el mejor. —Su interlocutora, feliz, se desternilla de risa al comprobar que la complicidad entre ambos se ha reanudado.

—Por fin una palabra sensata. Hasta pronto.

¿Y si ese brutal despido representara en realidad un saludable sobresalto para él? Si pensaba en ello detenidamente, Ralph se daba cuenta de que Rabault lo presionaba cada vez más y le imponía una obligación tras otra. Cada vez le exigía más dibujos y más creaciones de líneas y gamas para hacer dinero. Comprendía que, con sus maneras embaucadoras, el empresario, pérfida y pacientemente, lo había exprimido al máximo como si fuera un limón. Entre la alta costura, la línea *prêt-à-porter* para mujer y para hombre, los complementos, la ropa para el hogar y la de deporte, lo habían obligado a sacar una docena de colecciones al año. Lo atormentaban sin cesar para que creara continuamente y satisfacer así las exigencias del todopoderoso departamento de marketing. Vender más cada año. Mejorar el volumen de facturación, el margen de beneficios, los resultados, los dividendos de los accionistas. Fingían tratarlo como a una diva, pero en realidad lo habían instrumentalizado hasta convertirlo en un engranaje de la gran industria. Podrían haber agotado su talento, desecado su genio.

Y Ralph ya se ha cansado de todo eso. Ahora que se encuentra entre la espada y la pared, lo único que quiere es volver a los fundamentos del oficio, a caballo entre el arte y la artesanía. Buscar la inspiración drapeando él mismo, simplemente una tela sobre el cuerpo de un maniquí, sin el enjambre de asistentes que constantemente zumban a su alrededor. De hecho, tampoco necesita un maniquí, ya está harto. Sería mejor una mujer de verdad con la que pudiera cruzarse en la calle, porque ésa es la mujer a la que querría vestir y hacer más bella. Alguien como la encantadora joven con la que acaba de tomarse un café, Émilie, una especie de encarnación de la vida misma, sería ideal.

Sin embargo, la expresión de Ralph se ensombrece de pronto. Aún le queda un detalle por solucionar, y no el menos importante: la financiación. Sin embargo, el dinero es su terreno de incompetencia. Siempre ha vivido confortablemente, sin calcular ni ahorrar. Su única opción: pasar revista a su agenda para encontrar a las personas o sociedades susceptibles de querer invertir en su proyecto. Al fin y al cabo, Rabault cuenta con suficientes enemigos que estarían encantados de aliarse contra él. No debería costarle mucho lograr convencer a algunos. Pensándolo bien, incluso hay bastantes a los que les encantaría entrar en la partida para desinflar el ego del millonario.

Pensando en esa imagen, una extraña sonrisa ilumina el rostro del estilista. «Allá cada uno con su sobrepeso», se dice. Es más fácil perder kilos de barriga que de pretensión.

Capítulo 33

É milie, ociosa, ha vuelto a la cafetería para tomarse un café. Una señora muy gruesa con una afable sonrisa se acerca a ella sin pensarlo dos veces:

—Buenos días. Acaba de llegar, ¿verdad?

—Eh... Sí, ¿y usted?

—Con lo guapa que es, seguro que no ha venido aquí para adelgazar —dice riendo su interlocutora antes de responder a su pregunta—. Me llamo Liliane Bensimon y soy una paciente habitual de la clínica. No hace falta que le explique por qué, salta a la vista, ¿verdad?

Émilie está desconcertada. No es frecuente que alguien le hable de manera tan directa. Entonces busca un medio para salir del apuro educadamente.

—Encantada. Émilie Weber, estoy aquí para..., eh..., estabilizar mi peso.

—Perdone mi indiscreción pero el señor con el que estaba hablando esta mañana era Ralph Farrell, el estilista, ¿verdad? Parece muy simpático.

—Efectivamente —se limita a responderle la joven, atónita ante la curiosa sencillez de esa paciente, que parece no tener pelos en la lengua.

—¡Es mi ídolo! Si tuviera dinero para comprarme los vestidos que ha creado, nunca habría cogido un solo gramo por miedo a no poder volver a ponérmelos.

—¿Usted cree?

—No, es broma. Lo cierto es que me gusta demasiado comer. Y cualquier cosa me hace engordar. Lo llevo en los genes, estoy segura. Como siempre suelo decir, la buena comida no se hace con agua. ¿Por qué todo lo que me gusta me hace engordar? ¡La vida es realmente injusta! Dios debería haber puesto las calorías en el brócoli y no en el cuscús.

Al ver que aquella lógica imparable hacer reír a Émilie, Liliane decide sentarse frente a ella.

—¿Tomamos algo juntas?

—No, no —le contesta Émilie, asustada. La idea de comer con esa mujer, que seguramente come mucho más que ella, la aterroriza.

Pero haría falta mucho más para detener a la cotorra que tiene delante.

—No tenga miedo, cada una su parte. Debe saber que Mathieu es muy estricto en cuanto a las dietas que nos prescribe se refiere. Más vale que no intentemos cambiar la organización o las cantidades porque, si no, nos monta un auténtico numerito. Si no adelgazo es siempre por mi culpa, nunca por la suya. ¡Con lo difícil que es seguir una dieta! No tengo derecho a nada. ¿Qué me queda en la vida? Voy a acabar neurasténica, eso es lo que va a pasar. Gorda y neurasténica, ¡menudo éxito!

Émilie no puede evitar volver a reírse.

—Perdone, pero es que cuenta las cosas tristes de una manera tan divertida que me...

—No pasa nada, jovencita. Hacer reír a alguien es como darle de comer pero sin calorías: ¡ideal!

La joven sonríe con agradecimiento:

—Tiene usted razón.

—Muy pronto voy a hacer de comer, pero esta vez de verdad. Mathieu ha decidido que cada semana uno de nosotros debe preparar la comida. Asegura que el intercambio entre todos los pacientes de la clínica y el hecho de ayudar a que se conozcan gracias a la preparación de una comida forman parte del tratamiento. Y esta vez me toca a mí. ¿Le gusta el tajín de pescado? Me llevará toda una tarde prepararlo, salvo si le apetece ayudarme.

—De momento prefiero decirle que no —Émilie rechaza prudentemente la invitación—, pero le aseguro que si las dos estamos aquí la semana que viene, le echaré una mano.

—No se preocupe, aún me queda una buena temporada en la Clínica de París.

De pronto observa el reloj de pared y añade:

—Oh, tanto hablar, tanto hablar, pero lo cierto es que tengo muchas cosas que preparar. Tengo que ir a ver a Clara para hacerle la lista de la compra. ¡Debo darme prisa!

Una vez que Liliane ha salido, la sala se queda muy vacía. «Es curioso», se dice la recién llegada, esa madre judía le ha parecido algo pesada al principio, pero finalmente no puede negar que ha pasado un momento agradable en su compañía. Sin duda alguna porque la señora Bensimon tiene un buen humor contagioso. Una amabilidad divertida que debe de servirle de coraza y permitirle ocultar la tristeza que vela su mirada cuando no sabe que la están mirando...

Una sorda fatiga se apodera de Émilie. Se dirige lentamente hacia su habitación arrastrando los pies. Una parcela de su agresividad inicial se ha esfumado, una sensación que no experimentaba desde hacía mucho tiempo. Piensa en lo que habría hecho si no hubiera ingresado en la clínica. A esa hora seguramente estaría vomitando después de someterse a una orgía de comida. De hecho, se le empieza a revolver el estómago por puro reflejo, sólo de pensar en ello. Entonces respira lenta y profundamente hasta que cesan las contracciones. «Bravo», se dice. Mathieu estaría orgulloso de ella.

Capítulo 34

Los dos hermanos se han encontrado y, uno al lado del otro, caminan a lo largo del jardín de las Tullerías. De momento sólo han charlado de banalidades. Se niegan a hablar y a afrontar la inquietud que los carcome y que se remonta mucho tiempo atrás. Baptiste decide lanzarse:

—¿Cómo encontraste a mamá durante la comida?

—Hace mucho que dejé de saber si insistimos para que se cure por su propio interés o por la culpabilidad que sentimos —responde Pierre-Marie.

—Sé que la culpabilidad es tu fondo de comercio personal, pero ¿por qué deberíamos sentirnos responsables? —Baptiste no puede evitar exaltarse e imprimir cierta acritud en su tono.

Pierre-Marie le da un empujón a su hermano:

—Ahórrame tus reflexiones anticlericales, ¿vale? Pero ya que quieres hablar de cosas tristes, te voy a hacer una confesión: a veces me he preguntado si había escogido el sacerdocio porque era un pretexto ideal para irme de casa.

—Es cierto que así mamá no ha podido reprocharte que la hayas dejado por otra mujer.

—¡Vete tú a saber, los caminos del Señor son inescrutables!

Baptiste no percibe el humor de circunstancias de su hermano. Puesto que la puerta de las confidencias parece entreabrirse, lo mejor es empujarla un poco más e intentar limpiar algunas telarañas y aclarar algunas zonas oscuras con —por fin— un poco de sinceridad.

—¿Recuerdas en qué momento empezó a engordar?

—Más o menos —Pierre-Marie deja de lado el humor y recupera su seriedad habitual, su actitud distante y su compunción—. Siempre estuvo rellenita, pero creo que fue sobre todo después de la muerte del abuelo cuando empezó a engordar desmesuradamente.

—Yo también diría que fue a partir de ese momento. No mucho después del día en que nos reunimos los cinco en nuestra habitación.

—¡Ah, sí, me había olvidado de eso! —exclama Pierre-Marie.

—Me pregunto si no ocurrió algo entonces que activó todo el proceso. O, más bien, que lo provocó.

Al ver la expresión grave de Baptiste, inconscientemente, su hermano prefiere batirse en retirada. Debe evitar por todos los medios abrir la caja de Pandora al intentar descubrir los secretos de los demás. O, al menos, los de los miembros de su familia. Porque, aunque nunca le ha molestado escuchar historias íntimas en el confesionario, imaginar o admitir los secretos de su propia familia lo incomoda tanto que se niega a pensar en ello un solo segundo.

—Nunca lo sabremos, lo mejor es que nos olvidemos de ello —asegura Pierre-Marie—. Yo he encontrado la paz interior, tú deberías intentar hacer lo mismo.

Baptiste mira a su hermano con una sonrisa irónica:

—¿Me estás aconsejando que vaya a un psicólogo?

—Si eso puede ayudarte, ¿por qué no?

—¡Pero a mí me parece que soy normal! Lo que es seguramente un signo de locura, teniendo en cuenta la familia de la que provengo.

Pierre-Marie se exalta:

—No debes de ser tan normal como dices si te has atrevido a escribir una obra sobre el incesto.

—Ah, no, no empieces tú también con eso. Ya la otra noche un presentador de televisión me estuvo provocando con ese tema...

—Sólo estaba bromeando —le dice el obispo.

Se hace un nuevo silencio, tapizado de pudor y de ese rechazo a saber tan anclado en la educación de ambos. París es frío pero bello, la calle de Rivoli está llena de coches, parachoques contra parachoques.

—Pierre-Marie, ¿tú hablas con mamá?

La pregunta sorprende al obispo. Se contenta con una frase equívoca:

—Nos limitamos prudentemente a hablar de temas sin importancia. ¿Y tú?

—En esta maldita familia nunca hemos sido capaces de decirnos las cosas importantes. Todo se reduce a gestos poco claros, miradas ambiguas y silencios que hay que saber interpretar y descifrar. Como si las buenas maneras nos impidieran expresarnos, como si nuestra ascendencia noble nos impidiera alterar nuestras costumbres y revolucionar los sentimientos.

—Perdona, Baptiste, no sabía que te preocuparas tanto por mamá.

—Ya ves, yo no tengo tu desapego.

Aún un poco confundido por el ataque subyacente, tan irónico como imprevisto, Pierre-Marie coge a su hermano pequeño por los hombros para que éste lo mire a la cara:

—Un psicoanalista te diría que es asunto de nuestro padre y de nuestra madre, que se casaron antes de que nosotros naciéramos y que por eso deben arreglárselas solos. Pero tu hermano sacerdote te dice que se compromete a asumir la situación a tu lado, conjunta y solidariamente.

—¡Estaba esperando a que me lo propusieras! Entonces estás de misión hasta que te vayas. Yo tomaré el relevo después.

—De acuerdo. Iré a la clínica.

Los dos hermanos se separan después de darse un abrazo jovial pero que, al mismo tiempo, los incomoda. Se provocan, se pican, se molestan, pero se aprecian, cada uno a su forma, cada uno a su manera.

Baptiste decide ir a pie hasta Saint-Germain-des-Prés, el barrio en el que vive. El paseo lo ayudará a pensar porque la comida familiar ha reavivado algunos recuerdos enterrados. Era de prever, pero un dolor inesperado le ha taladrado el corazón al ver a su madre en un lugar público. En dicha situación, que no se había producido desde que él mismo tenía doce años, las miradas ajenas le habían hecho tomar conciencia del carácter monstruoso de la obesidad de su madre. Mientras los dos estaban en su habitación del castillo o en la de la clínica, él la veía con ojos de niño. Pero hoy, por primera vez, la ha observado como un hombre mira a una mujer. Como un adulto mira a otro adulto. Y lo mínimo que puede decir es que el choque ha sido violento.

¿Cómo han podido, su padre, su hermano y él, dejar que Delphine, tan bella en otro tiempo, se haya convertido en esa criatura deforme, asfixiada por su propia grasa? ¿Cómo han podido comportarse con tanta insensibilidad frente a su evidente sufrimiento? ¿Cómo han podido aceptar durante tanto tiempo que ella se entierre, que se encierre viva detrás de aquellas murallas, sin atreverse a aconsejarle que intentara curarse? ¿Cómo?

Quinta parte

Capítulo 35

Hora de despertarse —susurra Lucio.

A Sarah, aún sumida en un profundo sueño, le cuesta abrir los ojos. Varias secuencias de la noche anterior se entremezclan en las brumas de su mente, como una película montada en desorden. No sabe si esas imágenes son fragmentos de un sueño o hechos reales. Ha reconocido la voz del enfermero, pero su presencia puede significar que sigue estando en la clínica. Más vale mantener los ojos cerrados un poco más. Más vale hacer durar ese agradable instante de plenitud, momento raro en su existencia.

Una mano le acaricia la mejilla. Sarah reconoce su olor. Está claro que ese despertar no se parece a ningún otro. ¿Acaso no es cierto que las habituales sensaciones dolorosas han abandonado su cuerpo e incluso su mente?

Su mano, que explora por debajo la sábana en busca de una piel tibia, sólo encuentra la tela áspera de un pantalón vaquero. Sarah se vuelve hacia Lucio antes de abrir los ojos. Y descubre que el joven la contempla con una media sonrisa estática en los labios. Un arrebato de euforia la invade. No es lo suficientemente atrevida como para estrecharlo en sus brazos o besarlo, por lo que se queda inmóvil. Él también se mantiene a distancia, como si no se atreviera a tocarla.

¿Quién se atreverá a hacer el primer gesto? ¿Quién traspasará la barrera del pudor? ¿Quién quebrará los miedos?

—¿Has dormido vestido?

—Vi que te quedabas inmediatamente dormida y no me atreví a moverme.

—¿Qué hora es?

Él saca su brazo de debajo de las sábanas para mirar el reloj.

—Las once, la hora en que se levantan las niñas de buena familia. ¿Tienes hambre?

—Nunca.

Al ver la cara de disgusto de Lucio, Sarah rectifica:

—Pero puede que esta mañana consiga comer.

—Genial, iré a buscar unos cruasanes. Tienes que empezar a coger peso a toda velocidad.

—¿Por qué?

—Para que pueda abrazarte sin miedo a que te partas en dos.

—Es una razón que me motiva bastante, debo reconocerlo.

Cara a cara, mirándose a los ojos, se acarician sin tocarse y dialogan sin hablar. Las pestañas de Sarah tiemblan. Lucio la atrae contra él y la besa, lentamente primero y con más fogosidad después. Ella ni siquiera se atreve a pegarse a él, aunque se muere de ganas, porque teme que lo incomoden sus huesos salientes. Ni senos ni trasero que ofrecer a sus acaricias. Él tiene razón: está demasiado delgada para hacer el amor.

Entonces se aparta ligeramente:

—Ahora no, todavía no. No estoy en condiciones.

—No tenemos prisa, mi amor, tenemos toda la vida por delante.

Esas palabras son como un bálsamo. Al oírlas, Sarah cree derretirse. Algo, en lo más profundo de sí misma, acaba de ceder. Se abandona a la plenitud de ese instante, perfecto, mágico, único.

—Lucio, quiero curarme.

—Entonces vas a tener que comer —le responde el enfermero con un brillo de satisfacción en los ojos.

—Ya lo sé. Por cierto, ¿los cruasanes son para hoy?

Él se echa a reír.

—¡Y todo lo que mi princesa quiera! ¿Nutella, cereales, zumo de naranja?

—Bueno, tal vez no todo al mismo tiempo y de inmediato; un cruasán bastará, con un té por favor.

Mientras Lucio se prepara, Sarah se da cuenta de que ha abandonado la clínica sin nada, no tiene nada que ponerse, ni ropa interior, ni siquiera cepillo de dientes. «¿Y Mathieu?», se dice de repente. Debe de estar enfadadísimo. Lucio incluso se arriesga a perder su trabajo por su culpa. Con el rostro contraído por la preocupación, lo asedia con mil preguntas en cuanto sale de la ducha. Las frases desordenadas con que lo bombardea dan a entender su miedo a que ocurra lo peor, su miedo a todo lo que se han atrevido a transgredir al huir de manera tan brusca.

—No te preocupes —Lucio apenas logra tranquilizarla de tan aterrorizada como está—, hace un momento he avisado a Mathieu y me ha dado su autorización para que te quedes aquí hasta que tu padre se calme. En cuanto a tus cosas, tenía pensado ir a buscarlas después del desayuno..., si es que puedes prescindir de mi presencia durante media horita.

Se le escapa un «uf» de alivio.

—De acuerdo, hagámoslo así. No olvides mi neceser de maquillaje, que está en el cajón de la mesilla de noche, para que pueda ponerme guapa para ti.

—¡Primero los cruasanes, que tengo hambre! ¿No quieres venir?

—¿Yo? ¡No querrás que salga en pijama y bata a la calle!

Una vez sola, Sarah aprieta los brazos a lo largo del cuerpo para sentir la estrechez de sus caderas. Y palpa los huesos que afloran bajo su piel. Por primera vez, esa sensación esquelética la perturba. Sobre todo porque piensa que para Lucio no será agradable hacer el amor con una mujer tan famélica. Después de todo lo que ha hecho por ella, ahora debe esforzarse para resultarle atractiva e incluso apetecible. El término la hace sonreír. Comer para ser atractiva, menuda novedad.

En cuanto formula ese pensamiento optimista, el miedo se adueña de ella. Lo siente en medio del vientre. Hace un momento le ha mentido a Lucio. Su hambre no ha desaparecido. Y, lo que es peor, es permanente y la atenaza desde hace meses y meses. El juego, el reto, podría decir Sarah en cierto sentido, consistía en dominarla con su cabeza para demostrar al resto del mundo y a sí misma su fuerza mental. Pero, ahora, ¿cómo va a aprender a alimentarse de nuevo? Sarah se entrena entonces tragando saliva progresivamente porque sabe que le va a costar mucho comer algo. Pero debe salir victoriosa de ese desafío.

Cuando Lucio vuelve a aparecer, lleva una bolsa de papel en una mano y una rosa roja en la otra. Sarah, que se encuentra demasiado débil como para levantarse y ayudarlo, cubierta con el edredón hasta la barbilla porque tiene frío, se contenta con mirarlo. Él corta un cruasán en pedacitos y los dispone en un plato de vivos colores. Buena idea, el suplicio será menos impresionante de esa manera. Mientras el agua para el té se calienta, Lucio prepara cuidadosamente la bandeja. La rosa aporta el toque decorativo. El resto, los ingredientes esenciales para volver del país del que, normalmente, muchos se niegan a volver.

—Perfecto, mi princesa está servida. ¿Cuántos terrones quiere en su té?

—La mitad de uno, por favor.

A caballo entre el asco y el entusiasmo, con el estómago revuelto y el corazón palpitante, Sarah empieza a comerse un trocito de cruasán, una miga tras otra y, para que pasen mejor, las acompaña con cucharaditas de té.

Lucio, por su parte, devora su cruasán y luego una napolitana y una caracola con pasas, tres pastas acompañadas de dos boles de café. Con el estómago lleno, sale rápidamente hacia la clínica para ir a buscar las cosas de Sarah. Entonces ella coge su móvil y marca un número. Frunce los labios pensando en la reacción de la persona a la que está llamando —¿estará furioso, se mostrará compasivo o al menos comprensivo?—, está angustiada.

—Hola, Mathieu, soy Sarah —balbucea.

—¿Cómo te encuentras hoy? —responde el doctor en un tono afectuoso y familiar que la tranquiliza de entrada.

Ningún reproche.

—Fenomenal. Pero quería pedirte perdón por lo ocurrido anoche. No me gustaría que esta historia te creara problemas. Mi padre acabará calmándose, no te preocupes.

—Sarah, lo que yo quiero es que estés bien y empieces a alimentarte, lo demás me da igual. No te angusties por eso.

—¿Quieres que vuelva a la clínica?

—¿A ti te apetece?

—La verdad es que no mucho. Lo único que quiero es estar con Lucio. De hecho, si te digo la verdad, me da miedo salir de mi universo, verme fuera.

Mathieu reflexiona durante unos segundos.

—Mira, Sarah, sé dónde estás y confío plenamente en Lucio. Tú eres la que decide dónde te sientes mejor, si en su casa o aquí. Así que puedes volver cuando quieras.

—Genial, muchas gracias.

—Pero ten cuidado. Sobre todo no te realimentes de manera brusca. Es inútil que intentes coger peso demasiado de prisa: tu organismo no lo soportaría ni psíquica ni físicamente. Así que te voy a dar unas instrucciones para los tres o cuatro primeros días, período durante el cual estaremos en contacto por teléfono si es que no nos vemos antes. Mira a ver si encuentras papel y lápiz.

Sarah se levanta con mucho esfuerzo y camina con dificultad hasta el escritorio, ocupado por un ordenador. Busca en los cajones y acaba encontrando un bolígrafo y un bloc.

—Ya está. Te escucho.

—Por la mañana tomarás treinta o cuarenta gramos de pan integral y un bote de requesón con cero por ciento de materia grasa. Y una bebida, té o café. Y sobre todo azúcar, si lo soportas bien.

Sólo de pensar que tiene que comerse todo eso, a Sarah le empieza a temblar el boli Bic en la mano.

—Al mediodía, pescado, de preferencia blanco excepto si consigues comer salmón. Al principio puedes aplastarlo para consumirlo más fácilmente. Docientos gramos de puré de verduras, al que añadirás (y esto es obligatorio, Sarah) media cucharada de aceite de colza. Por último, un producto lácteo: requesón o yogur.

Ella escribe frenéticamente. Mathieu hace una pausa y luego prosigue:

—Por la tarde puedes tomar bebidas azucaradas tipo zumo de frutas. O, aún mejor, leche si puedes. No te fuerces demasiado porque podrías provocarte una diarrea y eso no nos conviene ahora. Por la noche, carne o pescado, Sarah, como quieras, con un puré de patatas o una patata aplastada a la que añadirás otra media cucharada de aceite de colza. Luego terminas con una papilla o una compota de fruta. ¿Has tomado nota de todo?

La joven, aterrorizada por lo que le parece una masa de alimentos, guarda silencio. Mathieu la comprende y adopta su tono de voz más tranquilizador:

—Sé que lo que acabo de decirte es terriblemente traumático para ti. Pero algo ha cambiado en ti para que puedas comportarte con tu padre como lo hiciste anoche. Puede que gracias al paro cardíaco hayas comprendido que al menos una parte de ti quería vivir. ¿Tú qué crees?

—Tal vez.

—Me parece que la presencia de Lucio ha tenido algo que ver.

—¡Ah, eso sí! Es realmente genial conmigo.

—En definitiva, es un poco como si hubieras vivido en la oscuridad, en la voluntad de querer morir, durante mucho tiempo. Dejaste de comer lo que te daban tus padres porque no era la comida que querías, la que tú necesitabas. Ahora acabas de volverte hacia la luz, estás viviendo una especie de renacimiento.

—Reconozco que empiezo a revivir, pero ¿de verdad tengo que comerme todo lo que me has prescrito?

—Los primeros días son los más difíciles porque tienes que volver a acostumbrar tu cuerpo a la comida. Por eso, contrariamente a lo que tú piensas, lo que te mando comer es muy poco. Tu estómago se ha encogido y conviene que vayas poco a poco para que recupere un tamaño normal sin problemas. Por suerte, es un órgano extraordinariamente elástico. Una cosa más, Sarah: no olvides que estoy a tu disposición. Puedes llamarme por teléfono o volver cuando quieras a tu habitación de la clínica. Aunque estoy convencido de que no lo necesitarás, y de que te estás recuperando, tienes esa seguridad. Ojalá la próxima vez que te vea en mi despacho sea únicamente para que vayamos a tomar un café juntos. Pero debes tener paciencia hasta entonces.

Capítulo 36

Un profundo silencio reina en la clínica. Los pasillos están desiertos, las habitaciones mudas, no se oye el volumen de ningún televisor tras las puertas cerradas. Tan sólo se percibe el sonido algo agrio y punzante de los neones de la sala de las enfermeras que han permanecido encendidos, un islote de luz blanca que rasga la penumbra del lugar. Son las siete de la tarde. No es un momento de máxima animación en dichos lugares. A esa hora, la vida ya no recupera pacientemente sus derechos en los espacios médicos ni en los del sueño.

Al final de esa jornada tan intensa como las demás desde hace algún tiempo, Mathieu sube al primer piso, a la cafetería. La sonrisa en sus labios traduce el placer que le procura el ritual que ha instaurado: una cena semanal. Una práctica psicológica y a la vez pedagógica, afectiva y participativa —como suele decirse—, que consiste en reunir a todos sus pacientes durante una comida en una comunión de timideces y temores que hay que romper para aprender de nuevo cómo comportarse con los demás, con uno mismo y con la comida. La condición explícita a la que se prestan —aquellos a quienes el simple hecho de ver los alimentos molesta o repugna no siempre lo hacen de buena gana— es que uno de ellos cocina, siguiendo las reglas dietéticas que se aplican en el establecimiento, platos fruto de su imaginación o de su cultura.

Por desgracia, la iniciativa original ha caído en manos de una de las pacientes más fieles de la clínica. Como los demás de entrada no se atreven a enfrentarse a su relación con la comida y dan muestra de cierta discreción, por no decir de un cierto autismo culinario, a menudo suele tocarle a la misma persona. Se trata de la señora Bensimon, que, al ser tan servicial y estar acostumbrada a encargarse de la cocina en su casa, acapara los fogones cada vez que ingresa en la clínica. Así que la diversidad de sabores se resiente, y la de las calorías también, pero de nada sirve intentar frustrar su buena voluntad. Además, un rito es un rito, y hay que respetarlo.

Mathieu aprovecha esos momentos únicos para observar los comportamientos alimentarios de unos y otros, que a menudo revelan sus propias emociones psicológicas. De esa manera puede escrutar en un marco diferente del de su despacho a sus nuevos fichajes, como algunos de sus colegas suelen llamar bromeando —¿por celos, envidia o admiración?— a los fans de aquel nutricionista discreto cuyos resultados tienen fascinada a toda la facultad. Pero a él le traen sin cuidado esas burlas. Sabe que su método, sin ser altruista, aporta felicidad y curación a muchos pacientes. Y, además, lleva años escuchando cómo esos aguafiestas recriminan, critican a uno y atacan a otro, para acabar imitándolos. Mientras cada uno respete las reglas de la medicina, alíe experiencia alimentaria y empatía psicológica con los enfermos, no haga que uno pase hambre o le prescriba dietas grotescas a otro —en ocasiones ha visto que pacientes acudían a su consulta desesperados, con tasas de colesterol delirantes, anemias o carencias gravísimas porque habían seguido los consejos de un charlatán que recomendaba comer bistecs de 400 gramos en cada comida o una monoalimentación a base de piña, por ejemplo—, mientras los principios fundamentales de su profesión, e incluso podría decir de su sacerdocio, vayan acompañados de un seguimiento científico preciso y un aprendizaje de las nociones de base de la alimentación sean inculcadas, aconsejadas y enseñadas, él sabe que va por buen camino. El que se vale de la escucha y de la atención, de una práctica rigurosa a la que, sin embargo, nunca falte humanidad, ayuda a los enfermos a ver, por fin, el final del túnel.

Mathieu piensa en todo eso mientras empuja la puerta de la sala. Intenta hacer una entrada tan neutra como le es posible para no parecer el gran jefe de la operación ni un manitú que se dedica a vigilar. Su presencia, necesaria, debe sobre todo ser discreta para no impedir las manifestaciones de amistad, agresividad, buen o mal humor. Así podrá percibir mejor los bloqueos o desbloqueos psicológicos de quienes asisten.

Además, la cena de esta noche es particular, al tratarse de la primera para dos de los pacientes: el estilista Ralph Farrell y la joven Émilie. En el primer caso se tratará de observar si logra dominar sus pulsiones alimentarias en un período estresante después de haber sido despedido; en el segundo, de comprobar que se come más o menos cada plato y que luego no se ausenta para ir a vomitar.

Todos se han reunido alrededor de la mesa y esperan su llegada con impaciencia.

Mathieu tiene la delicadeza de dar un beso a las mujeres, un gesto de afecto que desacraliza el momento, y de estrecharles la mano a los hombres, actitud comedida que no los priva de su estatus social. Puesto que cada uno conserva sus desconfianzas y temores, no conviene desestabilizar a nadie. Se sienta deliberadamente junto a Émilie, como si su presencia instituyera a ojos de todos su rol de tutor para esa joven planta que está creciendo.

La señora Bensimon, por su parte, empieza su representación preferida: la de la madre global y generosa que compensa su soledad afectiva dando a los demás. A decir verdad, una comida es el mejor momento de su vida porque es cuando da de comer. Es el momento en el que su existencia, según ella, tiene por fin sentido. En todo caso, ése es el papel que le enseñaron, e incluso le asignaron, durante su infancia. Una madre debe comportarse así. Y ella reproduce ese aprendizaje, impregnada del amor que ha recibido y que tanto desea redistribuir, aunque ello le cueste unos kilos superfluos.

—Esta noche les he preparado un plato típico y sin nada de grasa. ¡Ya me dirán qué les parece!

Delphine de Luzille, con el rostro estático por sus agotadoras jornadas, reprime un suspiro de hastío. Cada semana, Liliane, cuya extrovertida familiaridad aprecia moderadamente, les repite la misma canción. Asimismo, vuelve a colocarse sobre los hombros el chal de pashmina que le han regalado por Navidad. Hace frío en la sala, pues la ventana permanece abierta para que los fumadores puedan echarse un cigarrillo sin molestar a los demás comensales. Un tipo de armonía que ya no existe en los restaurantes, pero que todos esos enfermos soportan con paciencia y solidaridad porque están estrechamente unidos en torno a un problema común: su adicción a la comida.

Al sentarse, Mathieu intenta evitar que todas las miradas cristalicen en él. El objetivo de esa cena es permitir que se conozcan mejor, que se acostumbren a estar juntos, que se analicen en un marco particular en el que cada uno puede observar el plato de su vecino y sus maneras de comportarse. Una forma disimulada e indirecta de acostumbrarlos a los automatismos que él mismo intenta crear en ellos, para activar lo que él denomina saciedad física y, al mismo tiempo, la saciedad psíquica. La gran teoría del médico consiste, en efecto, en corregir en primer lugar los problemas técnicos alimentarios de manera educativa para luego iniciar y tratar los procesos psicológicos, que varían según los casos y las personas. Enseñarles de nuevo los valores de la alimentación, el equilibrio de las comidas, practicar con ellos una pedagogía aplicada y concreta para, tal y como se dice cuando un ordenador se queda colgado, «reiniciar» un buen comportamiento alimentario, antes de comprender y curar las razones profundas —y a menudo íntimas—, que han conducido al paciente a coger peso.

Se toma el tiempo de explicar cuidadosamente a cada uno de sus pacientes la importancia de estructurar una comida, de tomar un primer plato, un segundo y un postre. De asegurar un volumen suficiente para que el conjunto de la comida o de la cena comporte entre un kilo y un kilo y medio de alimentos. Al mismo tiempo, les recuerda que esos alimentos tienen por función llenarles el estómago y garantizar un buen tránsito intestinal, lo que les permitirá tener menos hambre y, por consiguiente, limitará su frustración. Les explica también, delicadamente pero con convicción, que lograr controlar las pulsiones alimentarias de origen psicológico exige, paralelamente, comprender el rol emocional de la comida, es decir, la necesidad de cada uno de encontrar una parte de felicidad en lo que come. Por eso es fundamental que el régimen esté hecho a medida y se adapte a las preferencias de cada uno, para que siempre les procure una pequeña parte de placer.

—Aquí, en la clínica —clama alto y fuerte Mathieu—, preparamos la comida de la manera más agradable posible. Pero cuando ustedes hacen dietas en casa, a menudo intentan volverlas aburridas. Es evidente que una comida compuesta de un bistec poco hecho, una lata de judías verdes abierta de prisa y corriendo, unas verduras crudas poco apetecibles y una fruta sin pelar hacen que la vida sea triste y la dieta inaplicable. Pero en realidad basta con aliñar las verduras crudas con hierbas y especias, preparar el bistec y degustarlo acompañado de una pizca de mostaza aromatizada, confeccionar un puré de verduras frescas y cortar vuestra fruta en trocitos para que todo resulte mucho más agradable, mucho más festivo. En la cocina también existe una forma de inspiración. Y ponerse a dieta no tiene por qué ser un castigo. Al contrario: mímense con cosas buenas y sanas preparadas con amor.

Ralph Farrell parece beber de sus palabras. Sereno gracias al discurso del médico, tranquilo por la generosa falta de atención que los asistentes le prestan —exceptuando a la señora Bensimon, nadie lo considera una estrella—, tiene la sensación de volver a ser él mismo, de por fin poder dejarse llevar por su verdadera personalidad, y no de pensar o actuar en función de su estatus y de su notoriedad. Lo cierto es que como la clínica ha visto desfilar a bastantes personas conocidas, a veces en situaciones complicadas, a la larga, tanto el personal como los pacientes se han vuelto insensibles a la notoriedad y han acabado apostando por la indiferencia. El estilista, que por fin se muestra tal y como es, no dice una sola palabra y se contenta con observar a cada uno de los comensales de aquella extraña comida. La mujer gorda con el ceño fruncido y anillos de familia que permiten adivinar cierto confort económico tiene una expresión atormentada. «Su vida no debe de haber sido fácil», se dice. En cuanto a la cocinera de un día, su humor siempre alegre y su exagerada generosidad que no logra disimular un sufrimiento más profundo acaban pareciéndole ficticios y entristecedores. Y los demás, los discretos demasiado discretos, sólo consiguen recordarle su propio malestar, un malestar que se ha traducido en sobrepeso. Porque, ¿acaso él tiene algo distinto que ofrecer a los demás? ¿Él, que sufre de unos males que todos podrían compartir? Bueno, sí, sin duda la diferencia es que tiene un nuevo objetivo, esa reconquista a la que no deja de dar vueltas en su cabeza. Por eso reserva sus sonrisas a Émilie, su vecina en la mesa. Como si ya la hubiera elegido. Como si su renacimiento dependiera tanto de ella como de él.

Mala suerte: Liliane Bensimon ha preparado un primer plato que Mathieu detesta, una ensalada de berros y remolacha. No tiene ninguna prisa por comerla —él también tiene sus tabús culinarios—, por lo que vuelve a tomar la palabra para que la gente se fije en cómo ha sido puesta la mesa: el plato grande se halla encima del pequeño y no a la inversa, como suele ocurrir.

—Deben de preguntarse por qué. Pues porque la fibra, cocida o cruda, es nuestra amiga. Nos ayuda a sentirnos saciados. Si el plato pequeño estuviera encima, nos obligaría a limitar nuestra porción de verduras crudas, cuando en realidad es uno de los platos menos calóricos de la comida.

Los comensales parecen intrigados por ese truco práctico, lo que hace que Mathieu sonría. Como siempre, se cuenta entre los pacientes que están a dieta. Puesto que él mismo ha tenido problemas de peso desde su infancia y debe vigilar lo que come, sabe que su discurso y sus consejos concretos surten efecto.

Se come aplicadamente su entrante sin hacerle la menor crítica a la señora Bensimon, que podría traumatizarse si alguien se atreviera a confesar que no aprecia su cocina. Sobre todo si fuera él, menudo drama. El segundo plato no es mejor que el primero. Mathieu se angustia sólo de pensar en su famoso pescado, que ya tuvo la ocasión de probar el año anterior, cocido al vapor y con tomates pelados, agradablemente condimentado pero insuficiente para calmar su propio apetito. Incluso con la sémola de trigo que lo acompaña.

Mathieu prosigue su demostración explicando que, cuando se habla de una porción cocida, se refiere a un producto sin espinas. Así, es probable que la ración de pescado servida en ese caso sea insuficiente con respecto a sus recomendaciones, es decir, entre 150 y 200 gramos. Al ver el rostro irritado de Liliane Bensimon, Mathieu siente que debe batirse rápidamente en retirada.

—Pero, por supuesto, todo esto es compensado por la sémola de trigo, un acompañamiento original —dice para intentar arreglarlo.

Sin embargo, no se atreve a recordar que faltan algunas verduras en el plato para garantizar la satisfacción de los mayores apetitos.

Mientras las conversaciones se animan y la música de los tenedores y los vasos se eleva, Ralph hace un cumplido a Émilie por su jersey, cuyo diseño le parece muy bonito.

—Finalmente, los modelos más simples son los que mejor visten a la gente, sobre todo si tienen la suerte de tener una buena percha.

Las últimas palabras las dice en voz baja, presintiendo que su reflexión podría herir a la señora De Luzille, sentada a su izquierda, que lo escucha atentamente sin participar en la conversación.

—Gracias —le responde Émilie—, pero, ¿sabe?, lo he comprado en una tienda nada cara, H&M. Nada que ver con sus creaciones.

—No crea, lo cierto es que sería un honor para mí que ese tipo de marcas quisieran utilizar algunos de mis diseños. Mi sueño es democratizar la elegancia al conjunto de la población. Vestirse bien es una forma de respeto hacia los demás y hacia uno mismo. Nadie se da cuenta, pero es un elemento esencial en nuestra vida, al igual que una buena comida equilibrada como la que la señora..., su apellido era Bensimon, ¿verdad?, nos ha preparado esta noche.

Liliane casi se desmaya al oír el final del cumplido mientras trataba de monopolizar la atención de su doctor favorito. Ni siquiera en sus sueños más descabellados se habría imaginado que cenaría con un gran estilista, y aún menos que éste la felicitaría por su talento culinario.

—Señor Farrell, si lo desea, puedo prepararle la comida más a menudo.

Esa intromisión, tan propia de Liliane, es hecha de manera tan natural que nadie se sorprende. Simplemente obliga al estilista —al igual que los demás lo hicieron antes– a elaborar una respuesta cortés que no la hiera y que, al mismo tiempo, no lo comprometa en una aventura de la que después podría arrepentirse.

–Me encantaría, señora, pero el doctor Sorin debe justificar las tarifas de su clínica. Por eso espero que él nos sirva unos platos tan buenos como los suyos al mediodía y por la noche. Excepto cuando usted quiera cocinar para todo el mundo, por supuesto.

Mathieu admira la elegancia de la pirueta con la que Ralph Farrell ha logrado salir del aprieto. Los demás comensales aprueban sus palabras. Liliane está radiante. Entonces puede anunciar su postre: ¡una mousse de chocolate!

Hay algo casi grotesco en la visión de aquellos pacientes celebrando la llegada del postre como si tuvieran cuatro años, a juzgar por sus caras repentinamente alegres, infantiles y felices. Bueno, lo cierto es que, en la clínica, al cabo de un tiempo, las reacciones primarias acaban imponiéndose a la discreción propia de la edad adulta. La gente recobra una cierta simplicidad, a veces teñida de puerilidad pero, en definitiva, bastante tranquilizadora.

–Queda uno, ¿quién lo quiere? –pregunta Liliane a los comensales señalando un bol de cacao aireado.

Mathieu la mira con desaprobación. Está claro que sigue siendo incorregible. Como siempre, como le han enseñado, tiene que exagerar, convencida, en el fondo, de que dar de comer es ofrecer su corazón y obtener el amor de los demás.

Pero en una clínica dietética la comida se calibra, no es lo mismo que comer en casa. Y, si sobra una porción, no es necesario consumirla: se guarda en el frigorífico para el día siguiente. Pero la generosidad de la señora Bensimon, asociada a sus hábitos, hace que actúe de ese modo. Una ración suplementaria de cariño que querría distribuir a toda la mesa, que la ha comprendido inmediatamente. Incluso Delphine de Luzille la defiende, asegurando que, probablemente, ella habría hecho lo mismo.

Mathieu le contesta amablemente:

–¡Fíjese, incluso yo soy capaz de resistir a una mousse de chocolate!

El ambiente es muy distendido, cada uno habla con su vecino. «Misión cumplida», se dice el doctor, que se dispone a irse y a dejarlos tomar el café juntos. Espera unos instantes hasta que hay un silencio en la conversación para anunciarles que debe volver a casa y estar un rato con su familia.

Todos lo comprenden. Incluso Liliane, que está marcando su territorio sacándole brillo a la cocina como si no fuera precisa la intervención de la señora de la limpieza, que, sin embargo, espera pacientemente delante de la puerta.

—Váyase a dormir, doctor, mañana por la mañana vamos a necesitarlo —le dice con su acostumbrada jovialidad.

Mathieu se pone la chaqueta y agita la mano izquierda para decirles adiós.

—Buenas noches a todos, pueden irse a dormir cuando quieran, puesto que no hay una hora fija a la que deban levantarse. Es la regla de la clínica. No olviden que están aquí para pensar en sí mismos, únicamente en sí mismos, y encontrar su paz interior.

Capítulo 37

Los comensales han vuelto a sus habitaciones. Liliane los ha imitado, agotada por sus esfuerzos culinarios. Tan sólo Émilie y Ralph se quedan en la cafetería. No les desagrada la idea de poder por fin hablar tranquilamente.

—Sin ánimo de entrometerme, Émilie —pregunta el diseñador—, ¿puedo preguntarle a qué se dedica?

—No, no es ninguna indiscreción. No me molesta hablar de ello. Abandoné mis estudios hace unos días para trabajar como camarera en una discoteca. Quería cortar los lazos con mis padres. ¡Estaba harta de la hipocresía burguesa!

Ralph le responde bromeando:

—Ah, ya veo, una especie de crisis de adolescencia.

La joven se ofusca. Y alza un poco el tono:

—No me cree, ¿verdad, señor Farrell? Estaba en tercero de cirugía dental, aparentemente en buen camino para seguir los pasos de mi padre. De hecho, yo no había escogido nada, simplemente dejaba que me dictaran cómo vivir.

—Llámame Ralph, y tutéame, por favor, si no, me siento como un abuelo —le dice moderadamente Farrell—. Siento haberte ofendido. ¿Piensas hacer carrera en el mundo de la noche?

—Y ¿por qué no? Al menos es un mundo diferente del que provengo.

—Es exactamente lo que te decía: la típica crisis de la niña de buena familia que quiere echarlo todo por la borda.

La frase hace que se encienda una luz en la mente de Émilie. Se da cuenta de que, al resumir de esa manera la situación, el diseñador le libra una parte de verdad. Ralph prosigue:

—Podrías haber escogido una opción más inteligente. Por ejemplo, acabar tus estudios y expatriarte. O casarte con un negro o un moro para fastidiar a tus «padres burgueses», como solía decirse cuando yo era joven. O enrolarte con Médicos del Mundo u otra ONG (¿Dentistas sin Fronteras existe?), para darle sentido a tu vida. Pero, por lo que me cuentas, ¿no crees que más bien has escogido la opción propia de una niña mimada que va a volver como empleada a los lugares que antes frecuentaba como clienta? De hecho, en mi opinión, vas a quedarte en ese mundo que dices querer abandonar.

—¿Pretende usted humillarme, señor Farrell?

—¿Con qué derecho? ¡Yo también he cometido muchos errores en mi vida, créeme! No, sólo intento que reacciones para demostrarte cuán ilógica me parece tu decisión. Pero, además, lo que me estás contando no me permite comprender la verdadera razón de tu presencia en esta clínica.

—Tengo problemas de peso.

Ralph la mira con una mueca irónica:

—Ah, ¿sí? Pues no se te nota en absoluto.

—Bueno, de acuerdo, no es exactamente eso. Tengo crisis de bulimia y vómito —replica la joven articulando exageradamente las palabras.

—Sé lo que es la bulimia. Es la razón por la que estoy aquí.

—No, Ralph, tú no sabes lo que es comprar cosas que no te gustan, comértelas a escondidas y luego ir a devolver al baño.

—Perdona, tienes razón. Mi problema es diferente. O debería decir mis problemas, más bien. Pero estamos aquí para solucionarlos, ¿verdad? Entonces piénsalo bien antes de tomar decisiones irreparables. Y empieza por arreglar tus dificultades alimentarias. Ya te encargarás del resto después.

Émilie se enciende un cigarrillo antes de preguntarle:

—Y tú, ¿por qué estás aquí?

—Porque soy un viejo diseñador acabado y obeso a quien acaban de despedir que no sabe si tiene fuerzas suficientes para montar una nueva empresa.

—No seas derrotista, por favor. Si yo puedo vencer mis problemas, ¿por qué no podrías hacerlo tú? Perderás peso muy rápido. Los hombres adelgazan más fácilmente que las mujeres. Es injusto, pero es así.

—¿Sabes, Émilie?, mi cuerpo es el reflejo de mi vida. Me he dejado llevar, tanto física como moralmente. He escuchado a los cortesanos, he aceptado los compromisos y he bajado la guardia.

—¿Qué piensas hacer?

—Ahora te toca a ti aconsejarme.

—Lucha, da una buena paliza a los que han querido echarte y demuéstrales que sigues siendo Ralph Farrell.

Él le tiende la palma de la mano:

—Choca esos cinco, como dicen en mi país. ¿Qué te parece si nos curamos y demostramos a todo el mundo de lo que somos capaces?

Émilie choca los cinco:

—¡De acuerdo!

—¡Bien! Siempre he creído en mi buena estrella. A veces basta con encontrar a alguien que pronuncia la frase adecuada en el momento adecuado.

—¿Tu buena estrella soy yo?

—Sí, y yo soy la tuya.

Ralph se levanta:

—Venga, vámonos a dormir, que ya es tarde. ¿Comemos juntos mañana?

—De acuerdo. Acabaremos con ellos, ¡ya lo verás!

Capítulo 38

En su Mercedes descapotable —un sueño de niño que por fin ha podido cumplir—, Mathieu conduce sin prestar atención a los radares. Un flash. «Mierda, van a volver a quitarme puntos», dice exasperado. Con la cabeza saturada por los acontecimientos de la jornada, de la semana, con las imágenes del incidente de Sarah desfilando en su cabeza como una película, pensando en la llegada intempestiva y ridícula de su padre —¿acaso cree que por ser ministro puede comportarse de manera tan brutal?—, en el encuentro con Ralph, en la angustia que le procura Émilie, pero también en las demás consultas, en los papeles que tiene que firmar, en las llamadas que tiene que hacer..., no puede más. Trabaja desde las ocho de la mañana hasta las nueve de la noche y en ese momento tiene una sobredosis. Además, su buzón de voz está lleno de mensajes de sus amigos, a quienes le cuesta tanto ver porque se pasa el día de un lado para el otro... Y, al final, ¿para qué? A él también lo habitan, e incluso lo persiguen, sus dudas, sus dramas personales y sus problemas cotidianos. Él también debe afrontar sus miedos, resistir a las tentaciones. Él también sabe qué peligros corre al compensar la angustia del estrés atiborrándose de comida. Y precisamente por eso logra ayudar a sus pacientes: porque comprende íntimamente y más que muchos otros sus males y sus derivas alimentarias.

Con el teléfono móvil en la mano —imposible deshacerse de ese maldito aparato—, marca un número.

—¿Cariño? Soy yo. Voy de camino a casa.

Cuando llega, Marianne aún está tecleando en el ordenador. Otra petición u otra carta para defender una causa en la que cree, se enorgullece él. Es lo que le gusta de ella: su entrega, su tenacidad a la hora de defender sus convicciones y sus ideas. Y también su apoyo sincero.

Su mujer deja de mirar la pantalla y le pregunta qué tal ha ido la cena.

—Bastante bien.

Entonces, como todas las semanas, como un ritual que lo libera de la presión que su esposa disfruta porque ella comparte los instantes de su vida, le cuenta detalladamente las diferentes fases de la cena. Y, como todas las noches, una vez que ha terminado ese relato exaltado, se dirige a la cocina. Marianne no puede dejar de sonreír al oírlo revolver la nevera mientras sigue hablando:

—Si la gente supiera cuán difícil es hacer dieta, creo que nadie criticaría a quienes quieren adelgazar. En el fondo, la culpa es de la señora Bensimon: como no nos ha servido suficientes verduras, ahora tengo una hambre terrible. Debería haber completado la comida con una fruta. Eso es exactamente lo que debería comer, pero yo soy como los demás y me dejo engañar por los atractivos productos elaborados por los industriales del sector agroalimentario.

Mathieu sale de la cocina con un paquete en la mano:

—¡Fíjate! Los colores, la foto, el nombre, todo ha sido estudiado para estimular el apetito. Deberían condenarlos por incitar al delito alimentario.

Marianne sigue mirándolo con indulgencia. Su marido se deja llevar por su delirio habitual, un discurso que ha oído miles de veces.

—Bueno, de acuerdo, voy a dejar de trabajar por esta noche y me pongo a disposición del señor.

—Excelente idea —responde Mathieu abrazándola—. A ti te voy a comer, enterita y cruda.

La sensación que le atenazaba el estómago se ha esfumado y deja paso a otro tipo de deseo. «Desde luego, no hay mejor inhibidor de apetito que el amor», se dice mientras hunde su cara en el cuello de Marianne.

Sexta parte

Capítulo 39

Hace ya más de quince días que Ralph ingresó en la clínica. Ya ha perdido suficiente peso como para que se note en sus rasgos. Mathieu le ha advertido que el adelgazamiento no sería lineal y que, por momentos, se ralentizaría. Que habría muchos instantes de incertidumbre y de tristeza. Así que el diseñador trata de tener paciencia, se alegra por el más mínimo gramo perdido, intenta no deprimirse demasiado ni perder los nervios o ponerlo todo en tela de juicio en los momentos en que su peso se estanca entorpeciendo el buen desarrollo de la dieta. Así que se arma de valor, ¡sabe que está allí para adelgazar y para retomar las riendas de su vida!

Su comportamiento alimentario ha pasado de la anarquía a la disciplina. Un cambio radical del que él mismo se sorprende. Indudablemente no podría haberlo logrado sin la estancia en ese establecimiento que lo aleja de las tentaciones y lo saca de sus hábitos. Por otro lado, la reorientación de su vida profesional lo ayuda porque, al mantener su mente ocupada, evita que se focalice en la comida o en el hambre. Por último, la práctica cotidiana de ejercicio físico empieza a dar resultados, y siente que ha ganado en tonicidad. Desde ayer, incluso se atreve a correr en la cinta andadora y hace que su cuerpo sude para obtener un gasto de energía significativo. Para reafirmar sus pectorales algo caídos, se entrena levantando pesas. Unas cuantas series de abdominales y un masaje relajante completan la sesión.

Cuando Ralph no se ocupa de él ni trabaja en su proyecto, dedica su tiempo a las relaciones con los diferentes internos de la clínica. Émilie es, por supuesto, su preferida. Ha concebido un cariño casi paternal hacia ella. Escucha atentamente sus confidencias y, día tras día, se teje entre ellos un lazo fuerte.

También se ha acostumbrado a Liliane Bensimon. Su amabilidad y su espontaneidad suponen para él un cambio agradable respecto a las normas que rigen el mundo de la moda. Algunas de sus maneras no son académicas, pero al menos con ella uno sabe a qué atenerse, no como con algunos asesinos que fingen estar bien educados.

Asimismo, Ralph nunca olvida saludar a Delphine con deferencia. Entre los gordos también existe una jerarquía. La señora De Luzille es considerada una superobesa, por lo que encarna el miedo que cada uno de ellos alberga en su interior. Al ser el icono de todos los peligros, la pérdida de peso de Delphine interesa a los demás internos tanto como la suya propia. Comparten sus desafíos.

Un toc-toc familiar en su puerta advierte a Ralph de que Émilie ha ido a hacerle una visita.

—Oye, Ralph, ¿me enseñarás a vestirme bien cuando salgamos de aquí?

—Por supuesto, y mucho más que eso: me servirás de modelo.

La joven se ríe.

—No, eso ahora ya es imposible, la dieta de Mathieu me hace engordar. Y, además, no soy suficientemente alta.

El diseñador la mira de arriba abajo con ojos de profesional.

—Mira, no sé si has engordado, pero has cambiado: ese pantalón vaquero te va grande.

—En la balanza sigo pesando 59 kilos.

—Sólo Mathieu podría explicarte los secretos del fundido de la grasa. ¡Al parecer, es más complicado que el deshielo del casquete polar!

La joven adopta un aire de alumna aplicada que recita su lección.

—Me sé su discurso de memoria de tantas veces como me lo ha

repetido. «Las modificaciones de la silueta no tienen nada que ver con la pérdida de peso. La pérdida de peso no es sólo una expresión matemática, sino que abarca los movimientos de todos los compartimentos corporales. El compartimento de la grasa es el único que interesa a la gente, por razones estéticas.»

Ralph aplaude la imitación:

—Me parece estar escuchando a nuestro buen doctor. Pero, aparte de eso, ¿cómo estás?

—Bastante bien, pero estoy harta de tanto estudiar.

—¿Has retomado tus estudios? ¡Genial!

Émilie se acerca a la ventana y contempla el jardín. Ralph espera, sin decir nada, a que ella le responda. Al cabo de dos o tres minutos, la chica se vuelve y, con expresión pensativa, le dice:

—Aún no lo sé. Pero, como dice Mathieu, ¿por qué cerrarme esa puerta? Aquí dispongo de tiempo libre, por lo que mejor ocuparlo de manera inteligente.

—¿No echas de menos tu trabajo de camarera?

—No mucho. En ese momento fue todo lo que encontré para irme de casa de mis padres. Pero sigo teniendo el mismo problema; en cuanto salga, tendré que trabajar para ganarme la vida, lo que no va a ser fácil si vuelvo a la universidad.

—Y... ¿has sabido algo de tus padres?

—No, no respondo a sus llamadas.

—Ah. ¿No crees que ya va siendo hora de que aceptes hablar con ellos?

Émilie se deja llevar por un acceso de cólera:

—¿Es Mathieu quien te ha pedido que me digas eso? Quiere que me reconcilie con ellos y te utiliza como intermediario porque cree que tienes influencia sobre mí, ¿eh? ¿Estáis pensando en aliaros los dos contra mí?

—No estamos en tu contra, sino a tu favor —intenta tranquilizarla el diseñador—. Y, para que lo sepas, nadie me ha pedido que haga nada: te digo lo que pienso porque te tengo cariño.

La joven, consciente de haber ido demasiado lejos, se calma:

—Perdona, Ralph, lo siento.

—No pasa nada, eso sólo demuestra que sigue siendo un tema

complicado. Debo hacer unas cuantas llamadas, ¿nos vemos más tarde?

—Sí, te dejo..., y te pido disculpas otra vez.

Émilie se vuelve rápidamente hacia la puerta y desaparece en un abrir y cerrar de ojos. Ralph observa cómo se cierra la puerta con una sonrisa llena de ternura.

François Rabault ha publicado un comunicado para anunciar que el diseñador iba a abandonar su empresa. Desde entonces, Katia no da abasto con las peticiones de entrevistas y, siguiendo las consignas de Ralph, las rechaza sistemáticamente. Los medios de comunicación se sorprenden del silencio del estilista y se preguntan sobre su desaparición. Circulan habladurías y rumores. Las suposiciones son legión, así como las noticias nutridas de falsas afirmaciones e informaciones que se multiplican en las rúbricas «indiscreciones» de las noticias. El propio Ralph, que espera que su retorno dé mucho que hablar, se alegra de ello, pues cree que con ese suspense obtendrá un máximo de atención.

La información no sólo ha alertado a los periodistas. Édouard Bertolin, el más feroz adversario de Rabault, lo ha contactado también. Desde hace años, los dos hombres de negocios han entablado una encarnizada competición en todas las áreas. Cuál de los dos tendrá el yate más imponente, la fundación caritativa más mediatizada, la colección de pintura más rica y cara. Un pulso digno de dos chiquillos, con la particularidad de que ambos contrincantes están jugando en el patio de los ricos.

Ralph, por su parte, es perfectamente consciente de las razones que motivan el repentino interés de Bertolin. Sus propias motivaciones, de hecho, tampoco carecen de segundas intenciones. Más allá de la posibilidad de crear una nueva casa de moda, el diseñador sabe perfectamente que Bertolin es uno de los pocos hombres de negocios que dispone tanto de los medios jurídicos como de la voluntad necesarias para arrebatarle su nombre a Rabault, que además acaba de quitarle de las manos un Van Gogh en Christie's. Édouard Bertolin tiene las espaldas cubiertas y necesita una revancha. Recuperar esa firma conocida le brindaría una excelente oportunidad.

Sin embargo, esta vez el diseñador no dejará que lo despojen de su identidad. Si ese futuro asociado potencial no acepta sus exigencias, está dispuesto a marcharse a Estados Unidos, donde se pelearán para ofrecerle las mejores condiciones, o a exiliarse a Asia, donde una casta de millonarios emergentes asegurará su fortuna. Por una vez, él es quien tiene las cartas en la mano. Por lo demás, su abogado, que lo mantiene permanentemente informado del avance de las negociaciones, se muestra optimista. A Ralph también le gustaría dejar con un palmo de narices a François Rabault.

E incluso hacerle un corte de mangas.

Capítulo 40

Muy confortable, realmente —susurra Sarah apoyando la cabeza en el hueco del hombro de Lucio con un suspiro de satisfacción.

El enfermero le acaricia el cabello y le da un beso en la frente. Desde que, hace ya unos cuantos días y noches, ella vive bajo su techo, él trata de contentarse con gestos tiernos. En algunos momentos, frustrada aunque no se atreva a reconocerlo, incluso tiene la impresión de que Lucio mantiene a toda costa esa distancia, como si fuera un perímetro de seguridad más allá del cual todo pudiera cambiar y aun venirse abajo. Sí, es verdad, ella le confió que no se sentía preparada para ir más lejos, pero eso fue hace tiempo. ¿Cómo hacerle comprender que ha llegado la hora de romper la última barrera, el momento de atreverse a probar lo desconocido, el momento de dejar de lado sus estatus respectivos para, por fin, pertenecerse el uno al otro? A ella le gustaría clamar todo eso, susurrárselo al oído o escribírselo en cartas románticas y tiernas, pero hay palabras que no logra escribir, formular ni pronunciar. El miedo a resultar ridícula, a desconcertarlo, a hacer que se bloquee, o incluso a equivocarse la retiene. «Cómo decirle, cómo hacérselo comprender con una sonrisa», como dice la canción.

Ella levanta la cabeza y arruga exageradamente la nariz:

—Sería aún mejor si te quitaras el jersey, la lana me irrita la nariz.

178

—No llevo nada debajo —dice Lucio con expresión maliciosa—, ¿no te importa?

—¿No vas a tener frío? —esquiva Sarah.

Interpretando esa no respuesta como una invitación, el joven se quita el jersey, lo tira encima de un sillón y se tumba en la cama.

—Si me abrazas con fuerza, no.

Aovillado contra ella, la abraza y cubre su rostro de pequeños besos. Sarah se deja llevar por su propio atrevimiento, rompe sus últimos tabús, le acaricia el torso y baja hacia el vientre hasta la cintura de su pantalón vaquero.

—Si sigues así, cariño, no respondo de mis actos.

La presión de su mano se acentúa. Sarah tiende sus labios entreabiertos a Lucio, que no resiste a su invitación e insinúa lentamente su lengua. La suavidad de su beso hace que la joven se derrita. Después siente unos dedos deslizándose por su espalda. Ese contacto le procura escalofríos de placer. Un delicioso vértigo se adueña de ella. En el momento en que querría dejarse llevar por completo, una angustia repentina la invade. Si Lucio va más lejos, si sigue explorando su cuerpo, sólo encontrará huesos. Y una piel que la desnutrición ha vuelto áspera, flácida y átona. Sus ojos descubrirán un cuerpo sin carne alguna, privado de todo atractivo femenino. Y ella no quiere que eso ocurra. Un escalofrío la electriza, una bola de horror y miedo, una aversión hacia sí misma, una repulsión de su físico. Demasiado pronto, demasiado rápido... o demasiado tarde. Y, sin embargo, ella lleva mucho tiempo esperando esos momentos de pasión, ese instante de ternura. Esos segundos de eternidad que el amor destila con la persona que uno ha escogido. Pero la siguen habitando demasiados sufrimientos.

El joven siente que se ha crispado y se preocupa:

—¿Quieres que paremos?

Sarah duda, dividida entre sus temores más ocultos y sus nuevos deseos.

—No, pero apaga la luz. No quiero que me veas desnuda —murmura ella, aliviada al constatar que el deseo es más fuerte que el miedo.

Capítulo 41

Tumbada en la oscuridad, Sarah escucha la respiración de su amante dormido. Su enamorado, rectifica inmediatamente. Se acurruca aún más contra él, como si quisiera aspirar su calor y su fuerza por todos los poros de su piel. Las palabras que ha pronunciado mientras hacían el amor siguen resonando en su cabeza. Por fin. Por fin alguien la quiere tal y como es, alguien a quien su silueta-esqueleto no repugna. Unos escalofríos le recorren las mejillas, unas lágrimas dulces, no amargas, como las que podrían escapársele a una viajera que finalmente ha llegado a buen puerto después de un periplo peligroso.

El ruido de la llave en la cerradura la saca de su adormecimiento, ese dulce pasaje entre la conciencia y el silencio en el que uno duda en abrir los ojos porque prefiere quedarse en los brazos de Morfeo, en el que uno disfruta del placer de dejarse llevar. Entreabre un ojo y ve cómo Lucio cierra despacito la puerta y deja unas bolsas en la encimera de la cocina. La joven se incorpora, enciende la lámpara de la mesilla y se sienta en la cama.

—¿Qué es todo eso?

—La compra para el desayuno, como de costumbre.

Como una retahíla de burbujas de aire venidas de las profundidades, la realidad vuelve a salir a la superficie. Como un submarinista que ha llegado hasta muy lejos en los abismos de la anorexia, Sarah debe franquear, estadio a estadio, las etapas de su resurrección alimentaria. Pero esta vez es distinto, siente ella. No tiene hambre y, sin embargo, se siente capaz de comer.

—Recuerda que hemos hecho un trato —prosigue Lucio—. Ya sabes, el trato entre tú, yo y Mathieu.

Ella se enfurruña.

—Sí, nuestro querido Mathieu, siempre entre nosotros dos —se burla de repente empleando un tono arisco que denota algo de maldad.

—No, no está entre nosotros dos —la corrige inmediatamente Lucio—, está a nuestro lado, con nosotros. Acuérdate de lo que ha aceptado con tal de ayudarte.

Sarah se calma.

—Tienes razón, soy injusta. Si no me hubiera ingresado en su clínica, tal vez nunca te habría conocido.

Y, para neutralizar esa tensión que se ha abatido repentinamente sobre ellos, Sarah pregunta:

—Por cierto, ¿qué hay en los paquetes?

—Zumo de naranja, chocolate instantáneo, leche, mermelada, mantequilla y una baguette recién hecha, porque soy optimista por naturaleza —enumera Lucio, más tranquilo al ver que el cruce de armas no ha durado y que un nuevo armisticio ha sido firmado.

—¿Todo eso?

—Ah, lo olvidaba: y también requesón con cero por ciento de materia grasa.

—¡Ah, menos mal!

Mientras Lucio prepara el desayuno, Sarah ocupa el cuarto de baño, minúsculo y atestado, con toallas por todos lados, algunas prendas que sobresalen del cesto de la ropa sucia, dos o tres botes de champú, de perfume... «Es verdaderamente el cuarto de baño de un chico», se dice. Encima del lavabo hay un armario pequeño. Cuando lo abre, no puede evitar hacer una mueca. A través de la puerta, grita:

—En realidad, en este piso no hay sitio para dos personas.

—Sí, sí, señora, queda sitio debajo del lavabo. Y pondré un armario sólo para tus productos de belleza. En la otra habitación, además, se puede hacer un armario de pared suficientemente ancho como para guardar la ropa de dos mujeres.

—¡Oh, no me conoces, eso nunca será suficiente para mí!

—Pues tendrá que conformarse al menos durante un tiempo, señora, porque, como va a coger peso, no vamos a cambiar todo su guardarropa inmediatamente.

Sarah se echa a reír y se mete en la ducha después de quitarse el camisón. Lo hace una bola y lo mete en la papelera situada entre el lavabo y el váter. Un gesto que simboliza un nuevo enfoque de la existencia y su firme deseo de querer renacer. Ese camisón era la prenda de una persona enferma, conveniente para estar en una clínica. Ahora ella tiene ganas de ponerse lencería nueva y algo sexy.

Se lava y, por primera vez desde hace mucho tiempo, no lo hace de manera maquinal. Cuando pasa la mano por su trasero plano, un sentimiento de vergüenza la invade al pensar que ese hombre maravilloso que se halla del otro lado de la puerta ha querido hacer el amor con ella a pesar del estado en el que se encuentra. Su resolución se reafirma: engordará por él, para recuperar y ofrecerle las bonitas formas que su silueta proponía antes a las miradas masculinas. No, su pensamiento se bifurca: sobre todo, no engordar, no engordar. Una ráfaga de pánico se levanta dentro de su cabeza. Tiene que utilizar otra palabra, emplear otro verbo, desterrar el que la angustia y la tortura. Moldearse, por ejemplo, es mucho más bonito, más ligero, más adaptado, más seductor y más alentador. Y ese aliento, ese impulso, le hará falta en su nuevo combate.

Sarah se enrolla alrededor del cuerpo una gran toalla blanca delicadamente perfumada con suavizante y sale de la ducha.

—Lucio, ¿crees que es posible engordar sin acabar siendo gorda?

El enfermero, al oír semejante pregunta, se echa a reír.

—¡Antes de llegar a estar gorda te queda un margen considerable! Acabas de hablar como lo haría cualquier anoréxica.

—Era lo que más miedo me daba cada vez que me proponía volver a comer.

—Pues debes saber que no soporto a las gordas, excepto en tanto que pacientes de la clínica. Así que el primero que se encargará de que mantengas tu peso seré yo. Si no...

Sarah se escandaliza:

—Si no, ¿qué? ¿Me dejarás?

—Si no, la señora tendrá que hacer deporte.

Ella se echa a reír. Lucio ha encontrado las palabras adecuadas. Era exactamente así como debía hablarle. De manera que, sí, ella sabrá «controlar» su peso, luchará y logrará alcanzar el que necesita para ser feliz con él, y siempre se cuidará.

Además, si hubiera un problema, una recaída, preguntas, crisis, ¡siempre le quedaría Mathieu!

Lucio se sienta en uno de los taburetes con patas de aluminio del bar que separa la cocina americana del salón. Sarah se sienta también. La visión de la comida hace que se eche para atrás sin poder disimularlo. Su novio la mira afectuosamente.

—Tómatelo con calma —le aconseja.

Entonces, con mucha prudencia, como si fuera un herido grave que aprendiera de nuevo a caminar, como un amnésico que revisara su pasado y las palabras que lo ayudan a expresarlo, se lleva el bol a los labios y aspira el olor del chocolate caliente, que llega hasta su nariz. Luego, valientemente, da un traguito, dulce y tibio. El gesto no le procura ningún dolor, sino casi una sensación erótica, y ese pensamiento la sorprende. El brebaje se desliza a lo largo de su garganta. Angustiada, espera una sensación a nivel del estómago, pero no pasa nada. Mathieu tiene razón: realimentarse resulta mucho más fácil con un líquido.

Cuando Lucio le tiende una tostada con mantequilla, sin embargo, hace una mueca de asco:

—Lo siento, hay demasiada mantequilla.

—Perdón, ahora mismo lo arreglo.

El enfermero coge entonces un cuchillo y quita cuidadosamente la capa amarilla demasiado gruesa hasta dejar una fina película. Sarah coge delicadamente la tostada entre los dos dedos y, tras dudar durante unos segundos, le da un mordisco.

—¿Has comprado este pan tan rico a propósito?

—Sí, sigo las consignas de la clínica: el pan debe ser crujiente por fuera para sentir que masticas, pero lo suficientemente tierno como para que después se vuelva semilíquido en la boca.

El proceso es exactamente el que acaba de describir. Excepto que, esa vez, la sensación que Sarah experimenta en la garganta le molesta. Lucio la mira de reojo.

—Mastica más y traga poco a poco.

Ella obedece. El truco disminuye su indisposición y le permite acabarse toda la tostada.

—¿Quieres otra?

—¿Es obligatorio?

—No, perdona. Sin duda te presiono demasiado... Pero es que tengo ganas de que comas mucho para que te cures de prisa. Avanza a tu ritmo. Si te fuerzas, puedes poner en peligro tu recuperación.

Sarah le acaricia la mejilla.

—Sé que lo haces por mi bien, no te preocupes por eso. Preferiría comerme un bote de requesón.

—¿Con un poco de miel?

Sólo la palabra ya le da miedo.

—Inténtalo —insiste amablemente Lucio al ver su cara de asco—, al ser un alimento líquido pasará mejor.

—De acuerdo, pero no mucha —se resigna Sarah.

Abre el bote de requesón, coge una cucharilla de café, la hunde en el bote de miel y luego deja caer un hilillo de color ámbar encima del blanco sedoso del producto lácteo. Fascinada, Sarah observa cómo la cucharilla se hunde y da vueltas. La miel desaparece, absorbida por el requesón, y se vuelve invisible.

A continuación, Lucio le da una cucharada de la mezcla. Los ojos de la joven se iluminan. Ese gesto tan simple es la nota de amor que faltaba para que la comida fuera bien, para transformar la necesidad biológica en un momento compartido.

Mediante esas pequeñas victorias, mediante ese conquistarse a sí misma paso a paso y gracias a ese aumento progresivo del deseo alimentario, Sarah se reconcilia con la comida que ha rechazado hasta entonces. Mediante esas persuasiones agradables aliñadas con afecto y espolvoreadas con ternura, absorbe 220 calorías con el chocolate caliente, 100 calorías con el pan, 35 con la mantequilla, 60 con el requesón y 40 de azúcar. Un total de 450 calorías, es decir, un 20 por ciento del volumen alimentario diario para una mujer de su edad, que se eleva a 2.000 calorías, aunque ella deberá consumir 3.000 durante algún tiempo para recuperar su peso.

—¿Salimos? —pregunta Sarah, que necesita una ocupación para distraerse de la obsesiva sensación de tener el estómago dilatado que la atenaza.

—Claro, como quieras. Este principio de reeducación exige que no te aburras —le confirma Lucio—. Vamos a pasear para que dejes de pensar en lo que ocurre en tu barriga.

—¿Adónde vamos?

—¿Por qué no a orillas del Sena, al jardín Albert Kahn, que es el nombre del mecenas enamorado del mundo vegetal japonés que lo creó? Es un lugar muy bonito. Incluso podríamos comer allí.

—¿Otra vez vamos a comer? ¡Si acabamos de levantarnos de la mesa!

Lucio se tapa la boca con una mano:

—Vaya, lo siento.

Capítulo 42

Su vida es correr. Correr. Tras las horas que pasan demasiado rápido, los problemas por resolver, las obligaciones de todo tipo con las que lo abruman y que tiene la debilidad de aceptar tanto para satisfacer a los demás como porque disfruta haciéndolo. Tras el cariño de su familia, el reconocimiento de sus padres y sus colegas, la admiración y el agradecimiento de sus pacientes. Tras cierta imagen de sí mismo también, por no decir tras una revancha contra una infancia marcada, herida, por la Historia y el exilio. De manera que corre. Avanza, empuja, actúa, lucha, exaspera, seduce. Y a todo gas, porque sabe que tiene razón. Y porque quiere poner su experiencia como médico, como nutricionista, como si de un compromiso moral y personal se tratara, al servicio de la salud moral y física de los demás. De sus pacientes, de sus enfermos, de esos casos complejos que recibe en la Clínica de París para ayudarlos de la mejor manera posible a salir de su sufrimiento. Es un don y al mismo tiempo un combate.

Pero corre. Y a menudo olvida seguir las instrucciones que da a los demás. Él mismo tampoco logra respetar escrupulosamente todas las recomendaciones que hace. Lo que, paradoja de paradojas, lo hace correr más aún.

Así, por ejemplo, pocas veces se reserva un momento para comer a mediodía tal y como aconseja a sus pacientes. En general, porque aprovecha la hora de la comida para recibir en la consulta a quienes trabajan y no disponen de ningún otro momento. De manera que empalma una cita con otra intentando concentrarse al máximo para mostrarse receptivo a las palabras que escucha, y descuida su propia alimentación. Sin embargo, ¿cómo podría consagrarse al ritual de los ágapes gastronómicos o de los menús equilibrados sabiendo que, durante esas consultas, al filo de la conversación, tras una frase anodina, puede anidar el sufrimiento? Es algo que no consigue hacer. Sabe que los problemas de peso no sólo tienen que ver, ni mucho menos, con la alimentación. Y que la mayor parte del tiempo, en esos encuentros en los que los pacientes se confían completamente a él, el vocabulario de la comida es más importante que el de las palabras.

Sin embargo, el cansancio anda al acecho, lo siente. Y se abstiene de aplicar las recomendaciones que hace a los demás. Lo que repercute en su salud... y en su silueta. En efecto, desde hace algunos años un insidioso sobrepeso hace que engorde progresivamente. Es el fruto pérfido de todos los caprichos que se concede en casa y de sus picoteos dentro de la clínica, en particular las galletas, que le encantan y que come una detrás de otra, lo que divierte a las secretarias del establecimiento, que no dejan de burlarse de ese defecto suyo. Lo que demuestra que cada uno tiene sus manías y sus debilidades con la comida.

La paradoja de su profesión es que, para resultar creíble frente a sus pacientes, Mathieu no puede tener michelines ni barriga. Pero si nunca se hubiera sentido gordo ni hubiera sabido cuán difícil resulta privarse, no podría comprender tan bien a sus pacientes. No lograría analizar sus problemas, ni ponerse en su lugar, ni en su piel, ni comprender sus hábitos y sus equivocaciones tan fácilmente. Por tanto, no podría ayudarlos de manera tan eficaz. Porque sabe, y no deja de repetirlo, que se suele hablar del sobrepeso de cualquier manera, sobre todo en los medios de comunicación, en los que no se habla suficientemente de los sufrimientos que lo han provocado ni de los que engendra: la culpabilidad, la vergüenza de uno mismo, el asco al propio cuerpo, el miedo al juicio ajeno. Sabe también que, para muchos, la grasa es una protección útil, por ejemplo, para curar las incisiones causadas por el escalpelo de un cirujano, pero asimismo útil para curar heridas más profundas, las que quedan de los desgarros del alma y que nunca han cicatrizado por completo.

Una vez terminadas las consultas, agotado por los sufrimientos que escucha o que a veces adivina, revigorizado por los resultados positivos a menudo obtenidos, Mathieu sube de cuatro en cuatro la escalera hasta el segundo piso para imponerse el ejercicio que recomienda a sus pacientes y que tampoco suele practicar a menudo. Su colega, el doctor Weber, lo ha llamado hacia el final de la mañana para saber de su hija y preguntarle si sería posible ir a verla. Sorin no ha dicho nada por teléfono, pero es así como se ha enterado de que, para su sorpresa, Émilie se negaba obstinadamente a hablar con sus padres. Mathieu ha tranquilizado y calmado a ese padre preocupado y le ha explicado que aún era pronto para la visita. Sin entrar en detalles que podrían herirlo, ha logrado evitar el inminente peligro. Pero conoce suficientemente a la joven para saber que no sólo no querrá verlo, sino que tampoco querrá hablarle. Mientras no haya arreglado el problema con su madre, seguramente no soportará hallarse frente a su padre.

Mathieu sube a la habitación de Émilie pensando en todas aquellas complejidades familiares. Llama a la puerta. Nadie le contesta. Vuelve a llamar. Nada de nada. Entonces abre y ve a Émilie bailando, con los auriculares en las orejas y los ojos cerrados. No ha advertido su presencia. La situación lo divierte y la observa bailar con la energía propia de su edad, ofreciendo el espectáculo propio de un ser que desborda alegría de vivir. Cuando finalmente ella lo ve, se quita los auriculares y le pregunta:

—Hola, Mathieu, ¿has venido a bailar conmigo?

—Ya me gustaría, pero no puedo. Tu padre me ha llamado por teléfono. Tenemos que hablar.

Capítulo 43

Los dos jóvenes salen del edificio de Lucio de la mano. Y hablan alegremente mientras caminan. Con la mente ocupada y la cabeza concentrada en su nueva vida, Sarah se olvida de pensar en su cuerpo, completamente absorbida por la presencia de su novio y luego por el descubrimiento de las cuatro hectáreas de ese parque creado por un banquero excéntrico tan viajero como humanista. Como dos enamorados, aprecian esa visión de una tierra reconciliada en la que las civilizaciones cohabitan en armonía. Se detienen en la rosaleda, que ve cómo se entrelazan los árboles frutales, visitan tanto el huerto como el tramo de bosque vosgiano caído en pleno barrio de Boulogne y meditan sobre su encuentro en el jardín japonés que atraviesan unos arroyos desbordantes de poesía. Ella quiere impregnarse de cada instante de ese día feliz, no quiere perderse ni un ápice: contemplar las alfombras de soleirolias y los carex morrowii, sentir el frescor de los helechos, lamentar no estar en el período de floración de las azaleas y los rododendros. Con Lucio a su lado, todo es diferente e inédito. Ella, chica de ciudad empedernida, nunca habría imaginado que podría apreciar ese remanso de paz. Aspira cada detalle, siente cada segundo y se maravilla ante cualquier árbol. Un sobresalto la alcanza por fin: realmente, la vida merece ser vivida.

Está pensando en todo eso y en su felicidad por fin admitida cuando su teléfono vibra. Instintivamente, sin fijarse siquiera en el nombre que aparece en la pantalla, contesta.

—Hola, Sarah, no cuelgues, por favor, soy papá —le dice con voz anhelante—. Espero que estés bien, lo único que quiero decirte es que mamá y yo te queremos mucho.

La ha cogido por sorpresa. Atónita tanto por la llamada como por la confesión, la joven permanece callada por miedo a mostrar la emoción que la invade. ¡Hacía tanto tiempo que esperaba que aquellas palabras tan simples fueran pronunciadas! La voz prosigue:

—Anoche estuvimos mirando las fotos de familia que guardábamos en nuestros álbumes. No los habíamos abierto desde hacía años. Y... y... creo que he comprendido algunas cosas.

—Ah, ¿sí?, ¿y qué? —balbucea Sarah, presa de la opresión más intensa que nunca haya sentido.

—Creo... creo que no hemos estado a la altura.

Instintivamente, Sarah se pone tensa. ¡Le parece que la expresión se queda corta! Tal vez decir que «no podrían haberlo hecho peor» habría sido más acertado.

—Sé que ya no podemos hacer nada para cambiar el pasado, pero lo único que quiero es ayudarte, del modo que sea, para que alcances la felicidad que mereces y vivas los instantes que yo no he sabido darte.

La voz le tiembla al final. No cree que su padre esté llorando, no es su estilo, pero debe de estar bastante mal al otro lado del teléfono.

—Mamá está aquí conmigo, ¿puedo pasártela?

—Sí —responde Sarah con voz neutra.

—Cariño mío, ¿estás bien? Nos hemos preocupado mucho, ¿sabes?

«Pedazo de idiota, tendrías que haberte preocupado antes», tiene ganas de decirle la joven. Pero prefiere callarse. En ese momento de nada sirve echar más leña al fuego.

—A partir de ahora, tu padre y yo estaremos a tu disposición. Lo único que importa es que te cures.

—De acuerdo. Pásame a papá.

La voz del ministro se ha vuelto más firme.

—No quiero que le hagas nada ni al doctor Sorin ni a la clínica.

—¡Pero si no tengo la más mínima intención de hacerlo, Sarah! La otra noche estaba furioso y... dije cosas que no pensaba.

—De momento no estoy preparada para hablar. Dadme tiempo. Os llamaré dentro de unos días.

—Como quieras, pero, por favor, no nos dejes sin noticias tuyas.

—Te lo prometo.

Con los músculos del rostro crispados, los ojos dudando entre la rabia y las lágrimas, entre los rencores de antaño y la emoción de hoy, Sarah cuelga y se vuelve hacia Lucio, que se ha alejado discretamente durante su conversación.

—Eran mis padres.

—Eso me había parecido. ¿Estás... estás bien?

El joven la abraza con ternura. Ese contacto simple, humano, basta para que pase de la inquietud a la serenidad. ¡Ese chico es una auténtica medicina!

Capítulo 44

Horripilada y repentinamente presa de una rabia cada vez mayor, Émilie deja su mp3 encima de la cómoda y se vuelve hacia Mathieu. Expresión dura y brazos cruzados.

—No tengo nada que decirle y punto —espeta de entrada con acritud y obstinación.

La partida va a ser dura.

—O, más bien, no puedes hablar con él, ya lo sé —intenta calmarla el médico—. Pero, primero, me parece fundamental que tengas una conversación con tu madre.

—¿Con esa perra? ¡Aún menos!

Mathieu se sienta en un sillón para que su paciente comprenda que no se va a librar de él tan fácilmente y que esa actitud radical y cerrada no va a mermar en absoluto su determinación de abordar los temas sensibles. Y es que, además, algunas reflexiones y deducciones menos precipitadas que las de Émilie le sugieren que sea prudente.

—Mira —anuncia él a modo de preámbulo—, me pregunto si no malinterpretaste sus palabras cuando la escuchaste por teléfono. E incluso aunque fuera cierto y tu madre tuviera otra vida que no conoces, eso no es asunto tuyo. Se trata de su vida como pareja, no como madre. ¿Sabes lo que quiero decir?

—Perdona —dice entonces la joven, exaltada—. Que te atrevas a decirme eso me parece el colmo. ¿Acaso no fuiste tú quien me explicó que la familia y el medio en el que crecemos nos influencian? Entonces, siguiendo ese razonamiento, yo habría empezado mis estudios de cirugía dental únicamente para imitar al cornudo de mi padre, y debería mi pinta de joven BCBG a la puerca de mi madre. Pues bien, ¡no cuentes conmigo para perpetuar un linaje tan deplorable! Ni hablar. Seré puta en una discoteca y no juzgaré a la gente como hace mi madre. Si me apetece llevar una vida que ella califica de disoluta, yo al menos seré lo suficientemente honesta como para que todo el mundo lo sepa y no me comportaré de manera hipócrita.

Mathieu escucha su perorata con expresión afligida. No la interrumpe: es consciente de que no serviría de nada. La deja proferir insultos, exaltarse y descargar, con un odio inaudito, los rencores que la atenazan. Entonces, cuando el torrente de injurias llega a su fin, mudo pero resuelto, se planta delante de ella para mirarla fijamente.

—Tengo delante de mí a una chica con bulimia que vomita —dice con una frialdad nada habitual en él—. La percepción y la preocupación que manifiesta por su cuerpo son particularmente excesivas, puesto que el hecho de pasar de 58 a 52 kilos o de 52 a 58 no cambia nada en su vida. Lo único que cambia es la imagen que tiene de sí misma en el espejo. ¡Y ni siquiera eso! Porque, sea cual sea su peso, no logra sentirse bien consigo misma. ¿Es o no cierto?

Émilie mira al suelo y descruza los brazos:

—Bueno, de acuerdo. ¿Y qué?

—Pues que la hipotética infidelidad de tu madre que pones como pretexto para encerrarte en tus incertidumbres no lo explica todo. Es tan sólo una excusa para otras razones. Una máscara muy práctica que te permite interpretar el papel de la pobre víctima. Un argumento algo turbio que te ayuda a justificar las conductas más aberrantes y estúpidas y te permite echarle la culpa sempiternamente a ella. Tú haces tonterías pero nunca es culpa tuya, siempre es sólo culpa suya. Es una solución bastante fácil, por no decir injusta, porque así no afrontas tus problemas. Y luego vienes a refugiarte aquí, pero ¿qué esperas? ¿Un milagro? Porque aquí estamos en Boulogne-Billancourt, no en Lourdes, y yo nunca he grabado «Merlín el Encantador» en mi placa.

Sorprendida por la sinceridad sin ambages del nutricionista, Émilie se deja caer en la cama con la mirada perdida. Mathieu continúa su diatriba con un tono más templado.

—Émilie, te hablo como amigo y como médico: ya no eres una niña, tienes veintitrés años, y no es extraño que quieras vivir en otro sitio distinto de casa de tus padres. Pero sólo querría que pudieras irte de su casa sin que eso implique tirar por la borda tu porvenir. Que no mezcles el grano con la paja, eso es todo lo que te pido.

Con voz tímida, la joven se rinde:

—Y... ¿qué tengo que hacer?

—Te propongo una cosa. Citaré a tu madre aquí, y tú vienes también.

—Oh, no, eso no, por favor, empezará a hacerme reproches, como siempre, no lo puede evitar —dice la chica, visiblemente asustada.

Mathieu va a sentarse a su lado

—¿Por qué tienes miedo de ella? Tendrás que hablarle un día u otro. Y, cuanto más esperes, más difícil te resultará. No olvides que yo estaré allí para ayudaros a aclarar las cosas y a restablecer la comunicación. Venga, acepta y luego te quedarás más tranquila. Incluso te sentirás liberada.

—Te quedarás todo el tiempo, ¿eh? ¿No me dejarás sola?

—No, a menos que tú me lo pidas. ¿Qué te parece?

—¿Acaso me queda otra alternativa?

Mathieu se levanta y se dirige hacia la ventana dándole la espalda.

—Desde que estás en la clínica no has vuelto a vomitar, ¿verdad?

—¿Cómo lo sabes?

—Simplemente porque he mandado que quiten el cerrojo de la puerta de tu cuarto de baño para estar seguro de que cualquiera pueda entrar en cualquier momento. Como eso te aterroriza, no puedes vomitar ahí. El único lugar en el que te atreverías a hacerlo son los lavabos para discapacitados que hay en este piso y que, normalmente, cierran con llave. Pero resulta que desde hace algún tiempo la cerradura no funciona: me he asegurado de ello. Así que tampoco vas allí.

«Muy inteligente», piensa la joven. Es verdad que ella siempre ha llevado sus crisis de bulimia y sus vómitos en secreto. En la clínica come escrupulosamente lo que Mathieu le ha prescrito como régimen con las modificaciones que ha hecho a petición suya, y luego no intenta vomitar. ¿Su dieta? Al pensar en ella se da cuenta de hasta qué punto se adapta a su situación particular.

Para estabilizar su peso, va a disponer de una lista de alimentos cuyos componentes contienen 200 calorías –había escrito el nutricionista en su ficha–. *Durante las dos primeras semanas le bastará con escoger uno de los elementos de esta lista y consumirlo todos los días además de su dieta. Más tarde, durante los quince días siguientes, podrá añadir dos elementos de esta lista, lo que supondrá un aumento de 400 calorías. Procederá así de quincena en quincena, hasta alcanzar las 2.000 calorías al día, incluyendo, por supuesto, el número de calorías de su dieta. Por ejemplo, si sigue una dieta de 1.200 calorías diarias, alcanzará las 2.000 franqueando progresivamente las etapas de 1.400, 1.600 y 1.800 calorías. Pésese cada dos o tres días en la misma balanza, en ayunas y después de orinar. Si su peso aumenta de un kilo o más entre esos pesajes sucesivos es porque ha alcanzado su peso de estabilización. Entonces debe retomar la dieta inicial hasta llegar al peso anterior y continuar la estabilización al mismo nivel calórico.*

Y había añadido una lista de equivalencias calóricas de alimentos que debía reintroducir progresivamente en esa búsqueda del peso de estabilización.

Equivalencias de 200 calorías:

- *Carne: 100 g*
- *Embutidos: 50 g*
- *Carne picada (salchichas): 50 g*
- *Queso: 50 g*
- *Leche entera: 350 ml*
- *Leche desnatada: 500 ml*

- *Patatas, pasta, arroz, sémola de trigo (peso después de la cocción): 200 g*
- *Pasta, arroz, sémola de trigo (peso en crudo): 50 g*
- *Legumbres: 60 g (peso en crudo)*
- *Pan: 80 g (1/3 de baguette)*
- *6/7 biscotes*
- *Pan (40 g) + queso (25 g)*
- *Pan (40 g) + embutidos (25 g)*
- *Pan (50 g) + 10 g de mantequilla (una porción del tamaño de una nuez, aproximadamente)*
- *2 cucharadas soperas de aceite (cacahuete, oliva, etc.)*
- *Mantequilla: 25 g*
- *Patata (150 g) + 5 g de mantequilla (una porción del tamaño de una avellana aproximadamente)*
- *4 biscotes + 10 g de mantequilla*
- *2 huevos cocinados con mantequilla*
- *2 cucharadas soperas de salsa*
- *40 g de chocolate*
- *400 ml de soda o cola*

Limitarse a una bebida azucarada diaria, teniendo en cuenta que deberá considerarla como una golosina.

En cuanto a los productos industriales como las barras chocolateadas o las de cereales, mire las etiquetas y escoja preferentemente los productos que contengan pocos ácidos grasos saturados. En general, una barrita de cereales tiene aproximadamente 100 calorías, pero las chocolateadas suelen tener muchas más.

Mathieu añade:

—¿Sabes por qué he querido colgar tu dieta en la puerta de tu habitación?

—Pues no.

—Para que te empapes, para que te impregnes de ella y aprendas lo que es una alimentación normal. Para que estés tranquila y demostrarte que, si comes de manera equilibrada, tu peso no variará. Así que no hace falta que vomites.

—Efectivamente, la aguja de la balanza no ha vuelto a moverse.

Convencido de que su método da buenos resultados y la ayuda a ir hacia delante, y con la intención de dar por terminada la discusión y calmar la tensión aún presente, el médico echa una ojeada a un libro que hay al lado del televisor.

—¿Qué es?

—*La anatomía de los alveolos*, un viejo libro de cirugía dental.

—Ah, así pues, ¿vuelves a interesarte por los estudios?

Mathieu pasa entonces la mano por delante de los ojos de Émilie de izquierda a derecha, un gesto copiado de una filosofía hindú para indicar el final de una conversación. Lo utiliza de vez en cuando para llamar la atención del paciente sobre una frase en particular y que así se fije en su mente.

—No te pido que me respondas ahora, Émilie. Tenemos que vernos la semana que viene. Volveremos a hablar de ese tema entonces. Hasta la fecha, tienes tiempo para reflexionar sobre ello.

Y se apresura a salir de la habitación antes de que la joven pueda replicar.

Capítulo 45

Por su sotana a la antigua, incongruente en nuestra época y en un lugar como una clínica, y su estatura imponente que llama la atención de todo el mundo, Pierre-Marie de Luzille no pasa desapercibido al entrar en el establecimiento. El hijo primogénito de la paciente, de carácter discreto y físico destacado, no se importuna con formalismos exagerados. Aunque se muestra educado, se nota de entrada, por su aire algo altivo y un orgullo que no logra ocultar, que visitar ese tipo de lugares lo repugna. «Acabemos cuanto antes», se dice, presuroso de cumplir el deber filial para con su madre enferma. Desde que habló con Baptiste, aunque no fuera capaz de admitirlo abiertamente, se reprocha haberla dejado de lado en los últimos años. Objetivamente, podría haber servido a Dios en una curia de la Touraine, cerca del castillo familiar, pero se había dejado llevar más por la ambición que por la fidelidad a la familia, y eso lo había conducido a marcharse a Roma. Un pecado de soberbia, podría haber dicho un confesor de los de antes.

Al descubrir a su visitante inesperado, Delphine, encastrada —más que sentada— en un sillón en el que su masivo cuerpo apenas cabe, alza los ojos sorprendida y a la vez feliz. Le había dicho que iría, pero no imaginaba que sería tan pronto, teniendo en cuenta que sólo iba a estar

198

unos pocos días en París. Sin duda alguna había prolongado su estancia en la ciudad. Como de costumbre, Delphine hace gala de su mejor sonrisa, una especie de máscara fija en su rostro cuyo significado —¿indiferencia educada o verdadera satisfacción?— no es posible saber.

Pierre-Marie se inclina para darle un beso.

—¿Cómo te encuentras hoy, madre?

—Muy bien —responde ella retirando la mano que ha apoyado en el costado derecho para calmar un dolor.

Mientras su hijo mayor aproxima un sillón y se sienta frente a ella, Delphine lo contempla encantada. Nunca ha podido evitar preferir a Pierre-Marie, aunque siente una culpabilidad intensa por no tener un corazón suficientemente grande para querer de la misma manera a sus dos hijos. El mayor siempre había sido más guapo y más bueno que el pequeño. Era casi un niño modelo: estudioso, obediente y educado, cualidades que le valían constantes felicitaciones de las que se enorgullecía interiormente. Baptiste, por el contrario, contradecía su gusto por las buenas maneras y los valores nobles como el trabajo, la abnegación y la discreción. Perdía el tiempo en el parque en vez de hacer sus deberes, volvía a casa con las rodillas llenas de rasguños y era insolente con su padre. Unos comportamientos que continuamente creaban fricciones en su pareja, alimentaban sus remordimientos por tener semejante salvaje en casa y perturbaban una existencia tranquila y como es debido.

—¿Te sigue gustando tanto la vida en el Vaticano?

—Sí, allí puedo realizar plenamente mi vocación: servir la grandeza de Dios a través de la de su Iglesia.

—Tu vocación habría complacido a tus antepasados pero, en la actualidad, ese compromiso es, para mucha gente, una opción bastante rara. Aunque implique algunas ventajas para los familiares.

Pierre-Marie levanta una ceja intrigado por la última frase cuando, de repente, Delphine de Luzille adopta una expresión grave y añade:

—Dime, ¿un párroco puede confesar a su propia madre?

La pregunta lo coge en frío y por sorpresa. No reacciona y se concede un tiempo para reflexionar antes de responder. Por un lado, sus principios le dicen que debe aceptar. Por el otro, su pudor se niega a escuchar los secretos de su madre. Ese cruel dilema lo lleva a tergiversar durante unos minutos que se hacen eternos. Delphine, por su parte, espera sin articular palabra. Entonces, dando un suspiro, el religioso decide aceptar al comprender que tan sólo un intenso sufrimiento interior ha podido inspirar semejante demanda.

—Si lo necesitas, mamá...

—Gracias, Pierre-Marie. Desde que estoy en esta clínica siento una sensación curiosa. Como si hubiera llegado la hora de que arreglara varias cosas.

Se incorpora en su sillón y una mueca de dolor desfigura sus rasgos. Su hijo se preocupa:

—Me parece que te encuentras realmente mal, ¿no quieres que llame a la enfermera?

—No, no es nada. Confiésame primero, por favor.

Pierre-Marie pone su silla junto al sillón en el que se hunde Delphine, inclina la cabeza y se hace la señal de la cruz en la frente. En ese confesionario improvisado en el corazón de una habitación de clínica con paredes asépticas, teme lo que va a oír.

—Padre, confieso que he sido a la vez una mala hija, una mala madre y una mala esposa.

La incongruencia de la primera palabra chasquea como un latigazo en los oídos del hijo sacerdote, como una bofetada que se remontara a mucho tiempo atrás y se abatiera con retraso, como un derechazo en plena memoria. El resto de la frase es como una puñalada en el corazón para él. Sabe qué pregunta debe hacerle ahora, pero no consigue pronunciarla. En voz baja y temblorosa, balbucea:

—Y... ¿eso por qué, hija mía?

Al escuchar sus propias palabras, una oleada de cólera le anuda la garganta. Aquello es imposible, impensable. Nunca debería haber aceptado esa parodia de confesión, esa instrumentalización ridícula y patética. Su madre lo está manipulando, ni más ni menos. Y él, ¿por qué ha tenido que ir a la clínica con la sotana y no vestido de calle como un hijo que va a visitar a su madre?

—Mamá, lo siento, pero no puedo hacer esto. Ya he escuchado mucho, incluso demasiado, y además me parece que no te encuentras nada bien.

La mirada de Delphine de Luzille se pierde en el vacío:

—Es verdad, perdóname, pensé que me sería más fácil hablar contigo que con el psiquiatra de la clínica.

—¡Pero puedes hablarme! Simplemente soy tu hijo, no tu confesor. Y eso es precisamente lo que nos ha faltado en la familia desde hace años: ¡hablar con el corazón en la mano!

—¿Sabes?, nunca he sabido confiarme a los demás. No sé si es la edad o el efecto del tratamiento, pero desde hace poco algunos viejos recuerdos me atormentan.

Pierre-Marie no está seguro de querer abrir la caja de los secretos por temor a lo que podría decirle su madre. Pero, a su pesar, se ha embarcado en una «operación verdad» que no puede controlar. No sabe si correr el riesgo de cerrarse a cualquier explicación o romper el dique definitivamente. Finalmente se lanza:

—¿Qué recuerdos?

Las manos de la señora De Luzille se crispan.

—La víspera de la muerte de vuestro abuelo, ¿qué pasó en realidad?

—Nada importante.

Delphine se inclina hacia su hijo y escruta su mirada con una agudeza particular.

—¿Qué hacía vuestro abuelo en vuestra habitación con vosotros dos desnudos? ¿Por qué llamasteis a vuestro padre a gritos y por qué él agredió violentamente a vuestro abuelo en cuanto entró en la habitación? Yo llegué la última y nadie quiso decirme lo que había pasado realmente. Estoy segura de que los cuatro me mentisteis: lo sé, no me lo podéis negar.

Pierre-Marie abre los ojos estupefacto:

—Pero ¿adónde quieres ir a parar?

—Vuestro padre sorprendió a vuestro abuelo abusando de vosotros, ¿verdad?

—¡Pero, mamá, estás delirando! ¿Cómo se te ha podido ocurrir una idea tan... tan abominable?

La señora De Luzille se echa a llorar y se cubre el rostro con las manos. Su hijo se acerca y la coge por los hombros.

—Cálmate, te explicaré lo que sucedió realmente. El abuelo entró en la habitación cuando Baptiste y yo estábamos saliendo de la bañera. Se tambaleaba, y al principio pensamos que, como siempre, había bebido más de la cuenta. No es ningún secreto que el abuelo bebía demasiado, ¿verdad?

Los sollozos de Delphine redoblan. Su hijo le tiende una caja de pañuelos de papel que ella arranca a puñados.

—De hecho, creo que quería avisarnos de que no se encontraba muy bien. Se cayó cuan largo era en el parquet y arrastró una mesilla en su caída. Temimos que se hubiera hecho daño y llamamos a papá, que llegó rápidamente. El abuelo iba muy desaliñado, su aliento a coñac podía olerse a tres metros a la redonda, me acuerdo perfectamente. Papá lo ayudó a levantarse con cara de asco, gritándole que era inconcebible y perjudicial entrar en la habitación de sus propios nietos en semejante estado. En ese momento oímos tus tacones en el pasillo.

Los Kleenex usados cubren el suelo alrededor de Delphine como copos de tristeza. Sus lágrimas no se interrumpen.

—El abuelo se recompuso como pudo y nos indicó con un gesto, llevándose un dedo a los labios, que no dijéramos nada. Papá lo fulminó con la mirada antes de asentir con los párpados. De manera que cuando tú entraste en la habitación, todos actuamos como si no hubiera pasado nada. Al día siguiente nos dijiste, a Baptiste y a mí, que el abuelo había sido trasladado al hospital durante la noche. Allí murió unas horas más tarde sin que nosotros lo volviéramos a ver. Ésa es toda la historia, mamá, te lo juro por el Evangelio. No hay nada turbio ni sórdido en lo que acabo de explicarte, y tampoco ninguna razón para atormentarse.

Delphine se enjuga los ojos enrojecidos y le da palmaditas afectuosas en la mano.

—Te creo. No es culpa tuya, sino mía.

Desconcertado por ese mea culpa que traduce una vez más los conflictos y la culpabilidad que aparentemente alberga su madre desde hace años, Pierre-Marie vuelve a sentarse y espera a que acabe de desahogarse. Todas esas décadas de silencio..., menudo calvario. Una luz ilumina su mente. Ha tenido que tragarse tantos sufrimientos y digerir tantos remordimientos que no le extraña que...

—En fin, eso es lo que había creído... hasta ahora. Sabía perfectamente que mi padre era alcohólico. Alcohólico como yo soy obesa hoy. Sin duda alguna se trata de una ironía del destino, como suele decirse. Todos parecíais tan incómodos cuando entré en la habitación, vuestro padre rojo de ira y vosotros molestos como diablillos cogidos in fraganti, que me imaginé algo horrible y llegué a la conclusión de que mi propio padre, bajo el influjo de la bebida, se había librado a actos innombrables. Unos días más tarde, después del entierro, intenté hablar de ello con Louis mediante alusiones, pero me dijo que no comprendía ni una palabra de lo que le decía o quería dar a entender. Y no me atreví a insistir, creyendo que se negaba a desvelarme la verdad por respeto hacia la memoria de mi padre cuando, en realidad, estaba completamente equivocada. Y contigo y con tu hermano, simplemente no fui capaz de abordar el tema, ni siquiera de manera indirecta.

—Pero, mamá, ¿por qué te sentías culpable? —inquiere Pierre-Marie, sorprendido del rumbo que toman los acontecimientos, de cómo ha acabado esa confesión, del abismo de palabras nunca dichas en el que su propia madre ha caído.

—Porque era culpa mía que todos viviéramos bajo el mismo techo. Cuando nos casamos, no quise abandonar a mi padre a su soledad. Nunca superó que mi madre lo abandonara, y estaba segura de que si yo también lo dejaba se dejaría morir de tristeza. Por eso obligué a vuestro padre, y a vosotros más tarde, a cohabitar con aquel alcohólico desabrido y depresivo, en aquella residencia más bien siniestra, hay que reconocerlo.

—Ah, ¿sí?, ¿eso crees? Madre, perdóname si soy demasiado franco, pero me parece que estás completamente equivocada. Al contrario, yo tengo maravillosos recuerdos de mi infancia en el castillo. El parque, las antiguas caballerizas, el estanque, todo me parecía un espacio de juego inagotable. Y era fabuloso para montarse películas, jugar a los Tres Mosqueteros o al escondite. Había tantas habitaciones, rincones, cuartitos. Y muchas telarañas también, eso es cierto.

Delphine, al constatar la chispa de emoción que brilla en la mirada de su hijo y la repentina pasión, e incluso la excitación que percibe en esa evocación, esboza una sonrisa.

—Me dices eso porque eres muy bueno —prosigue su madre bruscamente disgustada, como si no lo creyera—. Pero me sentía tan culpable, si tú supieras... Cuando quisiste entrar en el seminario, pensé que tu vocación te ayudaría a superar ese trauma. Al igual que Baptiste se había refugiado en la homosexualidad...

—Perdona, pero ¿qué me estás contando, madre? ¡Baptiste no es gay en absoluto! He conocido a varias novias suyas, así que puedo garantizártelo.

—¡Está claro —se sonroja Delphine dejando escapar un suspiro de agotamiento y lasitud— que me he equivocado por completo! ¿Por qué?, pero ¿por qué nunca me he atrevido a hablaros más claramente? ¿Por qué no os he desvelado antes mis dudas y mis miedos? —Su voz se rasga mientras golpea furiosamente el brazo de su sillón con el puño.

—Porque temías la respuesta que podrías haber recibido.

Capítulo 46

Un torbellino de emociones violentas asalta, derriba, derrama y agita la mente de Delphine. Después del choque de la revelación hecha por su hijo, se da cuenta con un dolor y un pavor indescriptibles que ha basado su vida, e incluso peor, que la ha destruido por culpa de una espantosa equivocación. El alivio de saber que su padre no era un monstruo y que sus hijos crecieron indemnes hace que una inmensa fatiga caiga sobre sus hombros. Como un manto de flojedad por haber fracasado en todo, como si hubiera reescrito toda su historia en su cabeza equivocándose por completo. A la culpabilidad llevada en secreto durante tantos años le sucede la vergüenza por haber imaginado que su desdichado padre era un pedófilo incestuoso. Los remordimientos por no haber podido o sabido proteger a sus hijos dan paso a la pena por haber arruinado su vida como esposa y como madre. Por haberlo ocultado todo en su interior equivocadamente y haberlo recubierto con un blindaje de silencio antes de decidirse a enterrarlo en lo más profundo de sí misma con capas y más capas de comida... equivocadamente también. Entonces contempla la cascada de michelines en la que se ha encerrado. Un fenómeno extraño se produce, una especie de revelación, como si un tercer ojo se abriera en medio de su mente para que pudiera ver, más allá de las apariencias, la esencia misma de esa proliferación de grasa. Esos pliegues y repliegues, barriga, piel de naranja y piel distendida son la expresión de un sufrimiento, enorme, aplastante, que no ha podido expresar de otro modo. Un sufrimiento que acaba de hacer volar en pedazos gracias a unas cuantas frases. De pronto, el poder de las palabras, sobre todo de las que callamos, le parece sorprendente.

Una descarga de dolor, como un relámpago, irradia su vientre y le corta la respiración. ¿Se estará muriendo? No, todavía no, hay alguien con quien debe hablar.

Su hijo, alertado por su palidez y su respiración entrecortada, se precipita hacia ella.

—¿Qué te ocurre, madre? ¿No te encuentras bien?

—No, llama a un médico, por favor.

Pierre-Marie, presa de un pánico inhabitual e intenso, corre hacia la sala de los enfermeros.

—¡Rápido —grita—, creo que mi madre está sufriendo un ataque! Necesita un médico urgentemente.

La enfermera de guardia coge el teléfono y avisa a Mathieu antes de seguir al sacerdote, corriendo al igual que él, hasta la habitación de la señora De Luzille.

Algunos segundos después, Mathieu entra en la habitación. En su frente, una vena hinchada palpita traduciendo la subida de adrenalina provocada por la inquietud. Tumbada en la cama, Delphine le parece aún más impresionante que de pie. Su cuerpo es más ancho que la cama. Sus pies, en comparación, parecen ridículamente pequeños. Le cuesta respirar, tiene las sienes empapadas en sudor y los labios resecos. El médico, visceralmente anticlerical, se dirige firmemente a Pierre-Marie ignorando ostensiblemente su sotana:

—Señor, tenga la amabilidad de salir de la habitación durante unos minutos. Déjenos hacer nuestro trabajo.

Luego se inclina hacia Delphine:

—¿Dónde le duele?

La paciente se señala el vientre con el dedo; apunta directamente al hígado.

Da miedo ver la mueca de dolor que deforma su rostro. Mathieu se preocupa. De entrada, y para sí mismo, establece su diagnóstico: la vesícula biliar se ha infectado. Se trata de una complicación frecuente en los grandes obesos en tratamiento, pero normalmente los síntomas se revelan de manera más progresiva.

Su vena se hincha un poco más.

Mathieu le pide a la enfermera que le tome la temperatura a Delphine. Teme que sea demasiado alta. Mientras tanto, él le ausculta el corazón con su estetoscopio. Latidos regulares. Coge el tensiómetro. Tensión 9/4. Es demasiado baja, como durante un *shock*.

No cabe duda: la situación es alarmante. Si la fiebre supera los 39 grados, tendrá que operarla de urgencia.

Su concentración y la angustia de todos son palpables. En su frente, su vena azul es más visible que nunca.

Capítulo 47

La enfermera anuncia 40 grados y 2 décimas.

—Choque séptico —anuncia Mathieu—. Pásame el teléfono, por favor.

El médico llama a la ambulancia de la clínica y luego marca el número de un viejo amigo que dirige un servicio de cirugía en el hospital más moderno de todo París. Objetivo: obtener su aval y llamar la atención sobre la paciente que le envía y que se encuentra en un estado que amenaza con volverse crítico.

—Patrick, soy Mathieu. Mathieu Sorin. —Baja el tono de voz para no asustar a nadie y explica—: Una de mis pacientes sufre una colecistitis aguda. Te aviso, no es ninguna broma: esta señora pesa 150 kilos y acaba de perder más de veinte. No tiene antecedentes notables, una diabetes de tipo 2, ningún problema de corazón, pero es urgente: el abdomen se le está poniendo tenso. Ocúpate rápidamente de ella, por favor.

Al otro lado del teléfono, su amigo le confirma que la operará lo antes posible.

Más tranquilo, Mathieu cuelga. La vena de su frente se atenúa. Le recomienda a la enfermera que le ponga una perfusión para adelantarle trabajo al cirujano. Luego se vuelve hacia Delphine con rostro grave –para mostrar que se trata de algo importante– pero, al mismo tiempo, aureolado con un atisbo de sonrisa para no preocuparla inútilmente, y le dice:

–Señora De Luzille, voy a transferirla al hospital.

–¿Qué es lo que tengo, doctor? –balbucea ella.

–Nada que sea demasiado grave, pero es preciso que la operen cuanto antes o, de lo contrario, podría sufrir una peritonitis. Tiene una piedra en la vesícula biliar, es algo que suele ocurrir cuando hay una pérdida de peso importante.

–Qué pena –suspira Delphine–. Justo cuando empezaba a comprender algunas cosas...

–Entonces tómeselo como una señal –responde tranquilamente el médico–. Vamos a quitarle un órgano que la está molestando, así adelgazará aún más rápido.

Ella esboza su sonrisa habitual, esa sonrisa en la que se mezclan la resignación y la desilusión, y pide que le dejen ver a su hijo para que, por fin, los lazos deshechos por culpa de los secretos y los errores de interpretación puedan restablecerse un poco.

Pierre-Marie entra en la habitación con aire preocupado y rostro grave. Monseñor no tiene tantos humos como cuando llegó al establecimiento. La agitación del personal, el dolor de su madre y la tentativa de confesión-explicación en la que no puede dejar de pensar le han hecho tomar conciencia de que, a pesar de todo, quiere a esa mujer a la que antes despreciaba un poco por lo que no decía, por lo que no había hecho o por aquello en lo que se había convertido. A pesar de todo, a pesar de ella, a pesar de él. Así que, nervioso, interroga al médico para conocer su diagnóstico.

–Su madre tiene una colecistitis aguda, por lo que es necesario operarla lo antes posible. El cirujano probablemente querrá que ayune durante unas horas y la operará a primera hora de la noche. No hay ninguna duda sobre el diagnóstico ni sobre el tratamiento.

Hundido por la noticia, por su gravedad y el tono frío de Mathieu, que no admite réplica ni puesta en tela de juicio, Pierre-Marie baja la guardia y pregunta:

–¿Puedo quedarme con ella?

—Por supuesto —responde Mathieu—. Incluso se lo aconsejo para calmar su dolor, ya que no podemos administrarle ningún medicamento hasta que ingrese en el hospital. No se preocupe, va a operarla un amigo mío que es uno de los mejores cirujanos de París. Después podrá hacer su convalecencia aquí, y nosotros nos ocuparemos de todo.

Pierre-Marie le da las gracias. La señora De Luzille le coge la mano con suavidad. Hay una energía extraña en sus dedos entumecidos y regordetes:

—Avisa a tu padre, me gustaría que llegara antes de que me hagan entrar en quirófano.

Séptima parte

Capítulo 48

Da gusto verlos tan felices. Sarah y Lucio viven juntos desde hace bastantes días, y ya se nota que la joven está renaciendo. Con la autorización de Mathieu, el enfermero se ha quedado a su lado e incluso ha cogido una semana de semivacaciones en pareja. La paradoja, la ambigüedad, la incongruencia y el aspecto inhabitual de ese dúo es que Lucio es a la vez su amante y su cuidador. Por lo demás, él al principio se hizo muchas preguntas sobre su relación. Sobre su fuerza y su naturaleza. No es la primera anoréxica a la que ha conocido, y no niega que algunas le gustaron, pero nunca ha sido un sentimiento tan fuerte como el que alberga hacia Sarah. Nadie nunca lo ha fascinado y al mismo tiempo emocionado tanto como ella. Y, sobre todo, nunca nadie lo ha necesitado tanto como ella.

Cada mañana informa a Mathieu de los progresos de aquella paciente singular que aún conserva, evidentemente, algunas inhibiciones. Por ejemplo, cuando la llevó a su pizzería favorita, se limitó a comerse el borde de su pizza cuatro estaciones, evitando escrupulosamente la mozzarella y el atún que llevaba encima. Es cierto que aquella misma mañana había escuchado el anuncio oficial de su padre para la próxima elección presidencial; una noticia que supuso un *shock* para Sarah, recibida sin preparación previa, y sólo podía perturbarla. ¡Lo último que le apetecía, a ella, que le reprochaba a ese hombre de poder que la hubiera olvidado al pie de la escalinata de su ascenso social, era ser la hija del jefe de Estado! Y ese anuncio hecho sin ningún miramiento no iba a ayudarla a normalizar su relación porque, a partir de ese momento, su padre tendría aún menos tiempo para interesarse por ella. Por otro lado, la perspectiva de convertirse en una diana para los objetivos de los *paparazzi* la aterrorizaba. Si la prensa desvelara su imagen al público, si su intimidad y su «reeducación psicológica» fueran violadas para vender papel, Sarah no lo resistiría. Lucio es consciente de todo eso.

De hecho, ella le ha contado varias veces, con rabia en la voz, cómo Philippe Fillot ha consagrado su vida entera a esa ambición, hasta qué punto tiene la impresión de haber sido sacrificada en esa carrera por la obtención de honores. Le ha contado cómo también, aquella mañana, se le pasó por la cabeza la idea —horrible— de que la llamada tan conmovedora de su padre días antes hubiera sido dictada por motivos electorales, más que por una verdadera preocupación por ella. Su voz parecía sincera, es verdad, y su emoción real, por supuesto, ¡pero él es tan hábil que ya no sabe qué pensar! Y Lucio constató, sin sorpresa alguna, que esas dudas renovadas despertaron el mal que sufría su amor: su anorexia se agudizó...

A base de dulzura y de paciencia, el enfermero logró llegar al meollo de la cuestión al día siguiente de la recaída. Entonces, para calmarla, le dijo:

—¡Oh, al fin y al cabo, no es tan grave! Según los sondeos, tiene muy pocas posibilidades de ser elegido. Y, si fuera así, me casaré contigo para que dejes de llevar su apellido y nos iremos a vivir a Italia. Tengo familia cerca de Florencia. Allí, como tendremos cuatro hijos, estarás tan ocupada que no te dará tiempo a pensar en él.

Sarah se echó a reír. Por enésima vez, el buen juicio y el humor de Lucio volvían a hacerle pensar como es debido. Matrimonio, hijos..., ¿se trataba únicamente de una broma?, se preguntaba ella.

Cada día renuevan el ritual del desayuno y el paseo reparador y reconstituyente por los museos parisinos. Por la noche, a la vuelta, se divierten haciendo la compra en las tiendas y buscando lo que le gustará al otro. Sarah redescubre poco a poco el placer de vivir... y, al mismo tiempo, de comer. Es un poco como si Lucio volviera a inculcarle las bases de la asociación entre el amor y el amor por la existencia.

Para su sorpresa, la joven se revela rápidamente como una excelente cocinera, sorpresa que Lucio argumenta explicándole que no es raro que las antiguas anoréxicas triunfen en las profesiones relacionadas con la alimentación, ya sea en la cocina o en la dietética. Intrigada y exaltada ante esa perspectiva esperanzadora, decide comprar libros de cocina y los estudia como si fueran manuales escolares. Asimila las bases fácilmente e incluso se atreve a dejar libre curso a su imaginación, transformando la preparación de las comidas en una actividad casi recreativa. Una verdadera revolución interior.

A la hora de sentarse a la mesa, sin embargo, las cosas se complican. Sarah sigue sintiendo ciertas angustias. Aunque no logra comer normalmente, su peso aumenta. En una semana ha cogido dos kilos. La noticia alegra a Lucio pero ella, en cambio, acusa el golpe. Por mucho que el joven le repita que la encuentra más guapa cada día, ella no parece estar convencida en absoluto. Afortunadamente, él empieza a conocer sus puntos sensibles y sabe recurrir a los argumentos que la motivan. Entre ellos hay uno particularmente imparable:

—Será mejor para hacer el amor, ¿sabes? Porque, ahora, me clavas las caderas en el vientre, lo que no es una sensación muy agradable.

Al oírlo, Sarah palidece.

—¿En serio?

—¿No has visto los moratones que me has hecho? —le dice él riéndose.

Siguen bromeando y el argumento surte efecto. Poco a poco, Sarah recobra su motivación. Y, cuanto más fuerte se siente, mejor se encuentra moralmente también. Aunque sin el apoyo de Lucio se vendría abajo, es consciente de ello. Al igual que es consciente de que volver a insuflarles fuerzas a sus músculos, tonicidad a su cuerpo y solidez a su silueta la lleva a sus últimas trincheras. Es un combate a cada instante y, a la vez, una batalla que sólo ganará el día en que se enfrente a su último demonio.

Capítulo 49

Sentaos, parejita —entona Mathieu, contento al ver a los enamorados más improbables de la clínica entrar en su despacho.

Han ido a verlo porque él se lo ha pedido, y se alegran de estar
delante de él, aunque un fondo de inquietud alimenta sus pensamientos desde que los llamó. ¿Por qué quiere verlos? ¿El resto del personal
del establecimiento ha hecho comentarios sobre sus prolongadas de-
sapariciones simultáneas? ¿El aspirante a presidente ha renovado sus
amenazas o ha lanzado a sus esbirros contra el nutricionista? A primera vista, Mathieu no parece particularmente estresado, pero ¡nunca se sabe!

—Bueno, ¿cómo estás, Sarah? —pregunta volviéndose hacia ella.

—Espero que no hayas tenido problemas con mi padre, me prometió que no se metería contigo —no puede evitar decirle ella de entrada,
deseando cerciorarse.

—No, puedes estar tranquila. Y, por cierto, no lo juzgues precipitadamente. ¿Sabes?, a veces los demás miembros de la familia se sienten tan sobrepasados por la anorexia que, al final, lo que nos parece
indiferencia resulta ser en realidad una forma de protección. No sería
raro que tu padre y tu madre se hubieran alejado de ti en un momento
dado porque tu enfermedad y su manifiesta impotencia a sacarte de

ella les generara una angustia insoportable. Es lo que se denomina conducta de evitación.

—Puede ser —responde Sarah, no muy convencida.

Mathieu se dirige entonces a su acompañante:

—Y a ti, Lucio, no puedo dejar de repetirte, aunque ya lo sabes, que, desde el punto de vista médico, tu comportamiento es inadmisible. Lo que has hecho se llama transgresión. Y tú conoces las reglas de nuestra profesión.

—Lo sé, y estoy dispuesto a asumir las consecuencias. Si quieres despedirme, respetaré tu decisión y eso no cambiará en nada la estima que tengo por ti. Seguiré considerándote como a un amigo.

Al oír esas palabras valientes pero desestabilizantes para ella, una oleada de culpabilidad se apodera de Sarah. Por su culpa, puede que una amistad vuele en pedazos, y el chico que la está salvando corre el riesgo de perder su empleo. ¿Cómo es posible que su destino exija tantos momentos dolorosos, cree tanta inestabilidad y conduzca a quienes la apoyan a ser triturados a su vez?

—Que no cunda el pánico, no es para nada mi intención —los tranquiliza de entrada Mathieu—. Pero me parece útil saber más sobre vuestra historia, persuadirme de que he escogido y de que vosotros también habéis hecho la mejor elección, la que va a ayudar a que Sarah se cure. No quiero meterme en vuestra vida privada. Sin embargo, vais a tener que convencerme de que vuestro flechazo es una verdadera historia de amor. Si os queréis de verdad y vuestra historia dura, es asunto vuestro y yo ahí no tengo nada que ver. Por el contrario, si se tratara simplemente de aliviar una tensión sexual existente entre ambos, no sería lo mismo, porque vuestra historia se acabará rompiendo, y me niego a que uno y otro sufráis las consecuencias.

Sarah responde al vuelo:

—Mathieu, si te soy sincera, no creo que esté completamente curada. Aún siento mucha aprensión hacia los alimentos. —Y continúa antes de que el médico pueda intervenir—: Por eso quiero proponerte algo. No quiero volver a la clínica como una paciente al uso pero creo que necesito estar en contacto con todos vosotros. Así que, después de haber hablado de ello con Lucio, nos hemos preguntado si aceptarías una solución particular.

—¿Qué quieres decir? —pregunta Mathieu, intrigado.

—Me explico: te he oído quejarte varias veces por no haber logrado encontrar un cocinero suficientemente sensible a la dietética para preparar la comida de los pacientes. Pues resulta que desde hace algunos días he descubierto que puedo ser una cocinera de primera. Como no quiero seguir dependiendo de mis padres, voy a tener que buscarme un trabajo. Lo que te propongo es que me dejes ocuparme del aspecto alimentario y dietético en la clínica para quedarme en el establecimiento como empleada. Lucio, por su parte, podría volver a trabajar como enfermero, siempre y cuando tú estés de acuerdo, por supuesto. ¿Qué te parece?

Después de unos cuantos segundos de reflexión que les parecen horas, después de sopesar los pros y los contras de esa proposición en la que no había pensado antes, el médico se frota el mentón y contesta:

—No me lo esperaba, pero ¿por qué no?

—Te prometo que, si aceptas, nadie de la clínica sabrá que estamos juntos.

Mathieu se echa a reír.

—¿Estás de broma o qué? ¡Todo el mundo en la clínica está al corriente! Y, además, la gente tampoco es tonta. De nada sirve mentir. Lucio, enfermero, y Sarah, ex paciente, salen juntos y ambos trabajan aquí. ¡A nadie le extrañará que acepte semejante locura!

Lucio, por su parte, sonríe ampliamente. Una vez más, Mathieu, ese profesional de la salud con el que se ha comprometido y cuyos dones psicológicos no dejan de maravillarlo, hace gala de una mentalidad abierta. De nuevo, en esa ocasión sabe adaptarse a una situación original y no teme recurrir a medios poco ortodoxos siempre y cuando resulten útiles a sus pacientes.

—Entonces, estamos de acuerdo —le dice a Sarah—, el tema del contrato tendrás que hablarlo con la directora de personal. Yo la avisaré, pero te advierto que te necesito aquí desde mañana por la mañana. Y también que tengo que avisar a tu padre, puesto que le he prometido que le daría noticias tuyas.

—De acuerdo —asiente Sarah—, no me importa que se lo digas. Si quieres puedo llamarlo yo misma para explicárselo todo.

—Después de que yo haya hablado con él sería mejor. Bueno, tortolitos, no es que quiera echaros, pero es vuestro último día de vacaciones. Lucio, has desorganizado por completo la actividad del servicio, así que te necesito aquí mañana por la mañana a las ocho. Ídem para ti, Sarah y, en cuanto a la visita médica, no hay problema, te haré un certificado favorable: contigo, a estas alturas, ya no me va de una tontería más. Asimismo, te advierto que sigo manteniendo tan escrupulosamente como antes el pacto que hicimos. Si no has alcanzado los 45 kilos en un plazo máximo de tres meses, anulo todo lo que acabo de decir.

—¡Eso es pan comido! —replica la joven, segura de sí misma.

Al salir del despacho, se dan la mano, felices por aquella solución inesperada. Las aprensiones iniciales se han disipado.

—¿Quieres visitar la clínica? —le pregunta Lucio.

—¿Para qué?

—Hay muchos sitios que no conoces. Y, a partir de ahora, tienes derecho a entrar en la sala de los enfermeros porque formas parte del personal. Ya no estás enferma, cariño mío, te estás curando.

«Me estoy curando», piensa Sarah. Curarse..., un verbo que por fin conjuga en presente después de haberlo hecho tan a menudo en condicional.

Capítulo 50

Mientras coge el teléfono para llamar a Philippe Fillot, Mathieu ve cómo Sarah y Lucio se besan amorosamente en la acera de enfrente de la clínica. Una ola de serenidad se adueña de él. Su profesión es también eso: junto al estrés que conllevan los casos graves, a la preocupación que suscitan las situaciones desesperadas, a las jugarretas del destino como la hospitalización de la señora De Luzille, ver a otros enfermos en vías de recuperación lo tranquiliza. Constatar que Ralph, el diseñador, pierde peso y recobra confianza en sí mismo y en su talento, que Émilie toma poco a poco conciencia de que sus crisis de bulimia la perjudican, que incluso la señora Bensimon hace esfuerzos para no sucumbir a la tentación en cuanto las palabras «pastelería» y «bollería» se le vienen a la cabeza lo ayudan a reconocer que su trabajo, su profesión y las horas que le dedica sirven de algo. A los demás, y a él. Que esas pequeñas victorias son conquistas ganadas con mucho esfuerzo y, por tanto, satisfactorias y duraderas. Su motor es la adrenalina, pero ver cómo sus pacientes triunfan y renacen es la esencia de su propia existencia.

Tras presentarse a la secretaria del ministro, Mathieu se dispone a tener que exponer el motivo de su llamada, pero ésta le responde inmediatamente:

—Espere un momento, el señor Fillot se pondrá en seguida.

Tras una breve espera, oye la voz angustiada del Philippe Fillot.

—Bueno, doctor Sorin, ¿tiene alguna buena noticia que darme?

—Sí, señor ministro. Que su hija acaba de salir de mi despacho. Que estaba con su nuevo novio, Lucio, con quien vive desde hace una semana. Que parecen muy enamorados. Y que me ha pedido que le consiga un trabajo aquí.

—¿Cómo?

—Sí, ha venido para sugerirme que la contrate porque quiere emanciparse y vivir, al menos por el momento, con ese chico, Lucio.

Al otro lado del teléfono, el silencio perdura. Mathieu prosigue su exposición de los hechos:

—Su hija sufría una anorexia grave. La mañana del día en que vino a la clínica tuvo un accidente cardíaco que dio lugar a una reanimación de urgencia. Si no hubiera querido volver a comer en las siguientes veinticuatro horas, habría tenido que hospitalizarla en un servicio de reanimación en el que le habrían puesto una sonda gástrica para alimentarla. En resumidas cuentas: me disponía a clasificarla en la triste categoría de las anoréxicas crónicas y a considerarla como una enferma que probablemente nunca acabaría de curarse y tendría una existencia infeliz antes de vivir un final triste y precoz.

Philippe Fillot decide por fin romper su mutismo y suspira:

—Lo sé. Los demás médicos a quienes mi mujer y yo habíamos consultado ya habían establecido ese diagnóstico.

—Los acontecimientos que se produjeron durante su visita y también después revisten (no puedo dejar de reconocerlo) un carácter excepcional. Ningún enfermero de la clínica había tenido antes una relación sentimental con una paciente. Procuro que en mi establecimiento esa regla se cumpla escrupulosamente, aunque tampoco puedo impedir que dos personas que están solas en una habitación se besen o se enamoren si ambos están de acuerdo. Por lo que sé y he comprendido, la relación que existe entre Sarah y Lucio es mucho más particular. Él se convirtió en su enfermero por accidente y (quiero insistir en este punto) porque yo se lo pedí. Aparentemente, los acontecimientos fuertes de ese día, a saber: el accidente médico grave, la explosión de ira que sintió cuando lo vio a usted y su salida precipitada de la clínica, han tenido un efecto catalizador en su hija. Desde un punto de vista objetivo, los resultados son excelentes, por no decir inesperados: Sarah ha empezado a alimentarse por voluntad propia. Y ya ha ganado tres kilos.

Al oír eso, el político inspira profundamente, como si acabaran de anunciarle un acontecimiento de la más alta importancia. Sin embargo, deja que Mathieu Sorin hable y no dice nada.

—Otro punto importante: su hija ha empezado una relación amorosa. Sé que a un padre puede resultarle difícil escuchar lo que voy a decirle, pero debo añadir que el hecho de volver a tener relaciones sexuales es un indicador extremadamente positivo para una anoréxica. Sarah es muy joven y no se sabe cómo evolucionará esta historia en el futuro. Asimismo, su deseo de obtener una mayor autonomía con respecto a ustedes es algo bueno. De manera que puedo asegurarle que su hija presenta todos los signos de una curación que va por buen camino.

Mathieu vuelve a oír la voz de Philippe Fillot, esta vez más firme, ya que la vibración provocada por la angustia ha desaparecido de repente:

—Mire, yo creía que mi hija estaba perdida y lo que me ha dicho vuelve a darme esperanzas por primera vez en mucho tiempo. Una esperanza que no puedo expresar con palabras, enorme, soberbia. Si le soy sincero, incluso puedo decirle que vuelvo a vivir. Y no le estoy hablando como político, sino como padre. Siempre he querido a Sarah, pero le aseguro que es difícil mantener la calma cuando uno ve que su hija se deja morir. Para unos padres es espantoso descubrir, soportar e incluso admitir ese rechazo de la comida y de la vida que le hemos dado. Nos hemos sentido impotentes y, sobre todo, terriblemente culpables. Todos los médicos nos han dicho, de manera más o menos explícita, que era culpa nuestra. No es que quiera decir que eso ha arruinado mi vida, porque la suya es más importante que la mía, pero me pregunto hasta qué punto no me he concentrado completamente en el trabajo para olvidar mi sufrimiento.

—Para serle honesto, señor ministro, eso es precisamente lo que le he explicado a Sarah. Última buena noticia: creo que muy pronto estará preparada para verlos.

Philippe Fillot siente una emoción intensa, tan intensa como cuando nació su hija. Atisba el final de un largo tiempo de desdicha y tal vez, por fin, la posibilidad de ser feliz. Una especie de gratitud teñida de algunos remordimientos se apodera de él.

—Doctor Sorin —prosigue el ministro—, quería disculparme con usted. Siento lo ocurrido la otra noche. Le ruego que no me lo tenga en cuenta y acepte mi más profundo agradecimiento, así como el de mi esposa, por todo lo que ha hecho por mi hija.

—En realidad, no he hecho casi nada —responde Mathieu modestamente—. Puede que pase por un estúpido sentimental, pero en el fondo creo que lo que verdaderamente ha salvado a Sarah ha sido el amor.

—¡Poco importa quién o qué la ha salvado! En cualquier caso, ha ocurrido en su clínica. De manera que, a partir de ahora, confío plenamente en usted: contrátela si cree que eso puede ayudarla a llevar a buen término su curación. Cuente con mi gratitud. Y si alguna vez puedo hacer algo por usted, estoy a su disposición.

—Gracias, señor ministro, hasta pronto.

Capítulo 51

Despertador programado a las seis y media de la mañana. Lucio quiere estar en forma para su primera jornada de trabajo en común. Está deseando volver a la clínica, ver a sus amigas Marie y Sandra, y a los pacientes también. Aprecia no sólo el tipo de trabajo que hace, sino también el ambiente en el que lo realiza. Así que ninguna angustia en particular lo agobia a ese nivel. Lo único que teme es el acontecimiento: el hecho de que Sarah entre en el juego y cambie tan rápidamente de estatus. ¿Cómo interpretarán los demás ese cambio, esa metamorfosis? Porque es un verdadero desafío pasar de ser paciente a formar parte del personal sanitario en tan poco tiempo. Lucio teme un poco las reacciones de los enfermos, que podrían sorprenderse al descubrir que la joven diáfana con que tan a menudo se cruzaban en los pasillos —algo menos delgada ahora, eso es verdad— ha pasado a formar parte de la plantilla y prepara sus menús. Y si, además, se enteraran de que es hija de un ministro, algunos pacientes tal vez podrían protestar, criticar o decir que la han enchufado. Y, por supuesto, todo eso lo acabará pagando Mathieu, que se enfadará. Y eso le apetece aún menos.

Nada podrá enturbiar la felicidad sin precedentes que están viviendo en ese momento, dice él, convencido. Porque Lucio es consciente de que, desde hace algunos días, su vida lo llena por completo. Para él, la presencia de Sarah es ahora algo natural, como si hubiera estado esperándola desde siempre pero, a la vez, tiene algo de milagroso. Piensa continuamente en ella, tiene ganas de darlo todo por ella, de mimarla, de ayudarla, de cubrirla de besos. Le basta con observar la menor parcela de su cuerpo o con mirarla a los ojos para sentir una dulce e intensa sensación de plenitud.

Le encanta despertar a Sarah llevándole el desayuno a la cama. Cuando ella abre los párpados, el virus del amor vuelve a adueñarse de él. Verla comer es para él un espectáculo. Cree que esa historia de la anorexia está desapareciendo aunque, de vez en cuando, Sarah sigue manifestando algún rechazo por la comida. No obstante, Lucio ha decidido no hacer alusión a ello porque le parece que las dificultades se van atenuando a medida que pasan los días. Y tiene muchas esperanzas puestas en su nuevo trabajo en la clínica para zanjar definitivamente el problema.

—Señora trabajadora, es hora de prepararse —murmura.

La joven abre un ojo y después el otro. Se incorpora apoyándose en los codos y apoya la espalda contra la pared que hay detrás de la cama. Anuda sus brazos alrededor del cuello de su amante en un gesto de propietaria que él acepta totalmente. Luego él le da un largo beso con los ojos cerrados.

Después, de vuelta a la realidad, examina el contenido de la bandeja:

—Por lo que veo, hoy no me queda otra elección si quiero coger fuerzas.

El menú ha cambiado. Ahora se compone de un bol de chocolate caliente, dos rebanadas de brioche untadas con mantequilla y un poco de miel y un yogur de fabricación artesanal con leche entera.

Cuando Sarah se levanta de la cama, Lucio constata con placer —y un escalofrío de excitación— que su trasero empieza a adoptar una forma ligeramente redondeada. Que su piel está menos arrugada y que el vello característico, herencia de su anorexia, está desapareciendo. Son indicios alentadores aunque, como enfermero enamorado pero a la vez realista, sabe que deberá seguir estimulándola hasta que alcance un peso suficiente y nunca más pueda pronunciar la palabra «anorexia».

El joven se impacienta delante de la puerta de la ducha:

—¡Date prisa, por favor!

—Una chica necesita más tiempo para prepararse que un chico, más vale que te vayas acostumbrando.

—De acuerdo, pero no podemos llegar tarde bajo ningún concepto. Una nueva vida empieza hoy y no vamos a dejarla escapar.

Durante el trayecto, mientras Lucio le explica el funcionamiento de la clínica, Sarah siente cómo una oleada de aprensión le sube hasta la garganta.

—¿Crees que tendré que preparar las bandejas de los pacientes desde el primer día? —dice ella, preocupada.

—Si quieres sobresalir en tu trabajo, lo mejor es que seas eficaz lo antes posible. Te aconsejo que vayas a la cafetería y observes la composición de las bandejas. No tardes mucho en servir a los pacientes, en general, tienen hambre cuando se despiertan. Deberás servir aproximadamente a diez o doce personas en veinte minutos, lo que no te deja mucho tiempo para charlar. Pero a pesar de eso tienes que arreglártelas para decirle una palabra amable a cada uno y avisarles de que pasarás más tarde para hablar de la comida del mediodía.

—Entendido.

Al llegar delante del establecimiento, además de la ansiedad que ha debido soportar durante todo el trayecto, Sarah siente un sobresalto en el corazón: es la primera vez que entra en la clínica para trabajar. Sus referentes han cambiado, se han alterado, ya no le sirven. Si hasta ahora veía la clínica como un lugar tranquilizador pero al mismo tiempo angustioso, una especie de cámara de seguridad en la que ella se metía con su saco de problemas en bandolera que dejaba en manos de profesionales y expertos, esta vez, en cambio, otras personas esperarán que ella los ayude, los asista, les dé un consejo. ¿Sabrá hacer frente a la situación?

La ayudante de cocina, que está colocando las tazas en las bandejas, muestra claramente su sorpresa al verla entrar en la cafetería tan temprano.

—Buenos días, ¿Mathieu no la ha avisado de que a partir de ahora trabajo aquí?

—Ah, sí, perdone, no la había reconocido. ¿No habrá engordado usted, por casualidad?

Muy organizada, extremadamente metódica, al límite de la obsesión, Sarah se adapta a su tarea mucho más rápidamente de lo que ella misma habría pensado. No protesta ante ningún obstáculo. Y, lo que es mejor, como es consciente de lo que se está jugando, y de que tiene una misión que cumplir poniéndose al servicio de los demás, sus aprensiones y recelos hacia la comida se borran de su pensamiento. En la puerta del armario hay una lista colgada en la que se detalla, junto a los nombres de los internos, la composición del desayuno –los gramos de pan, de mantequilla, la bebida, el edulcorante–, y Sarah toma las riendas de todo. Empieza por la bandeja destinada a Ralph; pesa escrupulosamente los alimentos, una exigencia de precisión que se adapta perfectamente a su temperamento meticuloso.

«Fácil –se dice ella–. Al fin y al cabo, basta con seguir la lista, comprobar el peso de los alimentos y, de vez en cuando, intercambiar algunos productos. Todo eso no me llevará más de un cuarto de hora.»

La ayudante de cocina, satisfecha de poder contar con un apoyo inesperado, la deja hacer. Por lo demás, en apenas unos minutos, Sarah soluciona la cuestión del desayuno y las bandejas se alinean, perfectamente dispuestas, en la mesa de la cocina. «Sin embargo, falta algo –piensa ella–: un pequeño signo de afecto.» Entonces ve un ramo de margaritas que decora una mesa y, en un armario, encuentra unos hueveros. Con eso bastará para añadir un toque de alegría a cada bandeja. Corta las flores al ras, dispone una en cada huevero y luego los coloca en la esquina superior derecha de las bandejas.

El cuadro la satisface. Y la idea de poder, a su manera y en su medida, influir en el humor de los pacientes gracias a un detalle discreto le procura una sensación nueva. Ser capaz de aportar, desde la primera mañana, un toque personal y positivo constituye a sus ojos la primera de las mejoras que quiere ofrecer a la clínica y a sus enfermos.

Cuando coloca las bandejas en el carrito de servicio y se dispone a empezar a la distribución, Lucio abre la puerta de la cafetería y asoma la cabeza:

–¿Todo bien, cariño?

—Largo de aquí, vamos, ¡ésta no es tu zona!

El joven le lanza un beso y desaparece.

Sarah coge la primera bandeja con las dos manos procurando que no se le caiga nada. Pero ¿cómo llamar y abrir la puerta de la habitación? ¿No resultará presuntuoso dárselas de equilibrista el primer día? Al fin y al cabo, por qué no. Sarah se lanza e intenta llevar la bandeja con una sola mano. ¡Bingo!

—Buenos días —dice un Ralph ya despierto y sentado delante de su ordenador sin mirar a la persona que entra.

Pero luego, cuando se vuelve, constata que esa cara no es la misma de cada mañana. Y al mismo tiempo le suena. Ah, sí, eso es. Esa chica se parece al hombre presuroso con el que coincidió en el programa de PEC. Sin embargo, no establece la relación entre el ministro y la joven que le lleva el desayuno.

—Déjelo en la mesita, por favor.

A Sarah le gustaría intercambiar algunas palabras con el estilista, al que ha reconocido, pero por el humor de éste comprende que Ralph no quiere entretenerse. Sale de la habitación ligeramente humillada. Nada en su vida, se dice, la ha preparado para transformarse en una especie de mujer de la limpieza. Sin embargo, rápidamente digiere ese brote de acritud y de orgullo mal entendido: los demás pacientes la esperan. Se encoge de hombros al tiempo que se dice que sin duda alguna se trata de algo pasajero y, de todas maneras, secundario. Ese trabajo le permite quedarse en la clínica y seguir viviendo con Lucio, dos pilares fundamentales de su equilibrio y del proceso de curación. Así que la frialdad de un estilista... Además, otros pensamientos acuden a superponerse y sustituir así la ofensa sufrida: Mathieu le ha explicado que sus dificultades con la comida perdurarán bastante tiempo, y que debe aprender a dominarlas en la vida cotidiana. Pero que, cuando hay un embarazo, los últimos síntomas desaparecen. La idea no le disgusta. A condición de que Lucio sea el padre.

Capítulo 52

En la ambulancia que la llevaba de la clínica al hospital, Delphine de Luzille ya se creía muerta. Demasiado gorda, demasiado agotada, con demasiados dolores, estaba convencida de que su corazón dejaría de latir, de que había dejado sus últimas fuerzas en la guerra con su hijo y que no volvería a recuperarlas, de que el hilo de la vida, del que había tirado durante varias décadas, se rompería chasqueando con un golpe seco, como una bofetada inesperada, como el resorte de una ratonera que se cierra sobre su presa, como la entrada de una trampa que se ha oscurecido para siempre. Demasiadas arterias atascadas, demasiada grasa paralizando sus venas, demasiada pesadez al desplazarse, demasiada tristeza que es preciso evacuar. Demasiado de todo para una vida reducida a más bien poca cosa. En realidad, a través de aquellos oscuros pensamientos, de aquellos momentos al borde del abismo, de aquella aprensión que no dejaba de acelerar su pulso y su ritmo cardíaco durante el trayecto, era en realidad el miedo el que la atenazaba: el miedo a perderlo todo de golpe, la vida y su familia, sin haberles hablado con sinceridad. El miedo a irse tan rápido, tan pronto, sin haber disfrutado realmente de ellos y de la belleza de las cosas. El miedo a haber fracasado en su propia vida.

Pero hoy, unos cuantos días más tarde, esas inquietudes, esas premoniciones infundadas, esos remordimientos aún por borrar la hacen sonreír. A pesar del dolor, de las complicaciones, de la operación, está aún ahí para inspirar el tierno perfume de la alegría de poder respirar. Un bienestar mejor que cualquier calmante y que ahora insufla un aire nuevo a sus deseos. Una serenidad recuperada.

Sin embargo, nada apuntaba a semejante resurrección psicológica. Su entrada brutal en el medio hospitalario había sido bastante traumática. En efecto, Delphine se había dado cuenta de que siempre había vivido encerrada en un contexto protector. En la habitación de su castillo primero y en la mullida estancia de la clínica después. En el hospital, sin embargo, nadie le había procurado atenciones especiales. Hasta el punto de que se había sentido como una masa de carne que había que tratar, como un número despojado de su identidad, reducido a su patología. La gente no le pareció peor que en otro sitio, simplemente el sistema no les proporcionaba el tiempo, los medios ni las ganas de interesarse por los enfermos en tanto que seres humanos. Y aún podía darse por satisfecha de haber obtenido, gracias a las buenas relaciones del doctor Sorin con su propio cirujano, una habitación individual.

Al observar su cuarto ese día tumbada, en su cama de hospital, se dice que es más bien una celda, una habitación fría y apagada bajo la luz de neón en la que todo elemento decorativo ha sido desterrado y donde flota continuamente el olor persistente y repugnante de los desinfectantes utilizados para evitar las infecciones nosocomiales tan frecuentes en los grandes establecimientos sanitarios. No hay nada humano, íntimo, tranquilizador o reconfortante en ese lugar. Tan sólo la frialdad funcional de un espacio destinado a ser práctico. Pero ¿acaso no es ése precisamente el objetivo?

Allí ni siquiera puede descansar tras la operación porque, veinte veces al día, los enfermeros, los auxiliares clínicos y las mujeres de la limpieza entran en la habitación por motivos distintos y variados. El reparto de tareas está tan parcelado que apenas dispone de una hora tranquila. De todos modos, las idas y venidas incesantes en aquellos sonoros pasillos y el sonido de los televisores a todo volumen de las habitaciones vecinas mantienen un bullicio que taladra los tímpanos y que sólo se calma entre la una y las cinco de la mañana.

Pero es sobre todo su pudor el que sale peor parado en el hospital. El orinal, el aseo y las curas proporcionan incontables ocasiones a los auxiliares para levantarle el camisón sin reparos y exponer su intimidad a sus miradas, en el mejor de los casos indiferentes, a veces burlonas y otras —nunca lo olvidará— de asco.

Antes de que la embadurnaran de antiséptico para la operación, Delphine se había atrevido, por primera vez desde hacía mucho tiempo, a tocar su cuerpo. Al contacto de sus dedos, su piel, que antaño era tan suave, le había parecido flácida y átona. La grasa, omnipresente, desbordante, asfixiante, invasora, cubría con una mortaja adiposa lo que un día había sido un cuerpo bien vivo, hecho de músculos y huesos. Sus bellos y seductores senos de antaño, transformados en ubres, le llegarían hasta el ombligo de no ser por los michelines que los retienen. Y su vientre, que formaba un grueso pliegue, como un delantal, ¡le ocultaba la parte superior del pubis! Al acabar esa inspección íntima, tan impúdica como poco habitual en ella, su aversión fue tan violenta que sintió náuseas.

Entonces, con un gesto del que nunca se habría creído capaz, se acarició los pezones. Se asombró al comprobar que su sensibilidad seguía intacta. Hacía tanto tiempo que había renunciado a las relaciones íntimas que pensaba que su cuerpo se había dormido definitivamente. Justo después de que nacieran sus hijos, exigió dormir sola con la excusa de que se levantaba varias veces cada noche para vigilar el sueño de sus pequeños y temía despertar a su marido. Louis no protestó, y después acabó tirando la toalla cuando, después de varias tentativas episódicas de acercamiento coronadas de fracaso, comprendió que una era tocaba a su fin y parecía haberse resignado a la abstinencia. Sin embargo, Delphine se había acordado ese día de introspección inesperada de que durante los primeros tiempos de su matrimonio disfrutaba haciendo el amor con su marido.

¿Por qué todo había cambiado tanto? En su opinión, fue después cuando se desinteresó por el sexo. Por muchas razones. En primer lugar, por sus convicciones religiosas, que le impedían utilizar un método anticonceptivo a pesar de que no quería tener otro hijo. Por culpa de Baptiste, un bebé nervioso y enclenque que no la había dejado dormir una sola noche entera hasta que cumplió un año, un sueño entrecortado que la volvía irritable y poco proclive al deber conyugal. Y, sobre todo, el recuerdo irritante y vergonzoso de una de las últimas veces en que habían intentado cumplir con su deber conyugal y su marido, con el entusiasmo, se había apoyado en la cama en sus embestidas, dando golpes contra la pared durante largos minutos antes de expresar su placer de manera particularmente ruidosa. Esa noche, los niños se despertaron gritando aterrorizados. Y a la mañana siguiente, durante el desayuno, su padre se quejó y preguntó si habían abatido un árbol y matado a un cerdo en el piso en el que se hallaba su habitación. Delphine, coloradísima y humillada, había hundido la cara en su bol y se había jurado a sí misma que nunca más se expondría a otro reproche tan repugnante como aquél, asqueada además al constatar que Louis se limitaba a responder a aquellos reproches con una sonrisa beata, despreocupándose de la obscenidad de una conducta cuya responsabilidad recaía en su mujer, ofendida por su propio padre. Desde ese momento, se dio cuenta cuando empezó su autoanálisis en el hospital, le había guardado rencor por no haberla apoyado, por no haber sabido comportarse como un marido galante y bien educado. Un rencor que la había llevado a vengarse en pequeñas dosis durante años y nunca había acabado de extinguirse.

Su padre, otra vez su padre, siempre su padre. «Un pesado, decididamente, esté vivo o muerto», se dice la señora De Luzille presa de una crisis de sinceridad inmediatamente seguida de un atisbo de remordimiento por haber formulado semejante pensamiento. Desde la operación —que había ido bien aunque la convalecencia iba a llevar cierto tiempo—, la figura paterna recorre una y otra vez los caminos torturados y tortuosos de su mente. ¿Cómo es posible que no haya logrado cortar el cordón? ¿Por qué piensa continuamente en él? «Es por mi culpa», admite Delphine en un momento de lucidez. Se las arregló para convertirse en su víctima sin que él se lo hubiera pedido nunca. En cuanto a su marido, no tiene ningún escrúpulo en dejarlo en último lugar, muy por detrás de su progenitor y de sus hijos y reprocharle, inconscientemente por supuesto, el hecho de que no se rebele. Las paradojas y las contradicciones han alimentado su rencor. Él ha dejado que ella decida la vida de ambos cuando, en el fondo, Delphine sólo esperaba que su marido se comportara como un hombre y le demostrara quién llevaba las riendas.

Ella esperaba que él la reprendiera, que la obligara a salir de su habitación-prisión, que la forzara a ser su mujer. Se habría sometido de buena gana, pero Louis, demasiado bien educado, demasiado respetuoso para alzar la voz, no había dado un solo paso. De nuevo, el muro de las palabras no dichas que a nadie se le había ocurrido demoler. Y como ella era demasiado cobarde para hablar de lo que la corroía desde hacía tantos años, nada había cambiado. ¡Menuda pareja, tal para cual!

«De no ser por la conversación con Pierre-Marie –piensa ella–, habría muerto convencida de que era la madre de un monstruo, la cómplice de sus crímenes, la madre indigna de dos víctimas irremediablemente traumatizadas.» En resumidas cuentas, si lo piensa bien, su vida es un desastre lamentable. Pero además no le ha bastado con arruinar su vida: también ha arrastrado a su marido. Afortunadamente sus hijos parecen arreglárselas bien; Delphine se pregunta gracias a qué milagro.

No obstante, si hay algo de lo que ahora está segura es de que no hay mal que por bien no venga. Aquella hospitalización imprevista, el hecho de haber rozado la muerte, es un signo del destino. La semana que viene, aprovechando su regreso a la clínica, tendrá que volver a cogerle gusto a la existencia, disfrutar del plazo extraordinario que se le ha concedido para por fin vivir y atreverse a decir la verdad.

Capítulo 53

El alivio de Delphine puede leerse en su rostro. Da gusto verla así. Los dolores de la hospitalización le sonsacan algunas muecas de vez en cuando, pero haber vuelto a la Clínica de París, haber recuperado sus referencias, su espacio, sus objetos favoritos, volver a ver los rostros que conoce y tener cerca al doctor Sorin la tranquiliza. Ha empezado una nueva etapa, pero tampoco hay que cambiarlo todo de golpe.

Cuando entró en la clínica, Mathieu le explicó que durante las hospitalizaciones algunos bloqueos podían deshacerse. Por supuesto, no pensaba que el resultado sería tan brutal, pero Delphine no lo lamenta: el sufrimiento físico ha aniquilado el sufrimiento psíquico, la colecistitis aguda le ha servido de expiación.

Por eso ha soportado los rigores de la hospitalización con un raro estoicismo. E incluso ha sabido sacar partido de una ventaja inesperada: la comida era tan mala que no le ha costado seguir su dieta, que ahora se ha convertido en un objetivo prioritario. Cada uno tiene sus desafíos.

Al volver a tomar posesión de su habitación, su primer gesto es sacar del cajón de la mesilla la dieta que el doctor le prescribió para cuando regresara y estudiarla, algo que no había hecho hasta entonces, pues se limitaba a tragar el contenido de las bandejas que le servían sin interesarse por su equilibrio o composición. Pero esa época se había acabado. Ahora por fin sabe por qué y por quién quiere adelgazar.

Dieta de 1.400 calorías

Desayuno:
- *Café, té, agua e infusiones sin límite, sin azúcar, con o sin edulcorante artificial.*
- *1 fruta o una compota sin azúcares añadidos.*
- *1 yogur con 0 % de materia grasa sin azúcar, con o sin edulcorante artificial, o equivalencia.*

Durante la mañana:
- *Bebidas o infusiones sin azúcar, con o sin edulcorante artificial, sin límite.*

Comida:
- *Verduras crudas sin límite + 1 sola cucharada de aceite (de nueces, avellanas, oliva, colza, combinado) o 2 cucharadas de cualquier salsa comercializada o 1 cucharada rasa de mayonesa con limón, vinagre, mostaza, chalotas, cebolla, finas hierbas...*
- *125 g de carne blanca desgrasada y a la plancha o 175 g de pescado o 125 g de pollo, pavo o pato sin piel o 200 g de crustáceos pesados una vez limpios.*
- *150 g de alimentos ricos en fécula o legumbres cocidas en agua con una porción de verdura hervida en agua o al vapor + 5 g de mantequilla o una cucharadita de aceite o una cucharada de nata líquida con 15 % de grasa como máximo.*
- *1 yogur con 0 % de materia grasa sin azúcar o 125 g de requesón con 0 % de materia grasa o 2 Petit Suisse con 0 % de materia grasa con o sin edulcorante artificial líquido o en polvo.*
- *150 g de fruta (excepto plátano y cerezas).*

Merienda:

• *Bebidas o infusiones sin azúcar, con o sin edulcorante artificial, sin límite.*

• *30 g de cereales con menos de 5 % de lípidos y un valor calórico máximo de 400 kcal por cada 100 g (véase la etiqueta) en un bol de leche desnatada o 30-40 g de pan integral con 4 cuadraditos de chocolate (aproximadamente, 20 g).*

• *En caso de hambre persistente, no dude en prepararse una tortilla como las de la clínica: 3 claras de huevo con 1 huevo entero cuajados en una sartén antiadherente. Puede salarla ligeramente o bien, si le apetece comer algo dulce, puede cubrirla con una capa de compota de manzana sin azúcares añadidos que puede espolvorear con un edulcorante en polvo.*

Cena:

• *1 sopa hecha preferentemente con verduras frescas o congeladas sin féculas, sin mucha sal, con 1 o 2 cucharaditas de nata líquida ligera o la mitad de 1 paquetito individual de mantequilla.*

• *50 g de queso o 2 lonchas (aproximadamente 120 g) de jamón de York sin grasa, o 3 lonchas de jamón de pollo o pavo, o 2 huevos, o 300 g de requesón con 20 % de materia grasa, o 500 g de requesón con 0 % de materia grasa.*

• *Verdura cocida con agua o al vapor, sin aliñar, sin límite.*

• *150 g de fruta (excepto plátano y cerezas) o 1 copa de vino.*

• *1 o 2 biscotes (limítese a uno el día que tome chocolate).*

• *Después de la cena puede tomar 1 o 2 cuadraditos de chocolate sin sobrepasar los 10 g.*

Una vez que se ha impregnado de esas prescripciones, una vez que las ha ingurgitado para comprender las reglas de funcionamiento, la lógica, los conocimientos, las técnicas y los consejos que deberá seguir escrupulosamente en su casa durante algún tiempo si realmente quiere salir vencedora del desafío que se ha impuesto —manteniéndose además en contacto con Mathieu—, Delphine coge el teléfono y llama a la enfermera.

—Buenos días. ¿Podría avisar al peluquero para que venga a primera hora de la tarde?

—Ningún problema, señora De Luzille. Ahora mismo lo llamo.

Al colgar, un aire radiante ilumina sus rasgos. Louis le ha prometido que iría a verla hacia el final de la tarde. Quiere ponerse tan guapa como le sea posible para él.

Capítulo 54

Para reflexionar sobre la cita fijada con Émilie y su madre, Mathieu adopta su postura mediática favorita: los pies encima del escritorio. Allí, dentro de un rato, se jugará una partida importante. El estado de la joven muestra signos de mejora alentadores, pero la cuestión es saber si es el mejor momento para que ese encuentro se lleve a cabo.

Si la entrevista se desarrolla tal y como espera, Émilie podría curarse rápidamente. Si no, puede volver a sus síntomas, y de manera crónica, en cuanto salga del establecimiento. Estadísticamente, Mathieu calcula que tiene pocas posibilidades de alcanzar el resultado deseado, puesto que nunca se obtiene un ciento por ciento de curación. Sin embargo, su intuición le dice que tiene bastantes posibilidades. Y ¿qué sería un médico sin su intuición?

A menos que la mala suerte o el destino se interpongan.

Capítulo 55

Exasperada y ansiosa, irritada e irritable, sin lograr concentrarse en otra cosa cuando en realidad le encantaría poder mostrarse indiferente, Émilie no aguanta más. Ha llegado el gran día, el día temido. El que le ha aconsejado –o más bien impuesto, en el fondo no puede evitar pensarlo– Mathieu. El gran reencuentro. El gran perdón. Una reconciliación digna de Yalta. En resumen, la cita con su madre.

Al no saber cómo matar el tiempo de espera para que se le haga menos pesado, Émilie llama a la puerta de Ralph. Se ha convertido en su confidente, en su educador, su profesor, su mentor casi; le gustaría pasar un momento en su compañía antes de ese encuentro que tanto la angustia. Sin duda alguna, él sabría cómo relajarla y distraerla con palabras tranquilizadoras, con el relato de un desfile o la evocación de una presentación en el extranjero. Pero nadie responde, Ralph debe de estar en el centro ocupándose de sus asuntos. Sin embargo, su decepción la intriga: ¿por qué se ha vuelto tan importante para ella?

De hecho, sus largas conversaciones y su estancia en la clínica le permiten empezar a comprender ciertas cosas.

En primer lugar, a propósito de su enfermedad. La bulimia y los vómitos constituyen dos procesos inversos. No se sabe cuál de los dos desencadena el otro, pero, una vez que se han establecido, de alguna manera se equilibran. Por eso conviene tratarlos al mismo tiempo.

Además, sus conversaciones con el estilista y con Mathieu la ayudan a ver de otra manera los acontecimientos de las últimas semanas y a darles un sentido inesperado. Los dos hombres, que tienen la edad de su padre, le dan, cada uno con sus palabras y su razonamiento, el mismo consejo: que no abandone sus estudios. De manera bastante sutil, Ralph le ha dicho que, si se empeña en trabajar en el mundo de la noche —un mundo que él mismo conoce bien—, está convencido de que se cansará rápidamente de la gente que frecuenta las discotecas de moda para aparentar, emborracharse, ligar y drogarse. Una opinión con la que Émilie está de acuerdo porque reconoce que el nivel intelectual en dichos lugares es inversamente proporcional al volumen de decibelios.

Tan sólo quedan cinco minutos antes del gran encuentro. La presión ha llegado a su máximo. Su angustia también. Estrés, pánico, los sinónimos no logran ocultar la verdad: ese reencuentro le da miedo. ¿Su querida madre intentará no juzgarla y condenarla ni decirle que tiene razón como hace siempre? Y la historia de su amante, ¿es mejor hablar de ella o no? Seguro que la aterrorizará una vez más con sus ojos de hielo, aunque Émilie no ignora que tras esa banquisa se esconde a veces un atisbo de cariño. Pero sin palabras, y sobre todo sin gestos, ¿cómo sentir y estar segura de ese amor que ella dice tenerle?

Émilie simplemente podría no ir a la planta baja, saltarse la entrevista. Esa puerta de salida incluso le parece ideal durante unos segundos, antes de abandonarla con un revés de pensamiento. Imposible huir: sería admitir su derrota y decepcionar a Mathieu. Y ella no quiere que eso ocurra. El hombre que la acogió cuando estaba perdida y que la ayuda a levantar cabeza merece ser tratado con respeto.

Si Ralph estuviera allí, ¿qué le recomendaría?

«Concéntrate en tu respiración, piensa en inspirar y expirar a intervalos regulares, así controlarás mejor tus emociones —recuerda ella—. Evita responder de manera impulsiva como yo he hecho durante años. Cuando alguien te dice algo que te molesta o te hace daño, intenta comprender por qué reaccionas así y reflexiona antes de hablar», le había sugerido un día cuando ella le contó que en algunos exámenes orales su falta de confianza en sí misma casi la había hecho fracasar.

Es la hora. Instintivamente se pasa una mano por el cabello para despeinárselo, como si quisiera provocar a su madre, y baja al despacho de Mathieu saltando los escalones de dos en dos.

Capítulo 56

Le gusta su nuevo rostro. Digno de un renacimiento. ¿Durará mucho tiempo? En cualquier caso, el espejo ha dejado de asustarla. Eso ya es una victoria.

Delphine de Luzille ha seguido maquillándose durante todos esos años, más por miedo a mostrarse tal y como es que con la esperanza de resultar seductora. Ha vivido recluida en su habitación del castillo como una Bella Durmiente que, prisionera de sus pliegues, hubiera renunciado a esperar al príncipe azul. Hoy, todo ese tiempo perdido le da vértigo. ¿Cuántos años le quedan? No, ésa no es la pregunta que debe hacerse: lo importante no es el número de años, sino la manera de vivirlos.

Por un momento, mientras esperaba en el servicio de reanimación después de la operación, pensó en proponerle el divorcio a Louis para así liberarse de ese hombre que, al margen de sus desaires, era un idiota. Pero cuando se acordó de cómo ella lo había hecho sufrir, se sonrojó avergonzada. Finalmente, la idea de vivir sin su marido le pareció tan incongruente como absurda. Entonces se preguntó si alguna vez lo había querido. Y, sobre todo, si seguía queriéndolo. Para su sorpresa, un torrente de emociones, surgidas de un lejano pasado, se adueñaron de ella repentinamente. Todo lo que había ocultado, almacenado, disimulado, engullido, todo aquello de cuanto se había privado porque se sentía culpable había resurgido, no ya intacto, sino avivado por la inhibición.

Pero ¿y él? ¿La seguirá queriendo cuando se entere de todo? Porque va a tener que contárselo. Una conversación que teme, aunque ha comprendido que debe dejar de refugiarse en el silencio.

Capítulo 57

El despacho de Mathieu está cerrado. Va a tener que llamar a la puerta. Lo que se temía. Émilie espera un momento delante hasta que percibe la voz de su madre ahogada por la puerta. ¡Si tan sólo lograra manifestar la indiferencia que pretende mostrar!

«Al fin y al cabo, aquí estoy en mi casa, en mi territorio», se autoconvence. Entonces, la solución acaba imponiéndose en su mente. No va a darle a su madre el gusto de que la vea en una posición débil, o a la defensiva: entrará allí con la cabeza bien alta porque está en su propio terreno. ¿La mejor manera de conseguirlo? No llamará a la puerta, sino que entrará apoyando su mano con fuerza sobre el pomo para que su entrada sea lo más ruidosa posible.

Mathieu está sentado frente a Carole cuando Émilie entra. Ambos dejan de hablar cuando la ven. Ella se agacha para darle un beso a su madre, impulsada por una rutina que, de entrada, le repugna.

El médico le indica que se siente, consciente del estado de aprensión glacial de su paciente, pero también de la buena voluntad de la visitante. Por lo demás, Émilie constata que los rasgos de la señora jueza han perdido parte de su dureza. Incluso parece que acaba de llorar.

—Émilie, sé que no soportas que te considere como a una niña, pero he tenido una larga conversación con tu madre —se lanza Mathieu, animado con la intención de romper ese pesado silencio–. Déjame hacer un resumen de la situación.

La joven muestra su aprobación asintiendo.

–Podemos decir que vives en una situación de malestar desde hace varios meses. Le he explicado a tu madre, al igual que te expliqué antes a ti, que yo interpreto tus vómitos y tu bulimia no como el indicio de una enfermedad, sino como el resultado de una situación psicológica particular que tú intentas resolver mediante ese tipo de respuesta. En definitiva, no quieres hacerte daño a ti misma, sino más bien protegerte. Y mientras no tratemos ese problema desde la raíz, es decir, buscando y resolviendo esas causas psicológicas, de nada servirá que te obligues a no comer o que dejes de vomitar. En primer lugar es necesario, pues, disipar los malentendidos que minan la relación existente entre tu madre, tu padre y tú. Si le parece bien, señora Weber, me gustaría que le repitiera a su hija lo que acaba de decirme.

Carole intenta cogerle la mano a su hija, que la retira con un gesto casi infantil. La sesión no se inicia bajo los mejores auspicios. Va a tener que hacer uso de su elocuencia. Ese día, la magistrada debe transformarse en abogado defensor y llevar a cabo su más sincero y contundente alegato.

–Émilie, el doctor Sorin me ha hablado de esa conversación que por desgracia escuchaste. No voy a mentir más. Es cierto que estaba hablando con un hombre que no era tu padre. Por tanto, es cierto que ha habido otra persona en mi vida. También es cierto que, durante cierto tiempo, he mantenido con ese hombre una relación amorosa muy intensa. No quiero ocultártelo, pero eso no significa que quiera decírselo a tu padre.

La expresión de Émilie se endurece.

–En treinta años de vida en común sólo he engañado a Marc una vez. Y tú lo has descubierto. Pero hoy esa historia ya se acabó.

Mathieu interrumpe a la señora Weber:

–Émilie, estas palabras no son una confesión por parte de tu madre, sino el preámbulo necesario a una actitud comprensiva por tu parte. Le he pedido que se guarde el resto de su vida privada para ella, al igual que te lo pido a ti.

Carole prosigue:

—Sí, me enamoré de otro hombre y no me avergüenzo de ello. Puedes juzgarme por eso, estás en tu derecho. Si crees que debes decírselo a tu padre, que no sospecha nada, una vez más, estás en tu derecho. Simplemente pregúntate por qué lo haces: ¿es para no mentirle o para vengarte de mí? Puedes ensañarte conmigo si quieres pero, por favor, no lo hagas sufrir a él. Y no te castigues a ti misma. Es culpa mía que te hayas enterado de lo que nunca deberías haber sabido, he sido imprudente. A decir verdad, es lo único de lo que me arrepiento.

—¿Vas a dejar a papá?

—No, ¿por qué? Nunca he dejado de quererlo aunque me haya enamorado de otro hombre. Es una situación que tal vez puedas comprender cuando tú misma lleves casada veinte años con alguien. Además, el hecho de que te hayas ido de casa nos ha unido. Porque los dos te echamos mucho de menos y nos preocupamos por ti.

—Finalmente te conviene que no esté en casa, ¿eh? —no puede evitar espetarle Émilie.

Mathieu la mira con mala cara e interviene:

—Eso no es para nada lo que tu madre acaba de decir, así que no tengas tanta mala fe.

Sorprendida por la reprimenda del médico, ofendida por haber cometido semejante torpeza, la joven se encierra en un silencio enfurruñado con los ojos fijos en la punta de sus zapatillas de deporte.

Carole Weber se dirige entonces a ella mirándola fijamente a los ojos:

—Te he hablado con franqueza. Ahora eres tú la que debe decirme qué debo hacer para ayudarte. Quiero que sepas que la puerta de casa siempre estará abierta para ti, y que te queremos. Pero ya eres adulta, la decisión es tuya.

Al contrario de lo que cabría esperar, esa última frase es la que más la agobia. Eso es lo que quería demostrar cuando abandonó el domicilio familiar pero, justamente cuando creía que estaba preparada para volar con sus propias alas, la realidad lo desmiente y la golpea en plena cara como un boomerang. En ese momento le gustaría volver a ser una niña para poder refugiarse en los brazos de su mamá y dejar que ésta consolara la inmensa pena que pesa sobre ella. Pero es demasiado orgullosa como para esbozar el más mínimo gesto de reconciliación o, simplemente, pronunciar alguna palabra que calme los ánimos.

Desde el fondo de su sillón, Mathieu la observa atentamente y adivina la emoción que la joven intenta enmascarar. Ha llegado la hora de acudir al rescate.

—Señora Weber, creo que Émilie necesita tiempo para reflexionar sobre esta conversación antes de darle una respuesta. Por eso le propongo que vuelva la semana que viene a la misma hora, si le parece bien.

—Por supuesto, doctor.

Carole se levanta y se acerca al sillón en el que está sentada su hija.

—Cariño, me gustaría darte un beso.

Émilie se yergue, más rígida que la estatua de la justicia. Su madre la abraza y rompe en sollozos.

—Perdona, no quería hacerte daño, te quiero mucho, ya lo sabes.

La joven se abandona al abrazo materno y, a su vez, derrama algunas lágrimas. Mathieu vuelve la cabeza púdicamente durante este reencuentro después de pasarles una caja de Kleenex a las dos mujeres. Instantes después, los sollozos se espacian y el ruido de los pañuelos al ser arrancados de la caja le informa de que el episodio lacrimógeno toca a su fin. Mathieu comprende que una manga de la reconciliación acaba de ser ganada.

—Hasta pronto, mamá.

—Hasta pronto, hija.

Mathieu abre entonces la puerta del despacho.

—La acompaño hasta la salida, señora —le dice a Carole—. Émilie, espérame aquí.

La joven se enjuga los ojos y vuelve a sentarse en estado de *shock*, emocionada, perturbada, no acaba de creerse lo que ha visto (la desesperación de su madre, sus lágrimas) ni lo que ha oído (su franqueza, el relato sin arrepentimiento ni remordimientos de una vivencia absolutamente privada). La última vez que vio llorar a Carole, ¿no fue hace unos diez años, cuando murió su abuela?

Al volver al despacho, Mathieu cierra la puerta y le pregunta:

—¿Cómo te encuentras?

—Aún no lo sé, pero, en cualquier caso, mejor que antes.

—¿Estabas angustiada cuando has entrado?

—Sí. Aunque ahora lo estoy mucho menos.

Él sonríe con aire satisfecho:

—¡Perfecto! Es un buen resultado para un primer encuentro. ¿No crees que tal vez te vendría bien desahogarte en el gimnasio?

—No se me había ocurrido, pero es una buena idea. Subo a mi habitación a coger mi iPod y voy para allá.

Mathieu Sorin se echa hacia atrás en su sillón. En su despacho, ahora en calma, se alegra de haberse jugado el todo por el todo. Por un instante había temido que la situación no llegara a desbloquearse. Por muy paradójico que pueda parecer, en primer lugar la señora Weber ha tenido que hablarle a su hija de mujer a mujer para que después ésta haya podido devolverle su papel de madre. Solamente cuando al final la ha oído llamarla «mamá» se ha dicho que la victoria está cerca. Por supuesto, el proceso llevará tiempo, pero al menos está en marcha. Si el psiquiatra de la clínica hubiera visto la manera en que había comenzado la partida media hora antes, le habría dicho que había actuado como un elefante en una cacharrería, ¡pero a él eso le da igual! ¡Él al menos logra curar a sus pacientes sin imponerles años de tratamiento terapéutico!

Capítulo 58

Al oír que llaman a la puerta, su corazón se embala, tiembla, da saltitos, palpita a toda velocidad. Ha llegado la hora. La hora de arriesgarse, de plantar cara, de confiarse a su marido. Se acerca hasta la puerta dando pasitos, con su gruesa carcasa a cuestas, como el peso exacerbado de sus sufrimientos y arrepentimientos, molesta también por la cicatriz de la operación que le tira todavía. Abre y, por primera vez en mucho tiempo, una sonrisa sincera se inscribe en su rostro. Atisba un brillo de sorpresa en los ojos de su marido. Él la observa encantado:

—¡Estás absolutamente estupenda, Delphine! —balbucea emocionado al ver sus esfuerzos de vestimenta, peinado y maquillaje.

—Gracias, he intentado ponerme guapa para ti —le dice con un atrevimiento del que nunca se habría creído capaz.

Mientras él cierra la puerta tras de sí y le da la espalda, ella aprovecha para volver a pasitos pequeños hasta su sillón con marcada coquetería.

—Parece que te encuentras mejor —advierte Louis acercándose al sillón dispuesto frente al suyo.

—Aparte de la cicatriz, que me tira un poco, hacía mucho tiempo que no me sentía tan en forma. Probablemente también sea porque peso menos desde que me han quitado la vesícula —sonríe ella divertida por su propia broma, un indicio de buen humor que demuestra su arranque psicológico.

—¿Te encuentras bien en la clínica?

—Todo el mundo aquí ha sido adorable conmigo. Me miman, me cuidan, me siento acompañada, agasajada. Pero debo reconocer que te echo mucho de menos..., esposo mío.

¡Louis no da crédito a sus oídos! Hacía casi veinte años que su mujer no le hablaba con tanta ternura. Es verdad que había constatado algunos cambios en su humor, su atención, su vocabulario al referirse a él durante las visitas al hospital, pero nada que resultara tan espectacular. Esas palabras afectuosas, su indumentaria cuidadosamente escogida, el hecho de llevar prendido en la solapa de su blusa el broche que le regaló cuando se prometieron, la manera en que se ha preparado para recibirlo, todo parece traducir un estado mental diferente. Por prudencia, aún no se atreve a alegrarse totalmente, sobre todo mientras no conozca el motivo que ha suscitado esa metamorfosis radical. Sin embargo, una respuesta amable se impone.

—Yo también te echo de menos..., cariño.

Su mujer acerca el sillón y le coge la mano. Su expresión se vuelve grave.

—Has sido mucho más generoso de lo que deberías.

—¿A qué te refieres? —pregunta Louis, perturbado, levantando una ceja.

—A lo que pasó la víspera de la muerte de mi padre.

Él se encoge levemente de hombros.

—Ah, sí. Pierre-Marie me habló de vuestra conversación antes de la operación. Era lo mínimo que podía hacer.

—No, realmente fue la prueba de que tienes una alma muy bella. Y yo lamento haberte obligado a vivir en aquella casa y... no haber sido la esposa que merecías.

—Pues yo, para que lo sepas, nunca he lamentado haberme casado contigo. Yo... —balbucea él—, siempre te he querido. Seguramente más de lo que tú me has querido a mí.

Delphine le acaricia la mejilla cariñosamente:

—No digas eso, mi amor, yo te quiero mucho más de lo que crees, más de lo que yo misma creía. Y ya era hora de que te lo dijera, de que te lo confiara.

Louis siente que los ojos se le llenan de lágrimas. Delphine suelta su mano y baja la cabeza.

—Me avergüenzo de aquello en lo que me he convertido. Soy... soy monstruosa, no encuentro otro adjetivo.

Él, mirándola con una ternura infinita, baja la voz y le susurra despacito, muy bajito, como en una confesión de adolescente que nunca se habría imaginado tener que reiterar en ese lugar inesperado:

—Yo sólo sé que sigues teniendo esos maravillosos ojos azul porcelana, esa seductora sonrisa que me fascina, y esa presencia que tanto me calma y me tranquiliza y de la que nunca podría privarme.

—Eres muy bueno, pero sé perfectamente qué aspecto tengo. Louis, cuando viste que empezaba a hundirme en esta locura alimentaria, ¿por qué no interviniste?

—Porque siempre me pregunté si la culpa no era mía. Me sentía culpable por haber aceptado vivir en aquella casa. Porque, aunque teníamos medios suficientes como para vivir en otro lado, yo sabía que te habías asignado la misión de cuidar de tu padre y que para ti era impensable no cumplir con ese deber.

Delphine sonríe:

—¿Cómo has podido soportar la manera en que te he tratado? ¿Mi encerramiento, mis silencios, mi frialdad?

—Pensé que los merecía. Que debía esperar tu perdón. Oh, ya lo sé, puede parecer una tontería, pero te quería tanto que temía molestarte. ¡Sin embargo, algunas noches no me faltaron ganas de querer echar la puerta de tu habitación abajo, puedes creerme!

—Pero, entonces, la noche en que decidí dormir sola ¿por qué no intentaste disuadirme?

—¡Debería haberlo hecho! Perdóname también a mí por no haber sido el marido que necesitabas.

—¡Ojalá hubieras hablado antes!

Los dos esposos se cogen de la mano y se miran intensamente durante largos minutos, como si se redescubrieran. Se hace un silencio. No como los que antaño solían pesar sobre ellos, aquellos mutismos obstinados envueltos en reproches no formulados, sino un silencio arrullado por un nuevo perfume, más ligero. El de un corsé que cede, un caparazón que se agrieta, una liberación. Luego Louis murmura:

—No volveremos a dormir separados, ¿verdad?

—No, nunca más, mi amor.

Louis coge el rostro de Delphine entre sus manos y la besa en los labios. Un beso largo de enamorado, de amante. Delphine, su esposa, por primera vez desde hace años, libra su boca sin reservas a la lengua que la explora. Cuando, lentamente, tarda unos cuantos segundos en volver a abrir los ojos para seguir disfrutando el placer de aquella felicidad olvidada, y cuando Louis le acaricia el interior de la muñeca, todo su vasto cuerpo tiembla. A los dos les arden las mejillas, como si fueran dos adolescentes presos de sus primeras emociones.

Delphine y Louis pasan el resto de la visita paseándose por el jardín de la clínica, hablando, hablando y hablando, cogidos de la mano. Llega el momento de la separación. Después de un último beso, Louis se aleja. Su esposa vuelve a cerrar la puerta de su habitación y se dirige a su sillón. Por primera vez en su vida, se siente ligera como una pluma...

Capítulo 59

Émilie, con los auriculares en las orejas y expresión concentrada, corre frenéticamente sobre la cinta andadora. Con el rostro empapado en sudor y los ojos llorosos, expulsa su tensión nerviosa. ¡La combinación de una actividad física y de una música a un volumen ensordecedor la ayuda a filtrar sus pensamientos tumultuosos! Unos pensamientos nacidos a raíz del reencuentro. En un primer momento, la confesión de su madre la enfureció. Luego había dejado que la conmoviera. ¿La había conmovido o bien la había engañado? No, está siendo injusta. No debe de haber sido fácil para ella reconocer esa aventura extraconyugal delante de su propia hija. Esa confesión demuestra que ella oyó bien pero, al mismo tiempo, la perturba. Porque le cuesta imaginarse a su madre como una amante apasionada. Y como mujer sensual también. Sólo conoce a la esposa como Dios manda y a la madre estricta. Entonces, ¿quién es ella realmente?

Con la distancia, la joven debe reconocer que se ha metido donde no la llamaban. La ocasión de invertir los roles, de juzgar a la señora jueza, era demasiado buena pero, en definitiva, ella no ha hecho más que imitarla. Se ha limitado a condenarla sin escucharla ni concederle la más mínima circunstancia atenuante. Cuando su madre se echó a llorar, en un primer momento sintió que había salido victoriosa. Pero la sensación duró poco. La culpabilidad vino inmediatamente después. ¿Por qué debe hacer que todo el mundo sufra: su madre, su padre y ella misma? ¿Acaso no les ha hecho suficientemente daño ya? ¿No va siendo hora de que pare?

Octava parte

Capítulo 60

El parquecito, rodeado de altos muros que ocultan a los pacientes de las miradas de los observadores demasiado curiosos, se viste de nuevos colores. Varias semanas han pasado desde que unos y otros llegaron. Las avenidas de grava han sido cuidadosamente rastrilladas, las escasas hayas, minuciosamente podadas. Atención y rectitud, cuidados y preservación de la vegetación que el propio Mathieu sigue de cerca, ya que procura que ese espacio propicio a la reflexión sobre uno mismo y a la apertura al mundo transmita a sus pacientes la idea de que necesitan poner orden en sus vidas. Al deambular por un lugar agradable, en el que las yemas de las plantas y flores empiezan a abrirse dejando que emerjan los tiernos brotes, en el que los primeros jacintos y los crocos alegran el césped y, cuando empieza a caer el día, flota un atisbo de frescor primaveral, los pacientes deben comprender, instintivamente, que otra estación se abre a ellos, que una nueva vida emerge. Y que de ellos depende su propia transformación.

De hecho, a pesar de los momentos de duda, de las ralentizaciones en la pérdida de peso, de los momentos en que el miedo a no lograrlo los invade, la mayor parte de ellos se encuentran mejor. Delphine ha empezado su reconquista conyugal y la lucha por el adelgazamiento con una energía constante; en cada visita médica, Ralph comprueba con placer no disimulado que la aguja de la balanza no deja de bajar, Sarah vuelve a disfrutar de los demás y de la comida dedicándose por entero a sus nuevas funciones, y Émilie, por su parte, ha logrado romper la espiral que la debilitaba. Incluso la señora Bensimon ha dejado de ir a escondidas a la panadería de la esquina para hincharse de lionesas, *chouquettes* y cremosos pastelitos de moca. Lo cierto es que las cenas semanales organizadas por los pacientes ocupan su mente incitándolos a consultar sus libros de cocina y sus cuadernos con sus recetas favoritas para encontrar el plato especial del cual modificarán los ingredientes para preparar una comida más dietética. Asimismo, todos aprenden, a pesar de sus caracteres a veces difíciles, a vivir juntos y a ayudarse mutuamente.

De hecho, esa misma tarde, Sarah entra en la habitación de Émilie.

—¿Te importa que me cambie aquí? ¿O incluso que me dé una ducha?

—¡Para nada, todo lo que quieras! ¿Qué pasa?, ¿es una noche especial?

—¿Qué quieres decir?

—Bueno, por lo que me ha dicho Liliane, tu novio te invita a cenar en un gran restaurante en el que va a dejarse la mitad del sueldo.

—Nuestra querida señora Bensimon, tan charlatana como siempre —no puede dejar de decir Sarah riéndose—. ¡Pero con lo poco que como tampoco hace falta exagerar! Es la ventaja de las antiguas anoréxicas: no resultamos muy caras cuando salimos con nuestros novios.

Émilie se echa a reír a su vez y luego mira a su amiga dándoselas de enterada:

—En mi opinión, va a anunciarte algo importante.

—No, ¿tú crees que...?

—Que te va a pedir que te cases con él. Pondría la mano en el fuego.

Sarah la mira, incrédula.

—¡Estás delirando! Le diré a Mathieu que te reduzca la dosis de pastillas.

Émilie coge la almohada puesta encima de la cama y se la lanza a la cara:

—¡Qué suerte tienes! A mí eso no me pasará.

—Pero qué dices, eres cuatro veces más guapa que yo, puedes ligarte a todos los tíos que quieras.

Émilie le responde con un gesto bastante cómico.

—Ése es precisamente el problema, ya me los he ligado a todos...

—Tal vez deberías salir de aquí para buscarte un novio, ¿no crees? —le recomienda Sarah, más seria de repente.

—Tienes razón, pensaré en ello.

—¿Por qué no vuelves a la universidad en vez de pasarte los días con Ralph?

Émilie se encoge de hombros y sacude la cabeza alzando los ojos al cielo.

—¡Pues porque es apasionante hablar con él, y porque aprendo un montón de cosas! Me divierto con sólo verlo dibujar. Me explica detalladamente cómo equilibra cada una de sus siluetas, por qué añade un plisado en un determinado lugar. ¡Es todo un arte! Las escuelas de estilismo están llenas de gente que matarían por estar en mi lugar.

—¿Vas a abandonar la cirugía dental para lanzarte al mundo de la moda?

—Yo no he dicho eso, simplemente tengo la oportunidad de frecuentar a un gran señor, y la estoy aprovechando. A cambio, yo le echo una mano escaneando sus dibujos y pasando a ordenador sus anotaciones manuscritas porque la informática no es lo suyo. Después enviamos los modelos a los talleres que van a fabricarlos. ¡Estoy deseando descubrir el resultado final!

Sarah abre unos ojos como platos:

—Pero ¿entonces no se ha jubilado? —exclama atónita por las informaciones que Émilie le revela al hilo de la conversación.

—¿Me juras que no se lo dirás a nadie? —le dice ésta, preocupada por haber metido la pata.

—Sí, ¿a qué te refieres?

—Ralph va a lanzar una nueva marca con su nombre, menos cara, que abarcará de las tallas más pequeñas hasta las grandes, para todas las mujeres, empezando por ti y terminando por la señora De Luzille.

—¡Genial! Estoy harta de comprarme la ropa en la sección de niños.

Émilie adopta de pronto una expresión pensativa:

—¿Crees que volveremos a vernos cuando haya salido de la clínica?

—¿Por qué? ¿Te vas a ir pronto?

—Sí, en cuanto haya decidido qué voy a hacer definitivamente.

—¿Piensas volver a casa de tus padres?

—No, si volviera al punto de partida consideraría que he fracasado. Mi padre me ha propuesto una idea que no me parece mal: me paga un estudio cerca de casa, puedo ir a comer con ellos y llevarles la ropa sucia cuando quiera a condición de que retome mis estudios, cualesquiera que sean, no necesariamente de cirugía dental. Yo soy la que decido.

—Y ¿a ti qué te parece?

—Creo que aceptaré. Tengo miedo de caer enferma otra vez y volver a hacer tonterías. ¿Y tú? ¿Crees que seguirás trabajando aquí?

Sarah separa las manos en un gesto de indecisión.

—De momento no consigo imaginarme en otro sitio. Mathieu quiere que consolide los progresos que he obtenido antes de lanzarme a hacer cualquier otra cosa. Cuando me sienta más segura de mí misma (ahora te voy a sorprender), me gustaría cursar estudios de dietética y cocina. Después ya veré. Lo que me interesaría de verdad sería crear una cadena de restaurantes dietéticos de comida rápida. ¡Me parece que hay tantas cosas por hacer para que la gente se alimente mejor!

—¡Santa Sarah de las Calorías, ruega por nosotros! —se desternilla Émilie.

—Cállate, anda, Miss Bulimia. ¡Ya basta de hablar, o llegaré tarde! Préstame tu cuarto de baño.

—¡Mientras me lo devuelvas!

Capítulo 61

Delphine de Luzille sale de la habitación de Ralph Farrell en un estado febril y de excitación avanzado. El estilista acaba de proponerle que se convierta en una de las modelos de su próxima colección, ni más ni menos. A punto a estado de desmayarse de sobrecogimiento al oír su petición, al creerse aún demasiado obesa a pesar de la mejora de su estado y sus progresos, simplemente por el hecho de haber atraído su atención con un objetivo que no tenía que ver ni con el rechazo ni con la lástima. Pero como él mismo ha tenido algunas malas experiencias en ese sentido, la ha tranquilizado: sus formas, su volumen, no ocultan la belleza interior que desde hace poco irradia su mirada. ¡No obstante, si hay algo que nunca habría imaginado que le ocurriría era verse desfilando como una *top model*! Después de haberla tranquilizado hablándole de sus verdaderas motivaciones, Farrell le había explicado que, según él, todas las mujeres, sea cual sea su peso, tienen derecho a vestirse bien y sentirse seductoras. Y que él la había escogido deliberadamente, precisamente por su rostro encantador y la distinción intangible que emanaba de ella. Delphine se había sonrojado de orgullo y había aceptado inmediatamente. ¡Ojalá Louis estuviera de acuerdo!

Capítulo 62

La entrevista ha ido de maravilla. Y Ralph debe reconocer que la reacción de Delphine de Luzille lo ha conmovido. Es evidente que nunca antes ha procurado tanta alegría, infundido tanta esperanza y confianza en sí misma a una mujer con una simple proposición. En realidad, su estancia en la clínica le ha permitido descubrir a la población que no suele frecuentar las tiendas de la calle Montaigne, a los marginados de la moda excluidos por no ceñirse a la norma, a los olvidados de las tendencias y la elegancia, a las almas sensibles desgarradas al sentirse abandonadas, rechazadas, desterradas. Las modelos que pesan dos kilos y triunfan en todas las pasarelas ya no le interesan tanto. Un cambio en positivo se ha producido a sus ojos: a partir de ahora todas las mujeres deben sentir que la moda se interesa en ellas. Así que va a dedicarles una colección creada especialmente para ellas, con cortes estudiados, tejidos cómodos, colores favorecedores. Gracias a ese enfoque innovador, él mismo ha encontrado una gran causa al servicio de la que poner su talento, un desafío original y saludable destinado a dar un sentido a una profesión a menudo considerada superficial. Lo más divertido es que Édouard Bertolin ha apoyado inmediatamente su proyecto al haber calculado de entrada el grueso mercado —sin juego de palabras— que se abría ante ellos una vez que los modelos de alta costura se pasaran al *prêt-à-porter*. Y más particularmente aún en Estados Unidos, donde la obesidad hace estragos de manera endémica, y en los países considerados como desarrollados, en los que se extiende en proporciones alarmantes. Pero aún tiene que concebir y montar su equipo.

Ralph piensa invitar a un máximo número de pacientes de la clínica para que participen en esa aventura. Cada uno será escogido por sus cualidades, sus deseos o sus aptitudes.

Por ejemplo, ¿qué podría encontrarle a la señora Bensimon, siempre tan amable? ¿Modelo? Imposible, es demasiado baja y no tiene la presencia necesaria. Por el contrario, en vista de su arte para ocuparse de todo, su sentido de la organización y su talante de «maestra de todo» capaz, además de dirigir bien, sin duda alguna podría encargarse de gestionar la agenda de envíos y las entregas de las subcontratas. Al estilista no le cabe la menor duda de que aceptará. De hecho, irá a verla de inmediato.

En cuanto a la joven Sarah, que se encarga de servirle las comidas, tiene la constitución ideal para ajustar los modelos de su línea de tallas pequeñas, destinada a las mujeres muy delgadas y al mercado asiático. Si la necesita, le pedirá a Mathieu que le adapte el horario.

El estilista, con fuerzas renovadas, completamente entregado a su proyecto, ha olvidado sus dudas. Desfile de moda, gama *prêt-à-porter*, líneas variadas y adaptadas a las diferentes morfologías, se encargará de todo y presentará los modelos estrella en un show espectacular que romperá con las costumbres y los moldes. Siente que una energía invencible, rejuvenecedora y más entusiasta que nunca se ha adueñado de él. ¡Va a demostrarles a todas las malas lenguas que quisieron quemarlo en la hoguera que él sigue siendo el rey de la moda! Ya sabe qué título dará a su desfile multitallas. Es de lo más simbólico: «Renacimiento.» El renacimiento de su casa de moda, únicamente suya, y el de las personas que lo rodean.

Mientras prosigue con su introspección, debe admitir una vez más que trabaja mejor en el ambiente tranquilo de la clínica, en el que reina una vida ordenada, que entre la agitación de su despacho y las cenas y salidas prácticamente todas las noches como solía hacer antes. Se dispersa menos: el ejercicio físico y la dieta le han permitido recuperar una vivacidad de la que no disponía desde hacía mucho tiempo. Sin embargo, está claro que no se plantea la posibilidad de quedarse para siempre en la clínica o adoptar definitivamente un modo de vida ascético. La estancia en el establecimiento ha llegado en el momento adecuado para ayudarlo a atravesar un cabo difícil y centrarse de nuevo. Para cambiar los malos hábitos por los buenos, para salir de un ambiente superficial y vivir encuentros interesantes. Ha establecido una relación intensa con Émilie, una relación en la que siente que asume un papel casi paternal. Pasan mucho tiempo juntos, hacen ejercicio juntos, comen en la misma mesa todos los días, tejiendo una complicidad positiva y constructiva. Como Yves Saint Laurent y Betty Catroux, como otros tantos colegas con su musa, ahora piensa con alguien, crea con alguien, sueña con alguien.

Y, lo que es mejor, en tanto que mentor y consejero privado, ha convencido a la joven para que restablezca unas relaciones normales con sus padres. Asimismo intenta motivarla para que retome sus estudios, asegurándole que se convertirá en su primer paciente y le mandará a todos los contactos de su agenda parisina para que hagan otro tanto. Sobre todo le ha hecho prometer que seguirán en contacto a menudo, puesto que ya no concibe su vida ni su porvenir sin ella.

Tras su apariencia de hombre mayor y su estatus de estrella de las pasarelas, ¿no se habrá encaprichado por primera vez de una mujer que, además, es treinta años más joven que él? No se lo puede creer. Pero quién sabe...

Capítulo 63

La excitación y el frenesí se adueñan rápidamente de la Clínica de París. Se adivina por el soplo de vida, la atmósfera más animada que recorre los pasillos, las conversaciones que se intercambian, los cuchicheos y las sonrisas más amplias que alegran numerosos rostros a pesar de que muchos sufrimientos siguen siendo patológicos. Pero el proyecto de Ralph aviva todos los deseos, cada uno se apasiona, sueña con participar y aportar su granito de arena a ese desfile distinto de los demás. Una brisa nueva y esperanzadora anima tanto a los enfermos como al personal.

De hecho, el día después de la conversación con Ralph, Émilie vuelve a visitar al estilista llevando a Sarah de la mano.

—Hola, me gustaría presentarte a una amiga —clama mientras entra en la habitación.

Ralph sonríe amablemente a la recién llegada.

—Pero si ya nos conocemos: esta chica tan encantadora me sirve la comida todos los días.

—Sí, pero no sabes exactamente quién es. Ralph Farrell, le presento a Sarah Fillot, la hija del ministro de Sanidad.

El estilista abre los ojos, atónito.

—¡Increíble! Pero, entonces, ¿está usted viva?

Sarah palidece de golpe. Ralph intenta arreglar su metedura de pata como puede. La confusión hace que se sonroje y se líe aún más al intentar explicarse.

—Perdone, pero es que... estaba junto a su padre en un plató de televisión cuando recibió un mensaje anunciándole su muerte. De ahí mi sorpresa, compréndame, que no excusa en absoluto mi falta de tacto, lo reconozco. En cualquier caso, me alegro muchísimo de verla tan guapa y en plena forma.

Émilie interviene para calmar la atmósfera:

—No te preocupes por ella, está curada. Y además enamorada y prometida.

—Estupendo, estupendo —balbucea él, aún colorado por la crueldad de su torpeza.

—Pero no hemos venido por eso —prosigue la joven—. Quería enseñarle tus modelos en el ordenador, si no te importa.

—No, al contrario, vuestra visita es muy oportuna, yo mismo había pensado en pedirle a la señorita Fillot si aceptaría ser una de mis modelos para la línea de tallas pequeñas.

Las mejillas de Sarah vuelven a sonrojarse, y la chica mira a Ralph con expresión sorprendida:

—¿Yo? ¿No soy demasiado baja ni demasiado flaca?

—No, al contrario. Estoy harto de las modelos con medidas perfectas, quiero vestir a personas de verdad. Además, esta colección está destinada también al público asiático, en el que la mayoría de las mujeres miden menos de 1,70, como en su caso, si no me equivoco. Y, además, como es usted encantadora...

—Gracias por el cumplido, señor Farrell. Tiene usted buen ojo: efectivamente, mido 1,69. Y ¿qué tendría que hacer?

—Para empezar, tendríamos que trabajar juntos dos horas por la tarde durante toda la semana que viene. No se preocupe por sus horarios, ya me pondré de acuerdo con el doctor Sorin.

—Oh, no se preocupe, Mathieu es muy amable al decir que trabajo aquí; yo más bien calificaría mi empleo de actividad terapéutica.

—¡No crea, no crea! Lo he oído hablar sobre el tema y puedo decirle que tiene plena confianza en usted y que está muy contento de lo que hace.

Sarah se sonroja encantada. Ralph prosigue:

—A continuación, los modelos que haya ajustado a su medida serán enviados al taller. Después, cuando hayan vuelto, haremos una nueva serie de ensayos. El desfile será a principios de julio. ¿Estará usted aquí?

—Sí, sí.

Si Sarah se siente como en una nube, tan sorprendida como encantada por ese cambio en su vida cotidiana, Émilie, por su parte, se enfurruña. De pronto, gruñona, le dice con envidia:

—¡Qué suerte tienes! Yo estoy demasiado gorda para hacer de modelo.

Ralph, que percibe inmediatamente su malestar, se dice que decididamente la diplomacia no es su fuerte y que la susceptibilidad es un defecto muy extendido, e intenta liquidar de un plumazo la querella que está a punto de surgir. Se vuelve hacia ella:

—¡Deja de decir tonterías! Abre los ojos: eres perfecta. Y no tienes por qué enfadarte: te tengo reservada una sorpresa.

Después del enfado, Émilie, tan expresiva como siempre, patalea como una niña pequeña.

—¿Qué sorpresa? ¡Dímelo, Ralph, dímelo!

—Ah, no, si te lo digo ahora ya no será una sorpresa.

Luego, echando una ojeada a su reloj, prosigue:

—Lo siento, pero debo irme, tengo una reunión con mi inversor. Podéis mirar lo que queráis, chicas, hasta ahora.

Émilie y Sarah pasan un buen rato sentadas una junto a otra delante del ordenador, observando detenidamente los esquemas de Émilie y comparándolos con los dibujos de Ralph. Como por arte de magia, como si sus sueños de la infancia se hicieran realidad, tienen la impresión de acceder a los secretos de la creación. De ser, por fin, unas privilegiadas.

Capítulo 64

$\mathbf{M}$athieu, concentrado en la lectura del dossier médico de un nuevo paciente, descuelga mecánicamente el teléfono en cuanto suena. Alza una ceja sorprendido cuando la voz de una secretaria arisca le ordena:

—El ministro de Sanidad quiere hablar con usted, ahora mismo se lo paso.

«¡Por supuesto! –piensa–. A su disposición, como si yo mismo no tuviera urgencias u obligaciones.» Pero después, el tono más animado de Philippe Fillot calma su irritación y no hace ningún comentario.

—Buenos días, doctor Sorin, ¿cómo se encuentra Sarah?

—Cada vez mejor, señor ministro. Su hija trabaja en la clínica desde hace casi un mes, y estoy realmente orgulloso del trabajo que hace. Es puntual, eficaz, y además los pacientes la aprecian mucho. Al principio le había confiado la preparación de los desayunos y los tentempiés. Muy pronto nos impresionó por su velocidad de ejecución. Entonces pudo encargarse de otras tareas, como el control de los alimentos ingeridos por cada paciente, y el de la preparación de las comidas. Sé que actualmente está redactando una serie de proposiciones para mejorar todos los menús propuestos en la clínica. Sarah es una persona extremadamente metódica y precisa, tiene realmente un espíritu científico. Está demostrando tener verdaderas capacidades y creo que, una vez terminadas sus prácticas aquí, retomará sus estudios.

El ministro se alegra por las noticias y luego reflexiona durante unos segundos antes de responder:

—Doctor Sorin, a partir de ahora pienso ser mucho más modesto de lo que lo he sido con respecto a mi hija. Será ella la que decida su porvenir, confío en ella y sé que sabrá elegir. Tengo muchas ganas de volver a verla pero, al mismo tiempo, como me recomendó, espero que sea ella la que dé el primer paso. Mi mujer me ha dicho que ellas dos se llaman a menudo y eso me alegra mucho. Incluso parece que nos va a presentar al joven con el que vive. De hecho, me gustaría conocer su opinión sobre él.

Mathieu no se deja engañar por el aparente encadenamiento de ideas del ministro. Aunque realmente tiene ganas de escuchar las noticias tranquilizadoras relativas a su hija, actúa también como padre y como político. Ese chico que acaba de entrar en la vida y en el corazón de Sarah y del que sólo sabe que es enfermero no debe de corresponder a sus proyectos. Por tanto, es importante que lo tranquilice.

—Lucio forma parte del personal sanitario de la clínica desde hace tres años —prosigue Mathieu—. Proviene de una familia modesta, su padre es albañil o solador, no estoy seguro. Después de haber obtenido su diploma de enfermero, empezó sus estudios de medicina, que financia trabajando aquí. Usted ya sabe cuán difícil es llevar a cabo ambas actividades a la vez. Es realmente un buen chico, aunque la relación que estableció con Sarah es contraria a la deontología, lo cual no dejé de mencionarle. En cualquier caso, de momento ambos parecen estar sinceramente enamorados. Además, no cabe ninguna duda de que Lucio desempeña un papel benéfico en el proceso de curación de su hija. Pero también es perfectamente posible que, una vez restablecida, Sarah cambie de comportamiento respecto a él.

El nutricionista no tiene ningún indicio fehaciente que apoye su impresión, pero percibe el alivio de su interlocutor. Un chico cuya influencia es benéfica para su hija, perseverante, que quiere hacer una carrera médica, con toda seguridad moderará sus temores. Efectivamente, Philippe Fillot experimenta un intenso alivio al enterarse de que el novio de su hija también se prepara para ser médico. A pesar de su postura politicosocial demócrata, el ministro, que es también médico e hijo de una importante familia burguesa, no puede evitar ciertos reflejos de casta. No se siente muy orgulloso de ello, ya que aquel joven se merece más bien toda su gratitud, por lo que, prudentemente, decide no revelar sus pensamientos más profundos.

—Después de todo lo que acaba de decirme, doctor Sorin, me encantaría conocer a ese... chico. ¿Cómo ha dicho que se llama?

—Lucio. Y estoy seguro de que le gustará..., señor ministro.

Capítulo 65

Apreciada por todos aunque algo irritante a veces por sus deseos de meterse en todo, enterarse de todo y luego hablar demasiado, crispante asimismo por ser muy propensa a caer en el cotilleo en cuanto la presionan un poco pero a la vez estimada por su generosidad y por tener un corazón más grande que esos brioches que tanto le gustan —pero que «el doctor me ha prohibido, al igual que todo lo demás», dice ella con una falsa y cómica queja—, en ese momento Liliane sólo jura por Ralph. Desde que la entronizó como jefa organizadora, es un festival de alabanzas continuo. «El señor Farrell habla de...», «El señor Farrell opina que...», «El señor Farrell dice que...», etcétera A muchos al final les divierte verla tan entusiasmada, involucrada y dedicada.

De hecho, la señora Bensimon incluso se ha apropiado de la sala de reuniones del primer piso para convertirla en su despacho. Puesto que el estilista le ha confiado la gestión del *planning* de las subcontratas, ella da el todo por el todo. Literalmente transfigurada, se toma en serio su trabajo y por primera vez se siente importante, por no decir indispensable. Hay que reconocer que esa ama de casa que tan sólo cuenta con el título de bachillerato se las arregla de maravilla. Su sentido práctico compensa su falta de formación profesional especializada, y su volubilidad natural facilita el contacto telefónico. Y como además no se deja impresionar, nadie logra tomarle el pelo. Asimismo, bromeando con sus interlocutores, consigue que acepten las exigencias de Ralph en términos de plazos y calidad.

Como no sabe utilizar un ordenador y aún menos un teclado, trabaja a la antigua usanza. Ingeniosa, ha confeccionado unos grandes paneles con hojas cuidadosamente pegadas con cinta adhesiva que clava con chinchetas en las paredes de la sala. Con el kit manos libres pegado a la oreja, anota las modificaciones a medida que el proceso avanza, lápiz y goma en mano.

Émilie, que le informa de las nuevas indicaciones de Ralph relativas a un modelo, encuentra bastante divertido el espectáculo de aquella mujer bajita moviéndose de acá para allá al mismo tiempo que gesticula y habla con un interlocutor invisible. Por lo menos, gracias a esa actividad desbordante, Liliane Bensimon obtiene un beneficio inmediato: está tan absorbida por su trabajo que se olvida de ir a la panadería en busca de sus *chouquettes* y sus pastelitos de crema. Resultado: por fin está adelgazando...

Asimismo, baja a menudo al gimnasio, casualmente al mismo tiempo que Ralph. Halagada de conocer, trabajar y poder hablar con alguien tan importante, mientras el diseñador corre por la cinta andadora ella lo acompaña pedaleando en una bicicleta estática y le hace el informe de la jornada. Como ayer Ralph le hizo un cumplido por los kilos que había perdido y le prometió que si perdía ocho más le regalaría una de sus creaciones, Liliane se pone las pilas. Su motivación para eliminar el azúcar de esos dulces que tanto la pierden se multiplica. De hecho, se plantó inmediatamente en el despacho de Mathieu para pedirle un régimen más restrictivo. Al principio él se negó, arguyendo que sería mejor que adelgazara poco a poco y que ya le resultaba bastante difícil seguir la dieta de 1.500 calorías, pero demostró tanta determinación y fue tan persuasiva que al final el doctor acabó cediendo. Sin embargo, le recomendó que sólo hiciera ese régimen durante un breve período de tiempo (una semana como máximo).

Dieta de 800 calorías

Desayuno:
- *Café, té, agua o infusiones sin límite, con o sin edulcorante artificial.*
- *1 taza pequeña de leche desnatada.*
- *1 yogur con 0 % de materia grasa sin azúcar.*

Comida:
- *10 g de proteínas en un vaso de agua fría media hora antes de la comida.*
- *Verduras crudas sin aceite aderezadas al gusto con limón, vinagre, mostaza, chalotas, cebollas o finas hierbas.*
- *125 g de carne magra desgrasada, a la plancha o equivalencia.*
- *Verduras hervidas o al vapor, sin aliñar.*
- *1 yogur con 0 % de materia grasa, sin azúcar o equivalente, con o sin edulcorante artificial.*

Cena:
- *10 g de proteínas en un vaso de agua fría media hora antes de la cena.*
- *Verduras crudas + 1 sola cucharada de aceite con limón, vinagre, mostaza, escalonias, cebollas y finas hierbas para la salsa a voluntad.*
- *125 g de carne blanca, desgrasada, a la plancha o equivalencia.*
- *Verduras cocidas al agua o al vapor, sin aliñar.*
- *1 yogur con 0 % de materia grasa, sin azúcar o equivalente, con o sin azúcar artificial líquido o en polvo.*

¿Quién habría dicho que la perspectiva de poder ponerse un modelo creado por un famoso estilista llevaría a Liliane, después de haber fracasado con tantas dietas, a querer por fin hacerlas de verdad? «La atracción que ejerce el estilo, el aspecto y la confianza en sí misma que ha recobrado valen más que todas las prescripciones médicas juntas», se dice ahora Mathieu cuando se cruza con la señora Bensimon por los pasillos o la ve durante su consulta semanal. Que la aguja de la balanza no pare de bajar porque un vestido de seda ha acabado sustituyendo su obsesión por los dulces y los pasteles rellenos lo alegra sobremanera.

Capítulo 66

En esa carrera por perder peso y recobrar la felicidad interior, otra paciente se metamorfosea a ojos vistas, suscitando la admiración de toda la clínica. A medida que adelgaza, Delphine de Luzille está cada vez más radiante. En vez de permanecer constantemente encerrada en su habitación como solía hacer antes, se ha vuelto muy sociable. Se ha hecho amiga de Émilie y de Sarah y ha decidido enseñarles las sutilidades de las buenas maneras. Cada día, después de su sesión de fisioterapia, da un paseo con una paciente que no es de la región parisina y se siente perdida al estar lejos de su familia. Para ella, ex solitaria recluida, socorrer a las almas solitarias, por no decir extraviadas, se ha convertido en su buena acción particular. Sin embargo, a pesar de todo, algunos momentos le siguen resultando difíciles.

Así, por ejemplo, la primera prueba con Ralph no sale muy bien. Delphine había aceptado la proposición llevada por el entusiasmo, y no había pensado que debería dejar que los demás la vieran en combinación. Es decir, mostrarse ante desconocidos, exponer su cuerpo a las eventuales repulsiones de quienes la observaran, desafiar su propio pudor, atreverse a confrontar lo que no había querido admitir ni ver durante tantos años. El diseñador se muestra muy cortés, como de costumbre y le pregunta sobre sus hijos mientras drapea una tela sobre su hombro, pero Delphine se siente extremadamente molesta y angustiada. Luego, a medida que los minutos pasan, entusiasmada por el relato de los triunfos de sus hijos y por el trabajo de ajuste de la tela, se olvida de su aspecto y empieza a hablar como si estuvieran en un salón de té.

Una vez que han franqueado esa etapa, las pruebas se convierten en una especie de ritual para ella, una entronización en el mundo de la moda que le permite familiarizarse con su propio cuerpo. En vez de mirarse en el espejo, se fija en el vestido que Ralph está elaborando. El diseñador ha escogido una seda color azul noche que realza sus ojos y hace que varíe del sempiterno negro que siempre suele llevar. Él dibuja en su croquis los bordados que más tarde adornarán el borde de las mangas y solicita su opinión sobre las diferentes muestras que acaba de recibir haciendo que participe en la creación del modelo.

En el transcurso de una de las sesiones, Delphine le hace algunas preguntas sobre la preparación del desfile con la intención de averiguar si podría hacer algo más para ayudarlo. Precisamente el estilista necesitaría una buena pluma para escribir cuidadosamente, con letra fina, los nombres y las direcciones en los sobres y las invitaciones. Delphine le asegura que está de suerte, ya que ella siempre ganaba el primer premio de caligrafía en la escuela Saint-Jeanne. Sin embargo, Liliane Bensimon se encargará de ensobrar y franquear las invitaciones si Delphine no ve ningún inconveniente. «Por supuesto que no», responde. Incluso le gustaría colaborar con esa señora ahora que se siente más vivaracha y ligera al contar con una atribución más que le ayudará a mantener la mente ocupada.

Capítulo 67

En la clínica reina un ambiente frenético de trabajo que combina prisas y nerviosismo. Todas las buenas voluntades han sido movilizadas para el desfile, y cada uno se ocupa de las tareas que le han sido encomendadas. A veces, sin embargo, surgen algunas fricciones. Por ejemplo, cuando Liliane deja caer pesadamente una pila de cajas de cartón encima de la mesa en la que trabaja Delphine, la tensión aumenta. Porque, sin darse cuenta, perturba la minuciosa tarea de la nueva calígrafa. De hecho, la pluma de la señora De Luzille se desvía y hace un borrón. Nerviosísima e irritada, Delphine refunfuña entre dientes, luego suspira ostensiblemente, coge un sobre nuevo y de nuevo empieza a trazar con cuidado sus letras inglesas de bucles elegantes. La señora Bensimon, por su parte, se encoge de hombros. En ese momento las dos mujeres se miran con cara de pocos amigos. No se llevan bien. Ya antes no se apreciaban en absoluto, pero su colaboración con Ralph las ha hecho pasar de la cortés indiferencia a la rivalidad declarada. Liliane está celosa de que Ralph haya escogido a Delphine como modelo en vez de a ella. A Delphine le irritan los humos de Liliane desde que se las da de factótum. Mientras se limitaban a cruzarse por los pasillos no había ningún problema, pero, ahora que deben colaborar para enviar las invitaciones, el enfrentamiento entre ambas se ha vuelto palpable.

—No me soporta, ¿verdad? —le pregunta directamente Liliane con un silbido agudo y agresivo.

La señora De Luzille no se molesta en responder, aunque su silencio es bastante elocuente.

—¿Se cree usted superior a todo el mundo o únicamente a mí? —continúa la señora Bensimon, al parecer decidida a molestar a su adversaria hasta sacarla de quicio.

De pronto, Delphine estalla:

—¿Y usted? ¿Acaso cree que es el ombligo del mundo? Estoy haciendo un trabajo delicado, llega usted como una bestia y por su culpa estropeo un sobre. Y luego, en vez de disculparse, me agrede. ¡La verdad es que me parece increíble!

«Por fin reacciona —se dice Liliane—, ya iba siendo hora.» Entonces cambia de táctica y adopta una expresión falsamente triste que no logra engañar a nadie y hace temer lo peor.

—Mire, querida Delphine, esta sala no es suya, y yo también trabajo para el señor Farrell. ¿Por qué le da tanta importancia a un maldito sobre?

Delphine percibe su perfidia y se dice que más vale no empeorar la situación. Puesto que esta mujer es insoportable, lo mejor que puede hacer es ir a refugiarse en su habitación.

—Me parece que tiene usted razón —dice ella—. Así que voy a dejarle la sala para usted sola.

—¡Es increíble lo desdeñosa que puede llegar a ser usted, señora baronesa! —no puede dejar de replicar la otra para defenderse.

—¿Desdeñosa, yo? ¡Usted sí que es una caradura y una maleducada!

La frase chasquea como una bofetada. Liliane la recibe en plena cara, ella, que tan acomplejada está por sus orígenes pies negros[6] y ese ligero acento del que nunca ha logrado deshacerse. Cuando recupera el habla, le espeta con acritud:

6. Se denomina *pieds-noirs* (literalmente, «pies negros») a los ciudadanos franceses de origen europeo o judío que residían en Argelia y que se vieron obligados a salir de ese país tras la independencia en 1962. La mayor parte de ellos se trasladó a Francia. El término se aplica a todos los repatriados de Argelia, Marruecos y Túnez, e incluso de otras ex colonias. *(N. de la t.)*

—¿Alguna vez ha dedicado una palabra amable al pueblo llano? Desde hace varias semanas soy la única que prepara la comida para todo el mundo, pero usted nunca me ha dado las gracias ni me ha hecho un cumplido. ¡Nada de nada! Sin embargo, no ha dejado una sola miguita en su plato. Tampoco nunca me ha dirigido la palabra ni se ha interesado por mi salud; así que me parece el colmo que se atreva a llamarme maleducada.

—¿Y yo? ¿Acaso le parece que estoy en plena forma? ¿Cree que estoy en esta clínica por gusto, para...?

Bruscamente, Delphine interrumpe su diatriba al tomar conciencia de cuán ridícula es la escena. ¿Por qué le está gritando a esa pobre mujer? Y ¿no es cierto que siempre la ha tratado con condescendencia? ¿A santo de qué, en realidad? ¿Porque no pertenecen a la misma clase social? Esa diferencia no justifica una actitud tan poco caritativa por su parte. Al contrario: sus valores cristianos deberían primar por encima de cualquier consideración de ese tipo. Al fin y al cabo, ¿no son ambas compañeras de infortunio en la interminable cuaresma que les inflige, por su bien, el doctor Sorin? Y aunque las privaciones que tienen que soportar pueden afectar su humor y volverlas hurañas, semejante torpeza no es propia de ella. Delphine reconsidera su actitud, abandona la expresión de su rostro —digna de un pitbull que unos segundos antes alzaba su labio superior para enseñar los dientes— y recupera su habitual sonrisa de Gioconda.

—Le ruego que me disculpe, señora Bensimon, no debería haberle hablado así. Se esfuerza usted mucho para alegrar nuestra triste vida cotidiana y se lo agradezco, como todo el mundo aquí. Además, siempre se muestra muy amable, no como yo, lo reconozco.

Liliane percibe inmediatamente el tono más sereno de las palabras de la señora De Luzille y aprovecha la ocasión, no para seguir machacándola —en el fondo es buena y tiene un corazón de oro—, sino para que ese altercado les permita volver a empezar de cero y poder ofrecerle su ayuda.

—No importa; sé que no le resulta fácil estar encerrada aquí, lejos de su familia. Usted y yo somos, de alguna manera, dos discapacitadas. ¿No le parece humillante tener que entrar en una clínica para aprender algo tan básico como comer cuando la mitad del planeta pasa hambre?

—Tiene toda la razón. Es algo que a menudo he pensado. Si le soy sincera, a veces me siento mal por estar en esta institución para gente demasiado rica y que ha tenido demasiada suerte en la vida. En mi opinión, si nuestros cuerpos chorrean grasa es porque hemos entrado en una especie de decadencia.

Conmovida por esa confidencia, Liliane modera sus propósitos:

—No le digo que no, pero hay más que eso. Entre nosotras podemos decirnos las cosas tal y como son, ¿verdad? Bueno, entonces, ¿cree que si hubiéramos sido felices habríamos engordado tanto?

Un profundo suspiro, como una ola, levanta el vasto pecho de Delphine. Al descubrir que su interlocutora es menos obtusa de lo que había pensado, admite:

—¡Ah, eso desde luego que no! A veces incluso me digo que las lágrimas que debería haber vertido se han quedado atrapadas en mi interior y me hacen engordar.

—¡Hace falta mucha tristeza para fabricar todos esos michelines, se lo digo yo!

Después de esa frase se hace un silencio. No un silencio violento o pesado, no, un silencio que nace de una verdad proferida, asumida y, finalmente, compartida. El silencio de los sufrimientos relacionados con uno mismo que estallan porque han sido diagnosticados y admitidos. El silencio provocado por su propia realidad.

—¿Cree que nuestras almas se parecen a nuestros cuerpos? —se pregunta Delphine, pensativa—. ¿Que también son feas y que están hinchadas por nuestros pecados?

—¡Pero qué trágica es usted! —exclama riéndose Liliane.

—¿Por qué estamos aquí?

—¡Porque aún nos queda la esperanza, señora De Luzille! Porque confiamos en el futuro. Y porque, mientras nos quitamos de encima nuestros kilos, aprendemos a vivir un poco más en armonía con nosotros mismos y con los demás. Por lo menos, en mi caso. Cuando más quiero a mi familia es cuando no está conmigo. Porque sé que es la responsable de aquello en lo que me he convertido. Pero haberlo comprendido no me impide seguir volviendo a casa. Irme y volver, eso es, sin duda, lo que necesito.

—En mi caso —responde Delphine—, mi familia, las personas a las que quiero las he encontrado aquí. Y he decidido adelgazar... por ellos.

—Eso que dice me intriga sobremanera, porque creo que tampoco hay que exagerar: sus hijos y su marido vienen a verla a menudo. Incluso parece que sienten mucho apego por usted...

—Durante mucho tiempo estuve convencida de que no era así. Ya se lo contaré otro día.

En el fondo, a Liliane le da rabia no enterarse de nada más, pero no abre la boca.

—¿Sabe usted, Delphine?, tengo un acento y unas maneras diferentes de las suyas. Pero nuestra presencia en esta clínica significa necesariamente que nos parecemos en algo.

—Estoy de acuerdo. Tenemos las mismas dificultades y los mismos sueños.

—Mire, hablando de eso: resulta que, al menos una vez a la semana, sueño que estoy muy delgada. ¿A usted le pasa lo mismo?

La señora De Luzille adopta un tono docto:

—Según un libro de psicoanálisis que he encontrado en la biblioteca, en nuestro deseo de adelgazar hay un deseo de metamorfosis, como el de la crisálida que se convierte en mariposa. De hecho, esperamos que gracias al adelgazamiento por fin nos parezcamos a la persona que queremos ser para así volver a empezar de cero.

—Discúlpeme por volver a la realidad —la interrumpe Liliane—, pero hablando de empezar, ¡si seguimos charlando, no vamos a poder enviar las invitaciones de Ralph!

Delphine se desternilla de risa y su interlocutora se une a ella encantada por haber encontrado tan buen público.

—Tiene razón, Liliane, esto no es serio.

La señora Bensimon le guiña un ojo:

—¡Venga, Delphine, a trabajar!

Atraído por sus carcajadas, Mathieu asoma la cabeza por detrás de la puerta.

—¡Parece que se divierten ustedes mucho! Es tan agradable oír que la gente se ríe en la clínica que quería saber de quién se trataba. ¿A qué vienen esas risas?

—A nada en especial, simplemente trabajamos para Ralph —responde Liliane, visiblemente orgullosa—, y eso nos hace mucho bien. ¡Tanto moral como físicamente!

—Bravo, señoras —aprueba Mathieu—, ánimo con el trabajo. Las dejo.

Mientras la puerta vuelve a cerrarse, Delphine, en vena para las confidencias, empieza a contarle a su nueva compañera todo cuanto sabe sobre los nombres inscritos en la lista que está caligrafiando. Y, por fin, se hablan como dos mujeres que han cambiado la rivalidad por las premisas de la complicidad.

Capítulo 68

Sarah escruta a Émilie con aire desafiante:

—¡Venga! ¿Por qué no lo hacemos?

—¿Ahora mismo, quieres decir?

—Pues claro, no va a ser la semana que viene.

Émilie parece escéptica:

—¿Tú crees? Seguro que tu padre va a decirte que tiene una cena oficial o alguna obligación.

—Haz lo que quieras, yo voy a intentarlo.

—¿Quieres llamar desde mi habitación?

Las dos pacientes han imaginado y planificado cuidadosamente el momento en que se sentirían suficientemente preparadas para volver a ver a su familia. Y para ponerle más ganas, para estimularse y ayudarse mutuamente, han decidido vivirlo juntas. Pero mientras Sarah está dispuesta a hacerle frente a su mayor demonio, su amiga sigue dudando. «Demasiado pronto, demasiado rápido, demasiado arriesgado», se dice a sí misma temblando.

Sentada en la cama de Émilie, Sarah saca su móvil del bolsillo de su bata blanca y marca el número de su padre. Para su sorpresa, responde inmediatamente.

—Buenos días, Sarita.

Nunca la había llamado así. Unas lágrimas, fuera de control, brotan súbitamente. Pero no está dispuesta a enternecerse.

—¿Te gustaría cenar conmigo esta noche? Y con mamá, por supuesto.

Al otro lado del teléfono, ningún titubeo. Ni excusas ni pretexto profesional. Un sí franco y masivo. Mejor aún: el ministro acompaña su aprobación de una frase que, por primera vez, es la adecuada para conmover a su hija; una frase que le viene espontáneamente a los labios:

—Y Lucio también, por supuesto.

—¡Sí, papá, claro que sí! —repone ella, y rompe en sollozos.

—Venga, Sarita, deja de llorar —murmura Philippe Fillot—. ¿Adónde quieres ir esta noche? ¿Qué te apetecería?

Émilie le pasa los Kleenex a su amiga, que se suena antes de contestar:

—Al restaurante italiano, cerca de la Puerta de Auteuil. ¿Sabes al que me refiero?, ése que tiene un decorado pintado, no recuerdo si es Venecia u otra ciudad.

—Ah, sí, el San Francisco. Buena idea. Ese lugar nos traerá buenos recuerdos. ¿Quieres que mande un chófer para que vaya a buscarte a la clínica?

—Papá, ¿estás hablando en serio?

—Oh, perdona, Sarah, ¿vienes en metro? —se corrige él, divertido.

—¡No, a pie! ¿A las ocho y media te parece bien? Hasta ahora, papá.

Philippe y Sarah se sorprenden de que el contacto se haya reanudado tan fácilmente entre ellos, como si siguieran sintiendo una irreprensible necesidad de comunicarse a pesar de no haberlo hecho durante varios años. Y, además, por muy frágil que sea, ese delicado lazo que los une no debe ser parasitado por otras consideraciones, ni por la formulación de reproches o de remordimientos. Volver a empezar con buen pie, eso es lo importante, eso es lo urgente.

Tras colgar el teléfono, el ministro consulta su agenda, en la que aparece, marcado en rojo, un compromiso importante. A partir de las ocho participa en una reunión política con los demás miembros del gobierno. Un seminario que, seguramente, se prolongará hasta después de la medianoche. ¿Qué hacer? Antes no habría dudado en dar prioridad a su carrera, pero ahora eso le da igual. «Al fin y al cabo, qué puede pasar –se dice–. Si tuviera una crisis de apendicitis tendrían que arreglárselas sin mí! Así que esta noche voy a curar mi dolor de cabeza y mi dolor de barriga. ¡Voy a ver a mi hija!»

Con los párpados enrojecidos, Sarah se vuelve hacia Émilie, sentada a su lado, y le pasa su móvil.

—Venga, ahora te toca a ti, te dará suerte.

Émilie duda en contactar con su propio padre después de haber escuchado la conversación de Sarah con el suyo. Está claro que su conversación será más tensa, es mejor que no se haga muchas ilusiones para no llevarse una decepción.

Una voz seca y mecánica resuena en el altavoz.

—Clínica dental, buenos días.

—Buenos días, soy Émilie Weber. ¿Podría hablar con mi padre?

—Espere un momento, ahora mismo se lo paso –dice la secretaria médica apenas más amable.

El móvil se le resbala de la mano, repentinamente húmeda. La espera es de corta duración.

—¿Émilie? ¿Eres tú, Émilie?

—Sí..., soy yo, papá.

La joven empieza a hablar inmediatamente después para evitar una cascada de preguntas a las que no le apetece en absoluto contestar por teléfono.

—Si estáis en casa esta noche, ¿puedo pasarme para veros?

—Hijita querida, aunque no hubiéramos previsto estar en casa, allí estaríamos.

—No, papá, no me digas eso, que me voy a sentir culpable.

—Anda, anda, no teníamos ningún proyecto y no hay nada que nos haga tanta ilusión como volver a verte. Anularé la cita con mi último paciente para estar disponible antes. ¿Estás bien?

—¡Estupendamente, papá!

—Émilie, perdóname, pero tengo aquí a una paciente que me espera con la boca abierta y, si no quieres que le perfore la mandíbula, voy a tener que dejarte. ¡Pero esta noche te veo, cariño!

La joven cuelga. Luego le da un beso al móvil antes de pasárselo a Sarah, que la imita. La chispa que brilla en sus ojos revela su emoción. Y la certeza, cada vez mayor, de que el tiempo de los reproches, las disputas, las reprimendas y las separaciones familiares está tocando a su fin.

Un nuevo acto acaba de empezar. El de su lenta resurrección.

Novena parte

Capítulo 69

Alegre, animado gracias a las ondas positivas que reinan en su establecimiento, esa noche Mathieu vuelve a casa más temprano. Necesita un poco de tranquilidad, de reposo, de descanso, para así recuperar su energía. Experimenta una vaga sensación de satisfacción al constatar que todo parece estar en su sitio una vez más y que sus diferentes pacientes se encuentran mejor, pero su experiencia –y su temperamento– lo incita a moderar su entusiasmo. Siempre puede surgir algo. Es cierto que está acostumbrado a atravesar períodos de agitación en los que las preocupaciones y los problemas por solucionar no faltan y que hasta ahora ha tenido la suerte de que el viento acabe soplando en su favor. Sin embargo, ¿logrará esa vez acompañarlos a lo largo del camino de la remisión?

De vez en cuando, la realidad lo obliga a tomar conciencia de que su profesión comporta ciertos límites. No solamente los que fija el estado actual de los conocimientos médicos, sino también los que impone cada paciente. Algunos enfermos, él lo sabe y lo ha comprobado, no quieren curarse, se aferran a sus síntomas por toda una serie de excelentes malas razones y nunca llegan a sentir en ellos ese detonante que los salva.

Así, por ejemplo, la señora Bensimon acumula dificultades que impiden su curación. Si alcanzara la delgadez que desea y se estabilizara, ya no tendría ningún pretexto para escaparse de un hogar en el que se aburre. Asimismo, al resultar más seductora, correría el riesgo de verse confrontada al deseo de otros hombres y no sólo al de su marido, ya no podría acusarlo de engañarla por culpa de sus kilos de más y tendría que reconocer que entre ellos sólo queda una larga rutina de la que el amor ha desertado. Además, desobedecería a los mensajes que su madre le dio a mamar en su infancia: «Acaba tu plato porque los niños sahelianos no tienen nada que comer» (¿y eso qué tiene que ver?); «Más vale dar envidia que pena»; «Come hoy porque nadie sabe lo que pasará mañana»; «Sólo la buena cocina retiene a los mariditos»; etcétera. Así que ya no tendría motivos para quejarse y hacerse la víctima. Lo que la llevaría a buscar otra razón para afirmar su existencia –distinta de aquella exagerada ocupación de espacio–, a inventar otra manera de desahogar su agresividad sin refugiarse en la comida, a expresar su angustia sin recurrir a la masticación, a encontrar una expresión de su feminidad que no fuera la hipérbole de sus formas.

Liliane, Mathieu es consciente de ello, representa un caso difícil bajo su aparente benignidad porque su persistente sobrepeso es el resultado de una multitud de factores: genéticos, psicológicos, culturales y sociales. Si su patología se redujera únicamente a un problema de alimentación, ya estaría solucionada desde hace mucho tiempo.

Por el contrario, el nutricionista se alegra de las evoluciones de Sarah y Delphine, esos dos casos extremos que, por razones diametralmente opuestas, estaban en peligro de muerte. Asimismo, le parece que el caso de Émilie va por buen camino a condición de que se decida a retomar sus estudios. En cuanto a Ralph Farrell, para su sorpresa –Mathieu ha visto a muchos pacientes célebres y mediáticos comportarse como patanes infames, ogros pedantes, despectivos e incapaces de respetar sus prescripciones a pesar de sus promesas–, ha resultado ser un paciente modelo. El diseñador sigue su régimen al pie de la letra, practica una hora de ejercicio al día y adelgaza a ojos vistas. ¡Una auténtica página de publicidad para la clínica! El doctor reconoce que ha sido una sorpresa agradable, pues al principio temía que su temperamento de artista y sus costumbres propias de un miembro de la jet set casaran mal con la disciplina y las restricciones impuestas. Unos temores que resultaron ser erróneos, ya que, al contrario, Ralph parecía soportarlas con una tranquilidad fuera de lo común.

A menudo, cuando tiene la impresión de haber cumplido con su deber, Mathieu tiene ganas de ver a Marianne y contarle las hazañas de la jornada. Aunque a veces duda acerca de si referirle o no los problemas que ha tenido ese día para no agobiarla con historias de personas a las que no conoce. Por un lado, quiere que ella lo considere su héroe. Por el otro, teme contagiarle sus problemas. Por eso se muestra mucho más prolijo a la hora de hablar de sus victorias y menos cuando se trata de sus derrotas. Algo fanfarrón —y al mismo tiempo púdico tras su generosa labia—, no siempre le resulta fácil reconocer ante la mujer de su vida que no es ni omnipotente ni omnisciente. Sin duda esa discreción, ese secreto que guarda celosamente, están relacionados con su concepción del amor, por no decir con su herencia familiar. Uno se guarda los males para sí y, de ese modo, preserva a los demás. Pero él sabe, ya que ha podido comprobarlo en momentos difíciles, que Marianne lo comprende y que posee un carácter lo suficientemente fuerte como para soportar sus debilidades. De hecho, ¿no es esa manera casi juvenil de demostrar el amor la que sustenta su pareja desde hace tantos años?

Se desabrocha el abrigo en el ascensor, desanuda su corbata en el recibidor, y ya está en la cocina sirviéndose una Coca-Cola *light* cuando Marianne se reúne con él. El tac-tac agudo de sus tacones altos sobre las baldosas lo sigue divirtiendo. Sabe que su esposa se encuentra más a gusto con zapatillas deportivas y pantalones vaqueros, pero ella hace el esfuerzo de esperarlo vestida como si tuvieran una cita amorosa. He ahí otro secreto de sus veinte años de matrimonio. Esa noche, de hecho, la encuentra particularmente hermosa, vestida con una túnica ondulante de color parma y sus luminosos ojos verdes realzados con una línea de kohl. Una chispa de coquetería brilla en su mirada cuando la felicita por su atuendo y ella le responde modestamente:

—Qué amable, muchas gracias. ¡Esta noche has vuelto pronto!

—Sí, realmente, por una vez, no tenía nada más que hacer. ¿Cenamos?

—Ligerito, que al parecer llevas un tiempo engordando.

Mathieu, sorprendido, adopta un aire ofuscado.

—¿Quién se ha atrevido a decir algo así?

—Gente con la que coincides o que te ve en televisión. Y tú sabes bien que tienes que conservar una silueta irreprochable, gracias a tu profesión o por culpa de ella.

—Hay una solución más simple todavía: que nadie más me vea y enviarte a ti en mi lugar. Tú al menos eres la ilustración misma de la delgadez. Y todo el mundo cree que soy responsable de ello.

—¡Qué poca vergüenza! —se ríe Marianne—. ¡Con todos los esfuerzos y el deporte que hago para guardar la línea!

—Pues déjalo si quieres, es una elección tuya. El día en que estés harta nos vamos de salones de té y nos hinchamos a bizcochitos al ron y milhojas.

—Ah, no, yo prefiero un buen chocolate caliente, bien espeso y cremoso, de esos que se depositan directamente en las caderas.

Como su mujer nota que tiene ganas de hablar, le pregunta sobre la clínica.

—Bueno, cuéntame, ¿cómo van tus pacientes?

—Pues, fíjate, es uno de los períodos más divertidos de mi vida. Sé que te hace gracia que un médico diga ese tipo de cosas, pero es realmente interesante afrontar situaciones críticas y estar a punto de resolverlas. Y en este momento es aún más genial porque todo va bien.

—¡Como siempre! Es sólo cuestión de tiempo.

Mathieu asiente:

—Sí, tienes razón, nueve de cada diez veces es así. Incluso cuando las situaciones iniciales parecen increíbles, el problema se acaba solucionando. Porque a menudo sucede algo, surge un detalle, un truco o un consejo que ayuda a encontrar el hilo capaz de deshacer una situación.

—Por cierto, ¿cómo está la hija del ministro?

—¿Sarah? ¡Un milagro! Te aseguro que al principio la situación era tan desesperada que casi había decidido tirar la toalla. Pero a esa niña la ha salvado el amor.

Marianne lo reprende irónicamente:

—Pero ¿tú te das cuenta de que lo que estás diciendo es completamente amoral?

—¿Por qué amoral? ¿Por qué siempre hay que limitarse a las situaciones conformistas y a las ideas recibidas? Fíjate en la suerte que hemos tenido. Se enamora de un chico bastante formal, que, además, sabe cómo llevar su enfermedad. Todo juega en su favor. Además sé (porque no soy tonto) que el hecho de que ese enfermero curse estudios de medicina le procura un apoyo médico y además tranquiliza a su padre, muy proclive a las barreras sociales. Sin embargo, eso no cambia que, en un principio, lo que la ha salvado de la anorexia ha sido el beso mágico de Lucio. No su padre el ministro, ni la atolondrada de su madre. Lo único que veo es que ese chico ha conseguido aquello en lo que todos antes habíamos fracasado, yo inclusive. Entonces, ¿qué problema hay?

—¿Cuál es el origen de esa enfermedad?

Mathieu hace una mueca dubitativa.

—Lo he leído todo sobre el tema, desde las explicaciones más fantasiosas a las más alambicadas. En realidad, nunca nadie ha logrado curar a una anoréxica a la fuerza. Uno puede alimentarla en contra de su voluntad, como se ceba a las ocas, pero actuando de esa manera nunca se erradica la enfermedad. Hasta que un acontecimiento de la vida permita que una persona se cure o, al menos, sobreviva en unas condiciones algo más normales.

—¿Te gusta curar a ese tipo de enfermos?

—En absoluto, al contrario. Si te soy sincero, en cuanto veo a una anoréxica en la sala de espera sé que su caso me entristecerá y que será una auténtica tortura para mí. Me angustio por anticipado porque conozco las fases por las que tendremos que pasar: primero se negará a comer, luego aceptará, después hará trampas y mentirá... Y, estadísticamente, siempre acaban igual.

—Lo que me sorprende cuando hablas de la clínica —le dice Marianne, que hace tiempo que quiere hacerle esa pregunta— es la mezcla de géneros y las enfermedades que se juntan, entre los obesos, los flacos, los que vomitan... ¿Todo el mundo se lleva bien?

Mathieu se echa a reír.

—Mejor de lo que crees. En este momento, incluso podría decir que en la clínica reina una euforia total. Todo el mundo trabaja, todo el mundo hace deporte, todo el mundo adelgaza o coge peso. Los pacientes están tan felices que no tengo nada que hacer. ¡Tengo la impresión de ser el director de una colonia de vacaciones!

—Debe de ser bastante agradable, ¿no?

—Sí, pero también desconcertante. En teoría tengo que trabajar en un marco determinado. Pero cuando ese marco se ve alterado y no coincide con mi manera de ver las cosas, tengo la impresión de ser completamente atípico, de no respetar los dogmas de mi profesión, y a veces eso me molesta. Porque, para ser honesto, debo decir que en este momento el hecho de que yo pase a ver a mis pacientes o no no cambia nada: cada día están mejor. No lo logran gracias a mí, sino gracias a la verdadera complicidad que se ha instaurado entre ellos. Si vieras a la señora Bensimon, la reina del cuscús, uña y carne con una baronesa de provincias que es madre de un obispo, ¡eso no tiene precio! La hija del ministro, que se ocupa de las comidas, se ha hecho amiga de otra chica, aprendiz de cirujano dental que había dejado sus estudios para trabajar como camarera en una discoteca. Ralph Farrell, el diseñador, ha convencido a toda esa gente para que le echen una mano en su próxima colección. La clínica le sirve, literalmente, de cuartel general. Yo le presto la sala de reuniones del primer piso para que reciba a los proveedores, así que las furgonetas de las empresas textiles aparcan permanentemente en la calle. Resumiendo: un alegre desorden. Pero, en realidad, yo estoy al margen de todo eso. Porque, ¿en qué consiste mi función? ¡En aportarles un beneficio terapéutico! Poco importa el método: lo que cuenta es el resultado.

Marianne lo escucha plantada delante del frigorífico.

—¿Qué quieres cenar? —le dice.

—Ya estoy harto de comer de prisa y corriendo en la clínica, de llegar demasiado tarde como para cenar correctamente por la noche y de picar sin parar.

—¿Quieres que te prepare una sopa?

La mueca de Mathieu la disuade inmediatamente. Ella reflexiona unos segundos y luego le propone:

—¡Ah! Ya sé lo que te podría gustar. Si no tienes mucha prisa, podríamos hacer un suflé de queso.

—¿Y acompañarlo de una buena botella de champán?

—Sí, bueno, me parece que a ti te interesa más el champán que el suflé...

—No, el suflé es la excusa perfecta para el champán.

Marianne sigue haciéndole preguntas a Mathieu mientras saca los ingredientes y los utensilios necesarios de los armarios, un ruido acogedor que procura a su marido uno de esos instantes de felicidad de la vida cotidiana:

—¿Crees que esta vida durará aún mucho tiempo?

—¿Por qué lo dices? —pregunta él, de repente preocupado.

—Pues porque trabajas mucho y cada cosa debe hacerse con moderación.

—Pues entonces no te va a alegrar lo que te voy a decir, porque se me ha metido otra idea en la cabeza. Me gustaría escribir un libro sobre las historias de la clínica. No es que me haya cansado de publicar libros técnicos dedicados a la alimentación, pero creo que ha llegado el momento de comunicar una visión más humanista de mi profesión. De mostrar los sufrimientos de los pacientes a quienes deben encajar las consecuencias para que los entiendan mejor. De explicar que, a veces, un cambio repentino o un acontecimiento feliz puede cambiar e incluso salvarlo todo. Un libro cuya moraleja sería que el optimismo es, sin duda alguna, una de las cosas más bellas que existen. ¿Sabes?, cuantos más pacientes trato, más consciente soy de que ellos, e incluso yo, a menudo dejan que sus problemas los encierren, cuando en realidad siempre existe la posibilidad de abrir una ventana y ver algo más alegre. Esa apertura hacia el exterior es la que regenera la vida.

—¡En resumidas cuentas: una verdadera lección de felicidad y humanismo! —aprueba su mujer—. Pero entonces deduzco que tampoco en un futuro inmediato piensas pasar más tiempo con los tuyos, ¿verdad?

—Tú no te das cuenta, pero te veo mucho más a menudo de lo que la mayor parte de mis colegas ven a sus esposas. Y nuestras hijas, ¿no te parece que las has educado bastante bien y que no necesitan que su padre esté encima de ellas permanentemente? ¿No fuiste tú la que me explicó que el papel del padre es más una presencia moral que una omnipresencia física?

Marianne lo mira con aire burlón.

—¡Sí, y a ti eso ya te viene bien!

—Y a ti, objetivamente, ¿te gustaría que estuviera siempre en casa? Disfrutarías menos de tus hijas y yo estaría todo el tiempo detrás de ti.

Su mujer tiene la honestidad de no refutar ese argumento.

—Sigo sintiendo el deseo de trabajar como es debido —prosigue Mathieu—. Y me gusta dejarme llevar por ese dinamismo u optimismo del que te hablaba. Me entusiasmo por un tema y empieza una nueva aventura: la excitación nace, crece, se desarrolla en mí, y luego ya me resulta imposible frenar. En el fondo, soy como un ciempiés que siempre quiere ir más de prisa que su cuerpo y empuja con la cabeza. A menudo, incluso me pregunto cuál es la verdadera función de un médico. Cuando uno intenta profundizar en la realidad científica de las cosas, acaba dándose cuenta de que nunca nadie tiene toda la razón. Si una verdad surge de vez en cuando es precisamente porque hay contradicciones y oposiciones. En este momento tengo la impresión de que, al fin y al cabo, las técnicas empleadas para curar importan poco: el electrochoque necesario se produce únicamente suministrando una dosis de amor suficientemente importante a los pacientes. Como si las turbulencias tuvieran su origen en el terreno emocional o de las relaciones.

—Me parece que no lo he entendido todo —lo interrumpe Marianne con el ceño fruncido.

—Pues que todo el mundo puede escuchar a todo el mundo. Así, por ejemplo, nunca he visto que un psicoanalista cure a un paciente excepto cuando acaba explicándole que se encuentra mejor. Pero no se puede decir que realmente haya intervenido en la curación. De hecho, mediante la escucha, que en teoría lleva el tema de la conversación hasta un punto preciso que hasta ese momento desconocían, se acaba estimando que la explicación aportada por el paciente basta para hacerle asumir su curación. Puede que sea así. El problema es qúe, si diez especialistas diferentes escucharan al mismo enfermo, nunca se llegaría al mismo resultado. Aunque a veces se obtengan resultados positivos.

—¿Y el médico?

—¿Logra hacer abstracción de sus propios pensamientos? ¿Acaso no guía el proceso sin saberlo? Es una pregunta que me hago. Es en la relación excepcional que puede crearse con alguien (de hecho, no es necesario que sea un médico) donde un paciente a veces puede encontrar una nueva fuente de energía que lo ayude a salir de su enfermedad. En todo caso, esa teoría se cumple en las personas a las que yo trato, ya que las relaciones que mantienen con la comida han sido determinadas por todo un conjunto de factores. Al fin y al cabo, ¿qué quiere decir comer? Sabemos de sobra que durante los períodos de escasez la gente ha logrado sobrevivir incluso consumiendo productos que, en principio, no eran consumibles. Comer es comerse una parte de su entorno, es absorber las emociones de los demás, es hacer que compartan las suyas. ¿Por qué un chef de cocina escoge esa profesión? ¿Únicamente por el placer de hundir las manos en la harina? No. Es porque desea inventar un sabor particular, una sensación. Para ofrecer a los demás algo de sí mismo y disfrutarlo por extensión.

—¿Un suflé de queso, por ejemplo?

—¡Exactamente! Si sirves un plato de morro en vinagreta, estás determinando otro ambiente, estás transmitiendo otro mensaje y modificando la relación con tu comensal. Intenta imaginártelo.

—No lo había pensado nunca, pero es cierto.

Mathieu está decididamente inspirado esa noche, como cada vez que dispone de tiempo para ocuparse de otra cosa que no sean sus problemas cotidianos. Como cada vez también que puede entablar una discusión profunda.

—Y ¿qué sientes tú por tus pacientes? —le pregunta su mujer.

—Por extraño que pueda parecer, siento que estoy interpretando un papel cuando estoy delante de ellos. No para convertirme en otra persona como un actor que representa un rol, sino para condensarme en una de las facetas de mi verdadera personalidad: la que dedico a ayudarlos. Ese mecanismo se pone en marcha automáticamente y es un fenómeno que no deja de sorprenderme.

—Algunos dirían que eso es simplemente generosidad. No hace falta tanta metafísica.

—¡Oh, mis reflexiones son mucho más primarias! No sé si hay que avanzar sin reflexionar o si hay que reflexionar para avanzar. Me sigo planteando el eterno problema de la diferencia entre el instinto o la intuición y la metodología. Me pregunto cuál es más importante. Pero lo que sí puedo decirte es que, en medicina, la intuición o el instinto es, de hecho, una manera inconsciente de reunir el conjunto de elementos almacenados durante años de estudio y ejercicio para transformarlos en algo útil. Como en todas las profesiones, al cabo de un tiempo uno la practica sin darse cuenta, y actuar se convierte en un reflejo.

Mathieu sigue disertando así durante toda la cena, degustando ora el riquísimo suflé, ora las burbujas delicadas de su Ruinart de reserva y las palabras de su esposa. Marianne es su interlocutora favorita, una de esas raras personas que saben —por la manera en que le devuelve la pelota— estimularlo y obligarlo a formular ideas que, de no debatirlas, probablemente se quedarían en estado embrionario. Una armonía intelectual que figura entre las mejores bazas de su matrimonio.

Capítulo 70

Émilie, con una toalla blanca anudada alrededor del cuello, empapada en sudor, la respiración acelerada y entrecortada, está completamente agotada. Ha corrido para aclararse las ideas hasta sentir las piernas doloridas y los músculos cansados. Y la visión del barrio alrededor de la clínica le ha despejado la mente. Por primera vez desde hacía mucho tiempo no ha querido entrar en el gimnasio. No, primero ha andado muy de prisa y luego ha hecho algunos *sprints* hasta la avenida Anatole France, que bordea el Bois de Boulogne. Ese *jogging* de buena mañana la ha dejado como nueva. La actividad deportiva prescrita por el doctor Sorin le había parecido hasta entonces una obligación, una tarea fastidiosa, pero practicarla extramuros le ha hecho sentir que volvía al mundo normal, que regresaba al territorio de los vivos. Incluso, por primera vez, ha disfrutado corriendo, atenta al ritmo de sus zancadas y tranquila al notar sus músculos trabajando bajo la piel, sintiéndose ligera y fuerte a la vez. Por fin liberada de la angustia que la obligaba alternativamente a hincharse de comida y luego a expulsarla en un doloroso vaivén, se llena de una energía nueva.

Desde hace ya varias semanas ha dejado de vomitar y se alimenta correctamente. Incluso puede decirse que ha recobrado un apetito que no tiene nada que ver con sus precedentes bulimias. El autocontrol alimentario ha dejado de ser un problema para ella. Ahora tiene hambre a la hora del desayuno, hambre justo antes de la comida del mediodía, hambre justo antes de cenar, e incluso a veces se permite unas onzas de chocolate por la tarde sin sentirse culpable. Un auténtico renacimiento.

Una vuelta a la vida que ha compartido sobre todo con Sarah, a la que está deseando ver para que le cuente cómo ha ido su encuentro familiar. Al llegar al mostrador de la entrada, le pregunta a la recepcionista:

—¿Sabe si Sarah ha llegado ya?

—Sí, acaba de subir. Creo que está en el primer piso.

La joven sube los escalones de cuatro en cuatro, atraviesa rápidamente el hall de fumadores y duda entre girar a la derecha para reunirse con su amiga o torcer a la izquierda para darse una ducha rápida.

No. Sarah primero.

Empuja la puerta de la cafetería esperando verla pero no hay nadie. Intrigada, vuelve a cerrar la puerta despacito y se dirige a su habitación echando una ojeada a la sala de reunión al pasar. Ni rastro de Sarah. Por el contrario, la señora De Luzille y la señora Bensimon comparten una discusión acompañada de grandes aspavientos delante de un panel de papel colgado en la pared. Queda poco para el desfile.

Finalmente encuentra a Sarah en su habitación, medio tumbada en la cama, leyendo una carta con gran concentración. Al oírla entrar, se sobresalta y alza los ojos.

—¡Ah, por fin!

—¿Quién empieza? —pregunta Émilie.

—Tú, venga.

—¿Empiezo por el principio o por el final?

Sarah sonríe:

—¿Por qué por el final?

—Porque nunca me he sentido tan bien como esta mañana, y tal vez sea gracias a lo que pasó anoche. Mírame —dice Émilie girando sobre sí misma como una modelo—. Silueta de ensueño, psique de acero, forma olímpica. ¡La nueva Émilie, querida! —Y termina haciendo una cómica reverencia de bailarina.

—Deja ya de hacerte la interesante. Cuéntamelo todo desde el principio, estoy deseando saberlo.

—Bueno, pues llegué a su casa..., fíjate, aún no consigo decir «nuestra casa». Resumiendo, que en cuanto llegué al barrio y vi la casa de lejos se me hizo raro. La angustia reapareció inmediatamente. Sentí una especie de nudo en la garganta porque en seguida volví a mis antiguas disposiciones mentales. A las del final sobre todo, cuando, cada vez que entraba en casa, un torrente de pensamientos y sentimientos me consumía por dentro y me dejaba medio muerta. Tuve que calmarme e intentar reflexionar, lo que me resultó más fácil cuando me di cuenta de que ya no podía hacer los gestos habituales que solía hacer, como por ejemplo abrir la puerta porque había tirado la llave. ¿Te imaginas? Tuve que llamar al timbre. ¡En casa de mis padres, en mi casa!

—Y ¿qué pasó entonces? —pregunta Sarah.

—Pues mi padre vino a abrir. No exageró demasiado, no se echó en mis brazos. Interiormente aprecié su moderación. ¿Te imaginas lo que ha tenido que vivir estos últimos meses? Su hija se va de su casa, deja sus estudios y luego la hospitalizan en una clínica especializada en trastornos alimentarios. Estoy segura de que nunca antes sospechó que pudiera estar enferma. Tan sólo me estrechó un pelín demasiado fuerte contra él y me dio un beso algo más largo de lo normal en la mejilla. Tal vez para que comprendiera cuánto se alegraba de volver a verme. A continuación empleó algunas expresiones que nunca se le habría ocurrido utilizar. Antes habría dicho: «Entra, hija mía», o «Entra, Milie», pero esta vez me preguntó: «¿Quieres entrar, Émilie?» Una pregunta, no una orden. ¡Y, como puedes imaginar, la diferencia es enorme! Entré en su casa tal y como habría entrado en la de unos desconocidos. Por supuesto, me sabía todo de memoria, puesto que no han cambiado nada desde que me fui. Pero era como si la mentalidad de cada uno hubiera cambiado, y poco a poco recobré la confianza en mí misma. Además, estaba contenta porque mi hermano no estaba. Tal vez lo habían hecho a propósito. Me senté en el sofá y observé todos los detalles de la casa. No está mal, mi casa, es bastante moderna y la decoración es sobria y de buen gusto. ¿Sabes?, cuando llevas viviendo mucho tiempo en un sitio, acabas por no ver nada. Sobre todo si quienes lo decoraron fueron tus padres. De nuevo, esta vez mi percepción era diferente.

—Y ¿cómo se comportaron?

—Francamente, estuvieron muy bien. Mi madre estaba preparando la cena y, en cuanto me oyó llegar al salón, corrió a mi encuentro. Donde más noté que había cambiado fue en sus ojos. Aquella mirada glacial que tanto miedo me daba había desaparecido. Antes tenía la impresión de que ella no sentía ninguna emoción y se limitaba a dejar caer un reproche asesino a cualquiera de nosotros, pero esta vez no fue así en absoluto. Le brillaban los ojos y lucía una verdadera sonrisa. Incluso creí distinguir unas lágrimas, aunque uno y otro hicieron cuanto pudieron para contenerlas. «¿Estás bien?», me preguntó ella. Al oírla hablarme así, de pronto me fue posible encontrar una manera natural de comportarme. Le dije «sí», e insistí en echarle una mano en la cocina. Allí me dejó de piedra diciéndome: «Esta noche tu padre y yo hemos decidido que responderemos a todas tus preguntas, sobre todo las que se refieran a nosotros dos.» Y añadió: «¿Tal vez fue eso lo que te faltó?» «No, no te preocupes», le respondí yo en voz baja. Pero lo cierto es que me sentí culpable, no te lo puedes llegar a imaginar. Y estoy empezando a comprender tantas cosas que me pregunto si no les hice más daño a ellos que a mí misma. Durante la cena, la conversación tomó un rumbo bastante curioso. Mi madre me dijo que yo misma vería, cuando tuviera hijos, «cuán difícil es responder a sus exigencias de niños y, al mismo tiempo, hablarles como a un adulto». Después, mi padre, que no había abierto la boca hasta entonces, se lanzó: «Creo que te debo la verdad, Émilie. Estaba al corriente de la historia de tu madre. Desde hacía algún tiempo nos habíamos dejado arrastrar por una especie de rutina y habíamos dejado de cuidarnos mutuamente. No sólo nos habíamos alejado el uno del otro, sino que probablemente también nos habíamos distanciado un poco de vosotros.» ¡No te imaginas lo molesta que me sentí! Porque mi padre no es, para nada, de los que suelen contarlo todo. Y, a decir verdad, casi lo prefiero en su papel tutelar, como figura de autoridad. En ese momento me estaba contando su vida como hombre y no me apetecía conocerlo desde esa perspectiva. Cuando cada uno se sale de su papel, surge el desorden. En definitiva: nunca debería haber sabido que mi madre tenía un amante. Y tampoco debería haberla juzgado. Lo que ha cambiado es mi manera de ver las cosas. Tal vez estaba demasiado apegada a la imagen que me hacía de ellos y era incapaz de soportar lo que eran en realidad.

—Tal vez. ¿Y qué ocurrió luego?

—Después de esa confesión, mi madre tomó la palabra: «¿Sabes qué, Émilie?, esta historia nos ha hecho mucho bien. En realidad, tu padre y yo nos hemos dado cuenta de que nos habíamos dejado engañar. Nos habíamos convertido en dos personas muy serias cuando en un principio no éramos exactamente así. Nos casamos porque nos queríamos, nuestro matrimonio había durado más tiempo que muchos otros, pero, centímetro a centímetro, la rutina se había ido adueñando de nosotros. Yo, pensando que había dejado de interesarle a tu padre, intenté ocuparme cada vez más de vosotros, cuando en realidad teníais vuestro carácter y erais bastante independientes. Resultado: me vi sola con una profesión que no me apasiona. Con la historia que descubriste, tuve la impresión de volver a existir, de serme útil a mí misma y a alguien más. En definitiva: la típica historia de la mujer burguesa que se aburre y que encuentra en su camino, yo no diría a un golfo, pero sí a un oportunista. Creer en el amor hace tanto bien como vivirlo. Basta con que la otra persona no dé ningún paso en falso para caer completamente en su trampa. Nunca me habría imaginado que un día yo acabaría teniendo una aventura con alguien así, pero encuentro extremadamente generoso por parte de tu padre que lo haya comprendido. Y que me haya perdonado.» Mi padre bajó la cabeza. Parecía a la vez incómodo y satisfecho.

—¡Menuda noche! —exclama Sarah—. Han pasado un montón de cosas entre vosotros.

—Después me sentí obligada a explicárselo todo: la bulimia, los vómitos, la discoteca. Bueno, casi todo: dejé de lado la cocaína y la historia con Patrice Houbert. Tal vez debería habérselo contado todo, puesto que estábamos lavando todos los trapos sucios de la familia. Lo más curioso de esta historia es que gracias a esta crisis ahora las cosas están mejor entre ellos y yo y, sobre todo, entre ellos dos. La mayor estupidez que cometí fue querer interponerme entre ambos. Anoche tuve la impresión de recuperar no sólo mi lugar como hija, sino también a mis padres. La diferencia es que ahora estoy en pie de igualdad con ellos. Ni siquiera tuve la impresión de hablarles como si fuera una cría. Voy a necesitar algo de tiempo para adaptarme a esta nueva situación, pero he comprendido que puedo seguir siendo su hija y dejar de ser una niña. Menuda transición.

—Y ¿ya está? —le pregunta Sarah.

—¡No! Después, por supuesto, hablamos de mis estudios. Entonces mi padre me dedicó un largo alegato porque se sentía responsable por haberme obligado a seguir sus pasos y me aseguró que era libre de hacer lo que quisiera. Traté de intervenir para interrumpirlo pero, como necesitaba decirlo, dejé que se desahogara. Al final, cuando pude hablar, le dije algo que lo sorprendió y lo tranquilizó. En resumidas cuentas: que no había escogido esa profesión por él. Que tal vez él me hubiera influenciado, pero que siempre había querido ejercer una profesión liberal para no tener que obedecer a un jefe. Vaya, que convertirme en cirujano dental no me desagradaba porque a mí se me daba mejor lo manual, y que además los estudios eran algo más cortos. Incluso añadí, para ser honesta con él, que apreciaba el estatus social que teníamos en casa. Y en ese momento mi madre volvió a comportarse como madre y justamente me preguntó si tenía pensado volver a clase.

—¿No lo saben? —dice sorprendida Sarah.

—No, quería revelarles todos los cambios cara a cara. Cuando les solté que ya estaba preparándome para los exámenes de septiembre y que intentaría no repetir curso, ni te digo lo contentos que se pusieron. Sin embargo, el final fue más duro.

—Ah, ¿sí? ¿Por qué?

—Porque mi padre me preguntó si quería volver a casa. Yo le respondí que no, que ya no quería dormir allí salvo en alguna ocasión especial, que tenía pensado acabar mi estancia en la clínica y aceptar su proposición de vivir en un estudio. Les resulta raro que me vaya de casa. A mí también, pero al mismo tiempo estoy contenta porque por fin voy a poder estar sola. Al final, te aseguro que no podía más. Estaba completamente agotada desde el punto de vista emocional.

—¡No me extraña!

Sarah percibe claramente la metamorfosis de Émilie en sus gestos, en la fluidez de su relato, en el brillo que anima sus ojos, e incluso en su manera de explicarse y de moverse. Reencontrarse con su pasado pero sin el estatus de niña que tiene tendencia a la fuga ha abierto las compuertas y desecado sus angustias. Al hablar y atreverse por fin a confrontar a sus padres y sus impresiones como adultos, y no en una relación de dependencia —por no decir de autoridad—, algunas barreras se han levantado. Una nueva libertad que alegra a su amiga y que le hace pensar en la suya, también reciente.

—¿Y a ti, Sarah? ¿Cómo te fue con tus padres?

La joven sonríe ligeramente.

—¡Pues también genial! En primer lugar tuvimos suerte porque Lucio y yo llegamos al restaurante después que ellos. Así que no nos estresamos esperándolos. En ese sentido no hubo problema, creo que lo hicieron a propósito, incluso mi padre llegó puntual. Los dos estaban muy guapos además, estaba orgullosa de ellos. Lucio me dijo en voz baja que me parecía a ellos..., pero también dijo algo mucho menos agradable: que tenía el mismo carácter que «el ministro».

—¿Y qué? —replica Émilie—. ¿Es realmente un monstruo?

—No, yo no diría eso, pero es un tipo que lo analiza todo demasiado, muy organizado y, al fin y al cabo, manipulador.

—¡Me parece que tú no te has visto trabajando en la cafetería! La has transformado en un laboratorio.

Sarah se echa a reír.

—Tienes razón. De hecho me di cuenta la última vez, cuando comprobé el nivel del aceite para saber si alguien lo utilizaba sin mi autorización. Espera, que te acabo de contar la historia. Así que estaba muy orgullosa y luego, de golpe, me angustié porque temí que Lucio se sintiera mal estando entre ella, él y yo, que se sintiera excluido, como un extraño. Pero mi padre estuvo increíble: cuando nos vio se levantó para acudir a nuestro encuentro y se dirigió en primer lugar a Lucio en vez de hablarme a mí. ¡Te juro que me dejó pasmada! Luego dijo: «Buenas noches, caballero, encantado de conocerlo, muchas gracias por todo lo que ha hecho por Sarah.» Ese comentario me molestó un poco porque en aquel momento tuve la impresión de que le daba las gracias como si Lucio fuera su criado. En resumidas cuentas: lo felicito por haber sido un buen enfermero para mi hija. Pero en realidad no era así. Mi madre incluso se le acercó y le preguntó si podía darle un beso, lo que significa que lo considera mi novio oficial. Mi padre, por su parte, me cogió de la mano y me la apretó muy fuerte. Ese gesto me llenó de felicidad. Si te soy sincera, lo que más me alegraba era lo que leía en sus rostros. Había vuelto a encontrarme con ellos, pero no como antes. Estaban mucho más simpáticos, probablemente como cuando se dedican a la política. No, no te rías, Émilie, no es que diga que estaban siendo hipócritas conmigo. Incluso puedo decirte que eran francamente cariñosos.

—¿Y la cena?

—En la mesa hicimos como si nada hubiera ocurrido. Ni una palabra sobre el episodio de mi paro cardíaco, no se mencionó la disputa con Mathieu, ningún reproche sobre mi fuga con Lucio. Simplemente hablaron de mi juventud, de mi infancia, como dos viejecitos entrañables que no hacen más que chochear. Y luego mi madre, por supuesto, interpretó su papel. Le hizo mil preguntas a Lucio como quien no quiere la cosa. Sobre su familia, sus estudios, para saber cómo veía el futuro... El que mejor estuvo fue mi padre. Le hizo hablar de la clínica, le pidió que diera su opinión sobre los métodos que se empleaban y le habló casi como a un profesional. ¡Y, conociendo al ministro, puedo decirte que interesarse por alguien que no sea él no es un ejercicio que suela practicar!

—¡Genial! —se alegra Émilie.

—La verdad es que sí. Lo malo fue cuando pedí que me sirvieran una dorada. Tuve la impresión de haber dicho una palabrota. Como si, para que se quedaran más tranquilos, tuviera que reclamar un magret de pato al foie-gras.

—¿Qué tal van las cosas en ese sentido?

—Pues regular. A ti te lo puedo decir: la verdad es que aún me sigue costando muchísimo comer. De no ser por Lucio creo que volvería a caer en la anorexia. A menudo no me siento guapa cuando me miro al espejo.

—¡Pero hay que ver cómo eres, chica! Tú no te das cuenta, pero eres guapísima, tienes un cuerpazo, pero casi estás demasiado delgada. ¡Te quejas cuando otras chicas, como yo antes, se hartan de vomitar para intentar adelgazar!

—Sí, ya lo sé, pero en el fondo tengo miedo. Cada vez que debo comer, calculo. Cuento una y otra vez las calorías. Incluso puedo decirte que ayer, durante la cena, ingerí 740, lo que me parece una exageración en el programa de un día.

—Desde luego no eres una alumna digna de Mathieu. Nos ha explicado mil veces que, cuando comemos demasiado, debemos intentar compensar con la comida de después.

—¡Ya lo sé! Pero es que en mi caso es un reflejo. Según él, sólo lograré controlarme el día que me quede embarazada.

Émilie hace un gran aspaviento:

—¡Pues adelante! Ya no nos va de ahí, en esta clínica podemos hacerlo todo: casa de modas y guardería. Y, si hay algún problema dental, aquí estoy yo para solucionarlo. Venga, sigue contando.

—Luego se comportaron como dos padres «normales» que están conociendo al novio de su hija. No hace mucho que salgo con Lucio y no estoy segura de que sea el hombre de mi vida, aunque a mí me encantaría, pero puedo asegurarte que, en su caso, en cuanto les presentas a un chico van a toda velocidad. Si el contexto fuera distinto, incluso pensaría que quieren deshacerse de mí.

—¿Vas a volver a verlos?

—¡Por supuesto! Si nuestro piso fuera más grande, los habría invitado a casa, pero Lucio y yo hemos aceptado comer en la suya el próximo domingo. Me siento realmente aliviada al ver que lo aceptan. Y también me alegro de haber restablecido una relación cordial con ellos. La guerra ha terminado, y como todos hemos resultado heridos, ahora nos hace falta paz y armonía para acabar de curarnos.

—Es exactamente lo mismo que siento yo —se desahoga Émilie—. Ralph piensa que uno entra en esta clínica después de haber vivido una especie de muerte momentánea.

—¡Yo la rocé de verdad y fue aquí mismo, así que no hablemos más de eso! —se enfurruña Sarah de repente.

Para cambiar de tema, Émilie mira su reloj y luego le muestra la muñeca:

—¿Has visto la hora que es? ¿No tendrías que estar trabajando?

—No se lo digas a Mathieu, pero creo que cada vez estoy menos anoréxica: no tengo ni pizca de ganas de trabajar. Pongamos un poco de música y sigamos hablando. O, si quieres, puedes ayudarme en la cafetería, así al menos no me quedará más remedio que hacer dos o tres cositas allí.

Décima parte

Capítulo 71

Nerviosa, Émilie hojea una revista. Sentada en el hall de la entrada, pasa las páginas sin entretenerse realmente en leer los artículos. De vez en cuando se fija en la imagen de una modelo o de una celebridad pillada in fraganti por un *paparazzi* cáustico que muestra una crisis de acné, un poco de celulitis, una cara envejecida o unas enormes ojeras. La prensa basura tiene su lado bueno: destroza y desacraliza por completo a esas personas que las revistas femeninas realzan y ponen en primer plano gracias a los retoques de Photoshop. Y ver que también las estrellas tienen problemas de piel o de peso no le desagrada por completo.

Pero ese día no hay nada que hacer. Ni las ojeras de Britney Spears ni los huesos de Paris Hilton captan su atención. Hace ya un rato que espera la llegada de Ralph. ¿Qué hace? ¿Por qué tarda tanto? ¿Ha surgido algún problema? ¿Y si no hubiera funcionado?

Se dispone ya a morderse las uñas cuando, por fin, ve que un taxi se detiene delante de la escalera de la entrada. El diseñador baja del vehículo. Su paso es ágil pero su expresión es seria. Émilie, preocupada, hace una mueca.

—¿Cómo ha ido? —le pregunta ella en cuanto abre la puerta del establecimiento.

—Lo he conseguido. Hemos firmado todos los papeles y ya tengo mi cheque. Pero la negociación ha sido dura.

El rostro de la joven está radiante. Sabía lo que Ralph se jugaba en ese encuentro.

—Ven a mi habitación —le dice él—, te lo explicaré todo.

Émilie se apresura a seguirlo, consciente y orgullosa de su rol de favorita. Una vez en el piso de arriba, Ralph deja su abrigo y se mira al espejo.

—¿Sabes lo que el cabrón de Rabault se ha atrevido a decirme? «Ha adelgazado mucho, ¿seguro que no está enfermo?» ¡Cuando fue él el que me llamó gordo después de mi último desfile! He perdido 16 kilos en cuatro meses, ¡está claro que eso cambia a un hombre! Nunca me había sentido tan bien: corro como cuando tenía treinta años, mis músculos han recuperado volumen, mi cuerpo ha cambiado, pero a esa basura sólo se le ocurre decir eso. ¿Cómo he podido trabajar tanto tiempo con un tipo tan pretencioso e indiferente para con los demás?

—¡No te alteres, estás genial!

—Gracias... En todo caso, los abogados de Édouard Bertolin han hecho un trabajo fantástico. Gracias a ellos he podido recuperar mi nombre. Y nadie más se hará con mi identidad.

—Deberías estar loco de contento, pero por tu cara no lo parece.

—Porque sigo enfadado conmigo mismo. Al volver a ver a ese tipo he tenido la sensación de haberle dejado que me tomara el pelo durante años. Y si bien es cierto que el pensamiento de dejar de depender de esa serpiente de cascabel me alegra y estoy satisfecho por haber obtenido lo que quería, la idea de que un sinvergüenza tan grosero como él me haya engañado me horripila. Además, la fase más importante empieza ahora. Pasar de la creación a la realización. Ya he vivido ese proceso con equipos mucho más competentes que el que tengo ahora y por eso puedo decirte que soy consciente de los peligros que corremos. A partir de ahora es doble o nada. Primera posibilidad: triunfo y dejo completamente en ridículo a François Rabault. Segunda posibilidad: me equivoco, la colección es abucheada y yo me hundo por la mala prensa. Entonces estaré completamente acabado y no me quedará más que desaparecer del mundo de la moda y de París y hartarme de comer *macarons*[7] de Ladurée o pasteles con nata de Angelina contigo.

–Tranquilízate. Vamos a ganar, estoy segura –lo reconforta Émilie–. Vamos a ganar porque nos lo merecemos. Y porque, con lo valiente que has sido y todo lo que has aportado aquí, no puede ser de otra manera.

–¡No estarás hablando en serio! El que ha aprendido aquí he sido yo: la simplicidad, la humildad, el sufrimiento. Me habéis ayudado a reanudar los lazos con la vida real, a olvidar la futilidad y la inutilidad de mi existencia anterior, una existencia que debería haber consagrado al trabajo y a la creación pero que se había perdido entre tanto convencionalismo estúpido. Yo soy el que os lo debe todo.

7. Dulce tradicional francés hecho de clara de huevo, almendras molidas y azúcar glas. Se trata de una especie de pastelitos a modo de sándwiches formados por dos galletas finas y una crema o *ganache* entre ambas. *(N. de la t.)*

Capítulo 72

En la sala de reuniones, Delphine y Liliane han dejado de pelearse. Después de haberse comportado como perros que enseñan los colmillos para delimitar sus territorios, han aprendido a soportarse y cada una reconoce en la otra las virtudes que le faltan. Unas cualidades que ahora les parecen superiores a los defectos que antes tanto les molestaban. El sentido de la organización y la autoridad de una, la diplomacia y la moderación de la otra, y la generosidad que al final las une hacen maravillas. Sin embargo, la pila de invitaciones que hay que escribir y enviar disminuye lentamente de tantas como hay. Cuando ven entrar a Ralph en compañía de Émilie, instintivamente, tanto por respeto como por malicia, casi sienten ganas de levantarse y hacer un marcado saludo militar destinado al nuevo general en jefe de la clínica, que pasa revista a sus tropas acompañado de su ordenanza favorita. Al menos coinciden en un punto: criticar de vez en cuando al ojito derecho del estilista.

—¿Todo bien? —pregunta Liliane Bensimon, preocupada por una eventual mala noticia.

—¡Mejor imposible!

Ralph se sienta, apoya los antebrazos en la mesa y se inclina ligeramente, como si quisiera confiar un secreto a las dos mujeres.

—Señora De Luzille, en nuestra lista de invitados faltan algunos políticos, tanto hombres como mujeres. ¿Podría usted intentar añadir uno o dos talentos republicanos, a ser posible de la nueva generación?

—Mi hijo Baptiste me ayudará si quiere que vengan más artistas pero, desgraciadamente, no conozco a nadie en el mundo de la política.

—Tengo una idea —propone Émilie—. ¿Por qué no se lo proponemos al padre de Sarah? Creo que en este momento no le negará nada de lo que le pida.

—Pues claro —replica Ralph—, Philippe Fillot, el ministro de Sanidad, excelente idea. Estoy seguro de que le encantará asistir. Lo he visto alguna vez y coincide exactamente con el perfil del político que quiere dejarse ver. Venir a admirar una colección que podrá vestir a todas las mujeres, en la que además participa su hija, le permite matar dos pájaros de un tiro. Por un lado demostrará que es un buen padre y que se interesa por ella y, por otro, atraerá la atención de los medios de comunicación al apoyar una iniciativa que seguramente calificará de «cívica». Ya estoy viendo el cuadro, las cámaras y los titulares.

—¿Dónde se celebrará el desfile? —se pregunta la señora Bensimon, curiosa y directa como de costumbre.

—En el Petit Palais, que he reservado especialmente para la ocasión. Ha sido magníficamente renovado y me encanta su jardín interior.

Sarah aparece entonces por la puerta con una expresión algo decepcionada en el rostro.

—¡Ah, ya están todos aquí!

Ralph se vuelve hacia ella y le saca una silla al lado de la suya para que se siente.

—Sarah, has llegado justo en el momento adecuado. Necesito tu ayuda.

—¿Qué puedo hacer por ti?

—Convencer a tus padres para que asistan al desfile el 3 de julio a las seis de la tarde en el Petit Palais.

—No hay ningún problema. En este momento no me negarán nada de lo que les pida.

—Gracias.

Delphine de Luzille interviene:

—Sarah, ¿cree que la presencia de su padre podría incitar a otras personalidades políticas a ir al desfile? Y, si así fuera, ¿de quién se trataría?

—Todos están tan interesados en ganarse su amistad desde que ha anunciado su candidatura que creo que incluso el presidente de la República iría si lo invitara.

—No hace falta —interviene el estilista riéndose—, su esposa, que es amiga mía, no se ha perdido uno solo de mis desfiles. De modo que ella estará. Aunque nos harían falta una o dos mujeres ministras o diputadas.

—No te preocupes, me ocuparé de ello —dice Sarah, divertida—. ¡Y cuenta con mi padre!

—Perfecto. Señora De Luzille —prosigue Ralph—, continúe con las invitaciones y anote a la gente que confirma su asistencia. Señora Bensimon, usted trabajará con la agencia de organización de eventos que he contratado y comprobará que el pliego de cargos que les he dado se siga al pie de la letra. Tendrá que desplazarse varias veces, espero que eso no sea un inconveniente.

—¡Al contrario, así me pasearé!

—Émilie, en cuanto a ti, tendrás que mantenerte alerta. Los vestidos empezarán a llegar de los talleres dentro de poco. Tendrás que controlarlos uno por uno, comparándolos con los croquis que has escaneado y anotado para ver si vienen con todos los elementos solicitados. Verás que faltarán muchos. A continuación tendrás que añadir una ficha de seguimiento para controlar la ejecución de las modificaciones. Sarah, paralelamente, te necesitaré para las pruebas.

Fascinadas, atentas, concentradas, el cuarteto de fans lo escuchan con una atención teñida de admiración. El gran día se acerca a pasos agigantados, todas sus esperanzas y su trabajo se concretarán dentro de poco, pero aún les queda mucho por hacer. Conscientes de lo que está en juego, están dispuestas a todo por Ralph. Él les sonríe afectuosamente.

—Tenemos menos de dos meses para hacer todo lo que acabamos de decir. Pero, sobre todo, quiero que ese día, unas y otras, e incluso yo, aparezcamos como nunca. Orgullosos de haber llevado a cabo este proyecto y en plena forma. La comida ya no tendrá ninguna importancia: nos estabilizaremos en el peso que hayamos decidido para esa fecha. No se preocupen tampoco por sus conjuntos. Señora de Luzille, como usted adelgaza a ojos vistas, se organizará una última prueba la víspera del desfile, y les prometo que todas estarán radiantes.

Ralph se levanta y las saluda. En cuanto sale de la sala, Liliane no puede evitar decir la última palabra:

—¡Nuestro Ralph es extraordinario, siento que este desfile será grandioso!

Capítulo 73

Un gran sol baña el anémico césped que intenta reverdecer delante de la clínica. Baptiste de Luzille, acompañado de una encantadora joven, sube los escalones que conducen a la puerta de entrada. Y a punto está de chocar con dos transportistas que cargan un bastidor vacío. El director de teatro se pregunta si no se ha equivocado de edificio. Pero no, reconoce el hall. Después de anunciar su llegada en recepción, se dirige al ascensor con su acompañante.

En cuanto llama a la puerta de la habitación, su madre responde:

—¡Adelante!

Delphine, que está hablando animadamente por teléfono, hace un gesto a sus visitantes para que se sienten en la cama.

—Entonces cuento con su presencia, señora diputada. El señor Farrell estará encantado. Por favor, soy yo quien debe darle las gracias.

Cuelga y se vuelve hacia su hijo.

—Baptiste, no te esperaba.

—Hola, mamá, espero no molestarte, no pensaba que estuvieras tan ocupada.

—No importa. ¿A qué debo el placer de tu visita?

—Querría presentarte a Laura, mi futura esposa.

No es que la noticia la sorprenda o la incomode, pero se queda atónita durante unos segundos. Decididamente todo avanza muy de prisa en ese momento. Nunca antes le había parecido que una persona del sexo débil —como solía decirse antes— pudiera interesarle, y ahora resulta que su hijo tiene una prometida. Decidida a no mostrar su sorpresa, dice:

—Es usted encantadora, señorita. ¡Si supiera cómo me alegra saber que mi hijo no es homosexual!

Laura no puede evitar soltar una carcajada, al igual que Delphine. Baptiste, totalmente desconcertado, compone un gesto de fastidio.

—Por favor, señora, llámeme Laura —dice la joven.

—De acuerdo, a condición de que usted también me llame Delphine. Sobre todo nada de «suegra»; la sola idea me horroriza.

—Como quiera, Delphine.

Baptiste no se lo puede creer. Su madre, esa mujer antaño tan impregnada en su educación a la antigua, tan apegada al protocolo de las presentaciones oficiales y a los reflejos de rechazo, ha desaparecido. Tanto en el sentido literal como en el figurado, porque su volumen corporal se ha reducido a la mitad. Y no es ése el único cambio. Ha cambiado su pelo largo con su diadema o pasador por un pelo corto, un corte más joven que realza su rostro, ahora más delgado. Asimismo, lleva una túnica pantalón de color azul índigo que combina bien con sus ojos cuando antes se emperifollaba con una especie de vestido negro, ancho como una tienda de campaña, que le llegaba hasta los tobillos. Louis había prevenido a Baptiste de algunas evoluciones, pero no esperaba que fueran tan radicales y espectaculares.

Delphine se vuelve hacia él:

—Perdona mi comentario de antes, ya te lo explicaré otro día. O, si no, pregúntale a tu hermano.

—Ya me lo ha contado. Y Laura sabe mejor que nadie que no soy homosexual.

La frase que acaba de pronunciar hace que se sonroje. Nunca le había hablado así a su madre.

—Tanto mejor, tanto mejor. ¿Os gustaría asistir al desfile que estamos preparando en la clínica con el diseñador Ralph Farrell?

Laura asiente, encantada y entusiasta.

—¿Por qué no? —responde más sobriamente Baptiste.

—¡Estaría bien que vinieras, ya que eres una celebridad parisina, querido hijo! No me había atrevido a molestarte porque me he enterado por la prensa de que estás escribiendo una nueva obra, pero quiero que sepas que estoy muy orgullosa de ti.

—Madre, perdona que te diga esto delante de Laura, pero has cambiado mucho. Y yo diría que para bien. Estoy asombrado.

—De hecho, tenemos muchas cosas de las que hablar tu padre, tu hermano, tú y yo. Yo he empezado el juego de la verdad para librarme de las mentiras y los silencios del pasado con Pierre-Marie, y tengo intención de continuar con esa operación de actualización para acabar con las zonas de sombra familiares. A partir de ahora, ya no habrá razones para conservar o concebir el más mínimo secreto.

Baptiste siente que ha llegado el momento de dejar sola a su madre. Aprovechando esa tregua de los rencores y su vena de confidencias, pero también algo incómodo por el rumbo que está tomando su visita, le dice:

—Mamá, si no te importa, nos vamos, pero me gustaría volver a hablar de todo esto contigo. Sólo he venido para darte la buena noticia, y espero que me dejes anunciársela a papá.

—Claro, claro —se enfurruña Delphine al constatar que su hijo no tiene ningunas ganas de ir un poco más allá en el exterminio de los bloqueos familiares ese día—. Perdonadme vosotros a mí. Como estoy algo ocupada con los descubrimientos que he hecho en mí misma y también con la preparación del desfile, estoy en plena efervescencia. De hecho, vamos a recibir los nuevos modelos y todo el mundo está impaciente.

—Por cierto, ¿cuándo es?

—El miércoles que viene, aquí tenéis vuestras invitaciones. Estamos en plena actividad y no estamos listos todavía, pero en cuanto hayamos terminado la presentación, me gustaría que comiéramos los cuatro juntos, Laura, tú, tu padre y yo.

Baptiste asiente después de haber mirado a su prometida, que, con una caída de pestañas y párpados, le da su consentimiento. En realidad, esa visita lo contraría. No se ha desarrollado según el guión previsto —al fin y al cabo, bastante convencional— que había elaborado en su cabeza. Él, el especialista de la puesta en escena de personajes ficticios, se imaginaba un encuentro algo pomposo en el que recurrirían a las buenas maneras, limitándose a una conversación banal sobre la vida de unos y otros, la profesión de Laura, su familia, la dieta de su madre... En resumidas cuentas, algo racional, agradable, y no esa conversación extraña con una mujer tan cambiada que llega a olvidar las buenas y distantes maneras y se comporta de forma franca, por no decir atrevida, llegando incluso a sacar los trapos sucios del clan y a hurgar en los rincones para desterrar las impúdicas creencias que debería haberse guardado para sí. Ni una alusión a los orígenes de Laura y a la manera en que se conocieron, pero ¡qué egoísmo! Y ¿a quién se le ocurre salir con ese horror de su homosexualidad inventada? Las reacciones de Delphine lo han cogido por sorpresa. Ahora resulta que le da dos besos a Laura, ¡lo que faltaba! Desestabilizado, Baptiste trata de autoconvencerse: debería alegrarse de que su madre haya recobrado la salud y la alegría de vivir y acoja a su futura nuera de manera tan afectuosa. Lo que más le molesta es que haya cambiado tanto y que ahora resulte imprevisible. Al final tendrá que sentarse frente a ella para conocer a esa nueva y extraña Delphine y averiguar lo que queda de la antigua. Más tarde, cuando el desfile haya terminado, se tomarán el tiempo necesario para descubrirse y reencontrarse, se promete a sí mismo.

Baptiste sale de la clínica apesadumbrado pero, en cuanto están fuera, Laura le muestra que ella, por su parte, está extasiada. Afirma literalmente que su suegra la ha conquistado. Al oírla, Baptiste ve cómo poco a poco sus primeras dudas sobre esa metamorfosis se disipan unas detrás de otras. Y, lo que es mejor: intenta considerar la situación como un hombre de teatro. Es verdad que una clínica representa un lugar dramático por excelencia. En ella, los pacientes conviven con la enfermedad, la muerte, el dolor, la pena y también la curación. ¡Allí hay material de sobra para una obra de teatro!

Capítulo 74

La efervescencia sigue aumentando. Cuanto más avanzan las horas, más se acumulan los retrasos, como si dos adversarios hicieran cuanto estuviera en su mano para ligar los elementos y no estar nunca de acuerdo. Por un lado, el tiempo pasa demasiado de prisa, por el otro, los imprevistos y los pequeños inconvenientes lo ralentizan todo. Por más que Ralph intenta calmar a todo el mundo afirmando que siempre es así antes de un desfile, a los demás les cuesta creerlo. Y su expresión preocupada no aboga en su favor ni los tranquiliza.

Lo más problemático, y eso es el colmo, son las pruebas de los modelos. Aún faltan muchos bordados, complementos, ajustes... Esa tarde, cuando el creador, acompañado de Émilie, Sarah, Lucio y Liliane, ve a Delphine, se precipita sobre ella con una pregunta inesperada:

—¿Sabe si Mathieu Sorin ha venido hoy?

—No, ¿por qué?

—Han llegado todos los vestidos. Me gustaría que nos las arregláramos con los medios de los que disponemos para que yo pueda comprobar el orden de la presentación. Pero ¿dónde?

En un primer momento, Delphine no sabe qué responderle. Al principio, feliz e impaciente por ver los modelos sobre los que han trabajado desde hace varias semanas, comprende rápidamente que habrá que ensayar en condiciones normales. Pero ¿hay algo normal en esa clínica? Justamente, ésa es la idea. Organizar el predesfile en el pasillo del lugar donde todos están hospitalizados como un acontecimiento completamente surrealista, como una especie de apoteosis y de agradecimiento. Ralph aprueba la sugerencia desde el principio.

Delphine, inocente pero siempre tan espontánea, añade:

—Y ¿por qué no invitamos a Mathieu?

—Tiene usted razón —señala Liliane—. Nunca se ha opuesto a que trabajemos. Crear vestidos es mejor que dedicarse a la alfarería o pintar cortezas en la sala de actividades, ¿no? Bueno, entonces, ¿quién se encarga de avisarlo?

La pregunta que hace a los allí presentes obtiene por respuesta un pesado silencio. Delphine se encierra en su mutismo. Sarah y Lucio hacen como si no hubieran oído nada. Émilie tampoco tiene ganas porque considera que ya le ha solicitado mucho. Ni siquiera Liliane, normalmente dispuesta a actuar y a chismorrear, quiere ir a hablar con él. Ralph se encoge de hombros, coge su teléfono, marca el número de la recepción y pide que lo pasen con Mathieu:

—Doctor Sorin, soy Ralph Farrell. Me gustaría pedirle un favor. ¿Podría subir un momento, por ejemplo, a primera hora de la tarde, para que le enseñemos aquello en lo que hemos estado trabajando desde hace algún tiempo?

Precisamente Mathieu se dice a sí mismo a menudo que su clínica no tiene nada que ver con un establecimiento hospitalario clásico, y que tal vez debería empezar a preocuparse por ello. O, al menos, saber más exactamente qué es lo que ocurre. Por más que tenga la impresión de dirigir una casa de locos —bueno, dirigir es mucho decir—, esos «locos» siguen estando bajo su responsabilidad. Reina la anarquía, e incluso el carnaval, clamarían algunos de sus colegas estirados muy estrictos con las cuestiones de jerarquía. Como a él al fin y al cabo le da igual que primer piso no le haga ningún caso y que los enfermeros vayan a lo suyo mientras los pacientes estén cada vez mejor, hasta ese momento esa deriva no le ha molestado. Por el contrario, el sentimiento reciente de sentirse al margen lo entristece. E incluso lo perturba. La invitación le va de perilla.

Y más cuando durante su visita de la mañana se ha visto en medio de un desorden de telas, lazos y lentejuelas. Las lentejuelas —menudo horror— se quedan pegadas a la suela de los zapatos, y ahora las hay por toda la clínica. La verdad es que eso no resulta nada serio. El desfile de mensajeros y repartidores que entregan y vuelven a recoger las telas, los vestidos y los paquetes complica un poco el servicio, pero en general nadie se queja. Ni siquiera la recepcionista, que no da abasto con las llamadas destinadas a Ralph. Mathieu no sabe si debería intervenir para aconsejarle que instale su despacho en otro lado, pero finalmente se retiene considerando que esa especie de experiencia terapéutica original será interesante. En efecto, gracias a él, el estilista ha logrado reunir a cuatro personas de niveles sociales diferentes de entre el resto de los pacientes —que se han mantenido más bien al margen de esa efervescencia— y ha hecho que establezcan un vínculo de cohesión y de solidaridad que los hace, en cierto modo, corresponsables de las curaciones de unos y otros. Una manera de hacer que él mismo ha preconizado desde siempre.

De hecho, el nutricionista ignora todos los problemas de Ralph. Nadie le ha revelado la extrema importancia de esa nueva colección. Aunque se alegra de que lo hayan invitado esa tarde, así al menos tendrá la impresión de haber participado un poco.

—Me imagino —le dice al estilista— que en este momento de nada sirve que vaya a ver a alguno de ustedes para hablar un poco cara a cara, ¿verdad?

—No, efectivamente —le dice Ralph riéndose—. Creo que en este momento tenemos cosas mejores que hacer que hablar de nuestra dieta. Además, querido Mathieu, por lo que sé, todos hemos cumplido escrupulosamente nuestro contrato.

—Es verdad, tengo que reconocerlo. Y ¿la comida del mediodía?

—Creo que en el punto en que estamos, a partir de ahora nos limitaremos a comer una fruta y a comer un trozo de pan con un poco de queso.

Mathieu alza los ojos al cielo preguntándose si en realidad su profesión no tiene que ver más con la cocina que con la medicina propiamente dicha.

—Yo, si no le importa, voy a comer tranquilamente, y luego subiré.

—Perfecto, pero preferiríamos que viniera hacia las dos y media, porque no creo que estemos preparados antes de esa hora.

A las dos y cuarto, Mathieu no logra contener su impaciencia. Por un reflejo que ni él mismo comprende, como si lo hubieran invitado al primer piso de la clínica, se quita la bata blanca antes de ir a visitar a sus pacientes. Luego sube la escalera hasta llegar al pasillo.

No hay nadie en la enfermería, lo que en otras épocas hubiera valido al personal una severa reprimenda por su parte. Y, lo que es mejor, las puertas de todas las habitaciones están abiertas. Y ¿qué pasa con la seguridad?, refunfuña interiormente. Oye un ruido que proviene de la sala del fondo, se encamina hacia allí. Lo espera un curioso espectáculo. Un espectáculo inconcebible al que asiste casi toda la clínica, pacientes y personal sanitario confundidos, que forman un círculo alrededor de un maniquí de madera con un vestido de novia. Aparte de Ralph, que agita la parte delantera del vestido para juzgar la impresión que producirá al estar en movimiento, desplaza algunos alfileres del dobladillo, ajusta una manga o endereza un pliegue, no se oye ningún ruido. Todos están callados, maravillados.

El propio Mathieu no había visto nunca una prenda tan suntuosa de cerca. Parece una nube de tul y seda bordada con perlas de luz, sembrada de gotas de nácar, constelada de lágrimas de cristal. Él también se detiene, deslumbrado.

—Bueno, termináis de asistir al acabado del último vestido —explica doctamente el diseñador—. Así es como se concluye siempre una colección: con el vestido de novia. El simbolismo de dicha pieza es evidente para todos: encarna la prenda más importante que una mujer debe llevar en su vida. Siempre suelo acabarla en último lugar, aunque no todos mis colegas lo hacen, pero esta temporada lo hago aún con más razón porque es el punto culminante de mi nueva colección. Mathieu me ha autorizado a hacer un ensayo de la presentación aquí, en el pasillo, para comprobar la buena armonía del desfile, ¿no es verdad, doctor?

—¿Por qué iba a impedírselo? —replica el nutricionista—, pero no veo a las modelos. ¿Quién se probará los vestidos?

—Nadie. He pedido que colaboren algunos miembros de su equipo y algunos pacientes que colocarán los vestidos delante de ellos. Eso bastará para apreciar el efecto.

—Entonces será aún un placer mayor, Ralph.

Apagan los fluorescentes del pasillo, cuya luz es demasiado viva. El escenario, ese largo túnel de linóleo normalmente aséptico e insípido, únicamente iluminado por las luces que provienen de las habitaciones, adopta otro aspecto, enigmático y como de otro tiempo.

Con mucha seriedad a pesar del ligero ridículo de la situación, Lucio avanza llevando en sus brazos un vestido. Camina despacio antes de escaparse por el pequeño hall situado a la izquierda. Cada uno de los demás futuros modelos lo imita, con una solemnidad que contrasta con la singularidad del momento.

A Mathieu podría hacerle sonreír la comicidad surrealista de la situación pero, al mismo tiempo, su humor cáustico deja rápidamente paso a la admiración: la belleza de los vestidos que ve, y la importancia que poseen a los ojos de Liliane, Sarah, Émilie, Delphine y Ralph impiden cualquier burla irrespetuosa.

Una vez terminado el «desfile», el nutricionista, con los ojos brillantes, se vuelve hacia Ralph y su «banda».

—Y ¿todo esto lo ha creado usted aquí, en la clínica?

—No, nosotros hemos imaginado todo esto —responde el diseñador insistiendo ostensiblemente en el «nosotros»—. Usted no sabe cuánto nos ha aportado, doctor Sorin. Mientras nos curaba, yo he librado una batalla financiera y artística contra mis antiguos socios. Una batalla que estoy ganando, en parte, gracias a usted. Si no nos hubiera insuflado a todos la energía y la fuerza para saber quiénes somos, para encontrarnos a nosotros mismos y conocer nuestras personalidades profundas, ninguno de nosotros habría llegado hasta aquí. Esta colección se llamará «Renacimiento». Un nombre que no se me ha ocurrido por casualidad, como puede imaginar. Un nombre que se ha impuesto como una evidencia porque esta línea de vestidos nos ha ayudado a recobrar nuestras verdaderas almas, nuestros verdaderos cuerpos. O, en todo caso, a armonizar nuestro cuerpo y nuestra personalidad. No la vea, pues, como una simple colección de moda, sino como el símbolo de nuestra regeneración. Siendo optimista, diría también que es el símbolo de las futuras victorias que todos obtendremos, aquí y en otros lugares, no sólo en el momento presente, sino también el día de mañana.

Sinceras, apasionadas, pronunciadas con un sollozo en la garganta, esas palabras conmueven a Mathieu. Su sinceridad y su originalidad emocionan a ese médico que creía haberlo oído, soportado, comprendido y vivido todo. Él, que intenta blindarse para no sufrir mucho si fracasa, si un paciente no alcanza los objetivos fijados, a él, que a menudo intenta disimular sus sentimientos tras un caparazón de indiferencia o unos enfados homéricos de corta duración sigue fascinándole el alma humana. Sus oscuridades —y él las conoce— le repelen, le dan ganas de rebelarse y de vociferar, pero cuando muestra sus colores más suaves, esos rostros sensibles que se expresan, entonces se derrite. Porque es cierto que, al verlos a los cinco juntos, uno debe reconocer que muchas cosas han cambiado.

Ralph era un hombre abotargado y medio depresivo cuando llegó. Y Mathieu tiene ahora delante de él a un creador fresco, vigoroso, rebosante de energía.

Émilie por fin parece sentirse realizada. Su silueta es ahora tan perfecta como ella quería.

Sarah hace feliz a Lucio, que le ha devuelto la vida.

La mayor mutación es, sin embargo, la de Delphine de Luzille. Gracias a un desbloqueo psicológico seguido de una voluntad de hierro, ha pasado de padecer una obesidad mórbida a un estatus normal después de perder más de sesenta kilos. ¡Gracias a una simple dieta! Y todo gracias a que logró tomar conciencia de lo que la paralizaba.

La señora Bensimon incluso le ha hablado de la nueva relación que querría instaurar con su marido y le ha confiado que le gustaría encontrar un trabajo o trabajar como voluntaria en una asociación. Y, por primera vez después de varias estancias en la clínica, ha adelgazado de verdad. Como si la valorización que le ha procurado participar en esa colección hubiera dado un sentido personal a su existencia.

Como si por fin hubiera encontrado eso que siempre le había faltado, ella, que antes sólo existía para los demás.

Al final, él mismo, Mathieu, ¿no saldría beneficiado de esa operación, ya que todo el mundo sabría lo que había pasado en la clínica? En realidad, el simple hecho de haber ayudado a todas esas personas a sentirse mejor consigo mismos y haberles dado un poco de afecto y de ternura habría bastado ampliamente para compensarlo.

—¿Puedo llevar a mi mujer al desfile? —concluye él.

—Por supuesto. Y, al igual que algunas personas, incluso tendrá derecho a escoger un modelo.

Detrás de Ralph, Delphine de Luzille y Liliane Bensimon reprimen una risa impaciente.

¡Tan sólo una semana más de espera!

Epílogo

Seis y media de la mañana. El sonido estridente de su minidespertador de viaje lo saca de su letargo. Sólo se ha quedado adormilado y no ha logrado dormir profundamente. Un sueño entrecortado, con intervalos de conciencia porque le daba miedo no estar listo para asistir a lo que sería su consagración o su sepultura.

Como perfecto discípulo de Mathieu que es, Ralph decide empezar la jornada más importante de su vida, el punto culminante de su pasión por la moda, con una sesión de deporte. Ha adoptado esa costumbre y ahora es algo que se ha vuelto indispensable para él. Incluso se ha convertido en una especie de droga lenta y dulce con virtudes tónicas, puesto que progresivamente ha sustituido sus crisis de angustia y, por tanto, su ansiedad por la comida. Aunque su apetito ha disminuido considerablemente desde que degusta a diario el estrés del desfile, un estrés que lo regenera. Se pone su chándal blanco favorito, que como una piel liviana procura a su cuerpo una favorecedora sensación de ligereza. Se siente bien en su nueva piel, la de un hombre que ha recuperado su peso habitual. Un hombre de talento habitado por una intensa determinación, la misma que lo animó durante todo el período de preparación del show. Mientras se dispone a bajar, espera también, secretamente, que nadie vaya a molestarlo, a hablarle o a distraerlo. En un momento como ése, necesita estar solo. No porque rechace a los demás, sino para alcanzar la concentración que —él lo sabe— lo guiará hacia la victoria.

Por supuesto, no minimiza en absoluto el riesgo de un posible fracaso. Sin embargo, se trata de un riesgo moderado porque Rabault ya no podrá organizar una nueva conspiración contra él. Édouard Bertolin es al menos tan poderoso como él, de manera que no intentará provocarlo de frente. Sobre todo con esa colección, la más hermosa, personal y original que Ralph haya creado nunca.

El término de «renacimiento» que ha utilizado para nombrarla no sólo proviene del símbolo psicoanalítico. Desde que era niño, Ralph ha vivido fascinado por ese período tan rico de la historia de las artes, y a menudo se ha inspirado en los cuadros de los mayores pintores italianos del Quattrocento, tan ricos en colores y materias. El Renacimiento es también Francisco I y su emblema, la salamandra, ese animal que en teoría puede atravesar las llamas sin sufrir daño alguno. Un poco como él después del triste complot organizado por su ex mentor en materia de negocios. De hecho, ha insistido particularmente para que los medios de comunicación atraigan la atención sobre el nombre de La Gioconda que ha dado a la última creación del desfile: el vestido de novia. Como una sonrisa enigmática que dedicará a cuantos asistan al desfile. Cada uno, yendo a lo más profundo de su alma, descubriría su sentido. Y precisamente con la intención de traducir ese mensaje de esperanza, de renovación, el primero de sus modelos, adornado con piedras multicolores, se llama Chambord. Para recordar a todo el mundo que él sigue siendo el rey de la alta costura parisina.

Un importante servicio de organización y seguridad filtra a los invitados en las inmediaciones del Petit Palais creando un atasco inextricable entre el puente de Alejandro III y la rotonda de los Campos Elíseos. Incluso a los Vel Satis de los ministros, las limusinas de las estrellas y los Mercedes de los periodistas de *Vogue*, *Numéro* y toda la prensa americana les cuesta llegar delante del gran edificio. Una multitud de curiosos se agolpa tras las barreras situadas a la distancia adecuada y observa la aparición de las celebridades al pie de la gran escalera cubierta con una alfombra roja. Los flashes crepitan. La moda es, más que nunca, un acontecimiento mundano. Y la resurrección —o la caída definitiva, esperan ciertos periodistas de pacotilla faltos de rumores para aumentar la presión, el escándalo y las ventas– de un nombre tan famoso como el de Ralph Farrell atrae tanto a los admiradores como a las grandes fieras del dedal, la aguja y del papel glasé. Todo el mundo debe asistir.

Entre bastidores, el diseñador controla con minuciosidad militar los últimos detalles de las creaciones que llevarán las modelos. ¡En ese sentido también va a sorprender al público! Tal vez chocar, atreverse, seducir, dar que hablar, conmover, quién sabe si aplaudir, pero está claro que va a asombrar... Delphine de Luzille, por su parte, se enjuga las palmas de las manos con una toalla mientras la maquilladora acaba de pintarle los labios. Ralph, de pie detrás de su sillón, adivina su angustia y apoya las dos manos en sus hombros.

–Tranquilícese, todo saldrá bien, está usted sublime.

A continuación se acerca hasta el rincón de los peluqueros, donde ha identificado la cabellera negra de Sarah. Ella le hace señas con una mano.

–¿Qué tal? ¿Muy nerviosa?

–No, entusiasmada como una niña pequeña. Tengo la impresión de estar viviendo un sueño.

Él sonríe, no añade nada más y prosigue su inspección. Sólo quedan diez minutos antes de que las primeras notas de la banda sonora anuncien el principio del desfile. Las sombras de algunas dudas, de algunos miedos, siguen poblando su mente. Aunque sabe por su fiel Katia, que ha contactado con los periodistas, que muchos esperan ese trabajo con buenos ojos, el recuerdo de la conspiración sigue presente en él. Por más que esté seguro de su colección, de su diferencia, de su belleza, de su originalidad, en ese momento una pizca de estrés salpimienta sus pensamientos. Y, con un gesto casi inconsciente, para conjurar la mala suerte, cruza instintivamente los dedos. «Todo irá bien», se dice. Entonces abre la cortina situada detrás de la pasarela y observa la sala, en la que casi todas las sillas están ocupadas. Por una vez, muy poca gente llega con retraso. La esposa del presidente está sentada en la primera fila, entre Philippe Fillot y otro ministro. Una sonrisa se esboza en sus labios: algunos seguidores fieles se encuentran entre el público. Eso es una buena señal, y lo tranquiliza.

La señora Bensimon se le acerca. El conjunto que le ha diseñado, de color negro animado por unos pasamanos blancos, le da una elegancia increíble.

—¿Qué tal, Ralph? ¿Muy nervioso? —balbucea ella con una tensión que trasluce su propio nerviosismo.

Él se echa a reír. Es exactamente la misma pregunta que acaba de hacerle a Sarah.

—No, querida Liliane, sereno como el ojo del huracán.

Ella lo mira estupefacta y luego desaparece al comprender su necesidad de soledad y calma. ¿La calma antes de la tempestad?

Las modelos se colocan en fila india, dispuestas a salir en cuanto se lo indique la jefa de las modelos que ha organizado el desfile. En segunda posición, Delphine de Luzille con un vestido rojo oscuro y las manos más húmedas que nunca por el nerviosismo.

El pase de la primera top suscita murmullos de admiración. Por el contrario, la aparición de Delphine es acogida con una exclamación general de sorpresa. Ralph la observa por el ojal a modo de mirilla de la cortina. Está literalmente radiante. ¡Hay que reconocer que, para una mujer que pesaba 150 kilos hace menos de seis meses, eso es una auténtica revancha! Porte altivo, aire felino al andar..., lo hace de maravilla. De hecho, un torrente de aplausos resuena cuando se vuelve y muestra la espalda de su vestido, en la que dos salientes simétricos hacen las veces de alas.

Es el turno de Sarah, que sale a la pasarela con un *smoking short*. No se contonea como las modelos clásicas, sino que da grandes pasos y gira sobre sí misma lanzando besos a los espectadores. Aunque a algunos les sorprende esa actitud, muchos la ovacionan porque saben, gracias al programa, que algunas personas no profesionales que han luchado por la colección y por su propia historia participan en el desfile. Ralph ve la expresión sorprendida que se esboza en el rostro de sus padres y se ríe.

Cada una de sus creaciones suscita reacciones diferentes. Y eso es exactamente lo que quería. Se acerca a la entrada de la pasarela. Émilie, transfigurada y feliz en traje de novia, alza un puño en alto en señal de victoria en su dirección. Sólo dos pases antes de que salga. Respira profundamente y avanza por la zona iluminada.

Sentado en la tercera fila, Mathieu no logra reprimir un grito de sorpresa. Aquella joven hermosa a la que conoce se ha transformado en una criatura sublime, divina, bajo el juego de transparencias centelleantes. Émilie pasea su sonrisa radiante por la pasarela embriagándose del dulce aroma del éxito, que ahora es ya una evidencia. Toda la sala se pone en pie coreando el nombre de Ralph, que se reúne con ella y la coge de la mano. Permanecen de cara al público durante largos minutos y luego las demás modelos vuelven a la pasarela y se disponen a ambos lados mientras los asistentes al acto no dejan de aplaudir.

Por último, después de una media vuelta triunfal, vuelven a los bastidores. Los aplausos se elevan allí también y los corchos de las botellas de champán saltan por todos lados. Toda la gente se da besos. Ralph, consciente por fin del desafío —del qué dirán, del poder del dinero, de los códigos de la moda y de la belleza transmitidos por las frías páginas de las revistas— que se había propuesto y que había llevado a cabo, se desploma en un sillón. Émilie acude junto a él corriendo:

—¿Te encuentras mal? ¿Quieres que llame a un médico?

—Sí —sonríe él—. A Mathieu, para que brinde con nosotros. Es el alivio, mi corazón está bien, no te preocupes. Me acordaré toda mi vida de este show. Toda mi vida.

—No será usted el único —añade Delphine de Luzille, que se ha acercado a ellos—. No sé cómo agradecérselo, Ralph, usted no sabe lo que representa para mí la oportunidad que me ha dado hoy.

—Nunca lo habría logrado sin ustedes cuatro.

Sarah vuelve a los bastidores escoltada por Lucio, sus padres, Mathieu y su mujer, a quienes había ido a buscar a la sala.

—Ralph, ahí fuera te reclaman, están como locos.

—Déjame respirar dos minutos y luego bajo a la arena.

—Esta vez no te devorarán los leones: han escondido las uñas.

Antes de abandonar los camerinos, Ralph se presta de buena gana a la avalancha de cumplidos y abrazos que se abate sobre él. Las cámaras están allí, las cronistas de moda también. Todo el mundo espera una palabra, un cumplido, una confidencia. Y él, con un discurso rodado, evoca su búsqueda de renovación, sus ganas de crear para todo el mundo, su deseo de dar a todos los tipos de mujer la oportunidad de estar sublimes.

Cuando llega a la zona del cóctel, Édouard Bertolin es el primero en darle la mano.

—Querido socio, ha ganado usted la partida. ¡Ha sido un desfile deslumbrante!

Los mismos periodistas que lo acribillaron después del último desfile ahora no lo dejan ni a sol ni a sombra, lo cubren de cumplidos y le reclaman entrevistas a voz en grito. Primero contestará las preguntas de las cadenas de televisión extranjeras. Esas víboras pueden esperar un poco...

Cuando los dedos de Émilie tamborilean en su puerta al día siguiente por la mañana, la clínica entera está como en una nube. La víspera fue un día de fiesta. Pronto, para muchos de ellos, llegará el momento de irse de allí.

—Ralph, despierta, ¡tienes que leer esto!

El diseñador, algo grogui por culpa del champán que corrió a raudales la noche anterior y al cual ya no está acostumbrado, se incorpora.

—Entra.

La joven, con expresión radiante, deja una pila de periódicos encima de su cama y enciende el televisor. Hace *zapping* deteniéndose únicamente en las cadenas que retransmiten imágenes del desfile.

—¡Eres el mejor! Esto no es sólo una victoria, es un triunfo.

—Rápido, enséñame la prensa.

El diseñador, con el estómago crispado, echa una ojeada a los artículos y luego profiere un grito de alegría. ¡Lo sabía! El sabor del éxito que tan bien conocía ha vuelto.

Liliane es la última de la banda de los cinco que abandona la clínica. Mathieu la observa bajar la escalera. Su esposo la sigue con su maleta en la mano.

—Entonces, señora Bensimon, ¿se va definitivamente?

—Ya iba siendo hora, ¿no? Pero puede que vuelva de vez en cuando..., sólo para saludarlo, no se preocupe, no porque haya recuperado los kilos perdidos.

—¡Eso espero! La echaré de menos, a usted y a los demás.

—Sí, yo también los echaré de menos, pero hemos prometido que nos veremos. ¿Puedo darle un beso?

—Por supuesto. Cuídese mucho.

—Usted también, doctor, usted también.

«Los pacientes que se han curado se van... Es alegre y a la vez triste», se dice el doctor Sorin mientras vuelve a su despacho arrastrando los pies. Esos cinco le han dado algunas de las mayores satisfacciones de su carrera, la clínica parecerá vacía sin la animación que habían creado. Émilie ha retomado sus estudios, Sarah vive el amor ideal con Lucio, Delphine ha vuelto a su castillo y a la cama de su marido, Ralph se instala en su nuevo local y ha recobrado el sentido de la revancha. Mathieu se apresura, otros pacientes lo están esperando. ¡Afortunadamente!

Anexos

Informe de hospitalización de Émilie Weber

Nacida el 21 de enero de 1984.

Motivo de la hospitalización

Trastornos del comportamiento alimentario de tipo bulímico con vómitos y variación importante de peso de 62 a 52 kg. Síndrome depresivo agudo con ligero trastorno disociativo de la personalidad, taquipsiquia importante, con pérdida de sueño y del referente día-noche. Aparición reciente de un consumo de estupefacientes de varios tipos y probablemente un principio de dependencia a los ansiolíticos.

Antecedentes

Adictológicos

Consumo tabáquico desde los quince años, principio de consumo de cocaína tras uso repetitivo de cannabis. Consumo importante de ansiolíticos (entre 30 y 50 mg de benzodiacepina diarios).

Médicos

Endometriosis recientemente descubierta que precisa la prescripción de hormonas desde hace siete meses.

Hepatitis de tipo A a los once años sin complicaciones.
Meningitis viral durante la infancia.

Quirúrgicos
Apendicectomía.

Psiquiátricos
Síndrome depresivo aparecido hace un año, con personalidad an-
gustiada de fondo. Comportamiento psicorrígido con crisis de agita-
ción intermitentes. Aparición de bulimia a raíz de un régimen de
600 calorías, seguido de la aparición de vómitos (una media de cuatro
diarios desde hace un año) destinados a restablecer el control del
peso, breves fases anoréxicas sin real determinismo de anorexia men-
tal. Ligero síndrome disociativo con visiones oníricas nocturnas, sín-
drome de persecuciones menores, probablemente relacionado con el
consumo reciente de diversos estupefacientes. Ningún antecedente
psiquiátrico notable en la familia.

Historia de la enfermedad
Hace 18 meses, realización de un régimen de 600 calorías que
ocasionó una pérdida de 6 kg en un mes como consecuencia de una
sensación de malestar general traspuesta a la apariencia física por la
paciente. Aparición progresiva de crisis compulsiva que desencadena
rápidamente un retorno a 58 kg. Consumo alimentario importante
centrado sobre todo en productos de tipo aperitivo, esencialmente al
final de la jornada y durante la noche (la paciente cursa estudios de
cirugía dental y a menudo estudia hasta tarde para preparar sus exá-
menes). Descubrimiento, gracias a una amiga, de la práctica del vó-
mito voluntario. Aumento progresivo de las crisis vomitivas hasta
seis o siete al día hasta alcanzar un peso de 51 kg. A continuación,
pérdida progresiva del sueño con síndrome depresivo y desaparición
de los referentes sociales y afectivos. Desestructuración progresiva de
la personalidad con sueños violentos (sensación de ser perseguida
por animales feroces...) y sensación de alucinaciones visuales aun-
que muy breves. Aparición de una desocialización con abandono de
las actividades escolares, abandono del domicilio familiar.

Evolución global

La paciente llega en estado de deterioro psíquico notable con trastornos electrolíticos mayores y una consecuente falta de hierro. Insomnio nocturno e hipersomnia diurna. Agresividad hacia todo el personal sanitario alternada con crisis de llanto e hiperactividad. Se le administra un tratamiento neuroléptico inyectable durante los primeros días, así como un seguimiento psicológico diario. Durante los primeros días se produce un aumento de peso gracias al abandono de los vómitos y a un consumo alimentario regular con estabilización del peso alrededor de los 59 kg tras haber alcanzado los 62 kg. Las entrevistas psicológicas y el reposo asociados al tratamiento neuroléptico tienen como consecuencia una rápida mejora de la agitación y las perturbaciones del sueño, pero se agudiza un síndrome obsesivo que atañe a la relación con el cuerpo y la comida.

La deshabituación de los estupefacientes se hace sin problemas, pero la limitación del consumo de benzodiacepina, más difícil, se lleva a cabo progresivamente. Fijación de una dieta fraccionada con limitación moderada de fibras para controlar el peso. El hecho de volver a practicar una actividad física parece limitar considerablemente los pensamientos obsesivos relacionados con el peso.

Los resultados del análisis electrolítico se normalizan progresivamente en respuesta a una alimentación a razón de 1.400 calorías diarias.

El peso disminuye progresivamente tras haber alcanzado el equilibrio a nivel de la masa muscular y grasa. Se fija un tratamiento antidepresivo para sustituir los neurolépticos, lo que permite que rápidamente vuelva a un estado de tranquilidad y retome las actividades intelectuales.

Se inicia una psicoterapia familiar que parece dar excelentes resultados. Asimismo, proporcionalmente, retorno al peso de 53 kg.

Se establecerán visitas regulares de la paciente con sus padres mientras retome el curso normal de sus estudios.

Evolución incierta pero alentadora, en razón del pequeño trastorno disociativo que precisará un seguimiento regular.

Conclusión

Trastornos del comportamiento alimentario a causa de un trastorno de personalidad de tipo disociativo empeorado a raíz de un episodio depresivo. Recuperación normal y sin problemas de un peso estable a 53 kg y establecimiento de un contrato de seguimiento psicológico y físico.

Disminución progresiva del tratamiento prescrito y fijación de un régimen de estabilización alrededor de 1.800 calorías diarias.

Informe de hospitalización de Ralph Farrell

Nacido el 6 de diciembre de 1945.

Motivo de la hospitalización
Obesidad con 118 kg, 1,87 m y un índice de masa corporal de 33,8, de constitución progresiva, asociada a crisis de angustia de aparición reciente. Contorno de cintura: 110 cm.

Antecedentes
Adictológicos
Consumo tabáquico importante, utilización de estupefacientes de manera intermitente (cocaína, éxtasis) sin síndrome de dependencia mayor.

Médicos
Criptorquidia descubierta a la edad de nueve años que precisó el descenso del testículo por vía quirúrgica.
Probable primoinfección tuberculosa a la edad de doce años.
Aparición de un síndrome metabólico hace algunos años con aumento moderado de la glicemia a 1,40 que apunta a una diabetes de tipo 2. Aumento moderado de los triglicéridos, probablemente relacionado con el consumo de alcohol.

Arritmia cardíaca provocada por la toma de medicamentos hace algunos años. Tratada con antiarrítmicos y anticoagulantes.

Quirúrgicos
Amigdalectomía. Apendicectomía: no.

Psiquiátricos
Descripción de fenómenos de tipo neuroticobsesivo, probablemente relacionados con el consumo de estupefacientes, pero de manera puntual, lo que no permite establecer un diagnóstico preciso.

Personales
Una hermana ocho años mayor que él, madre fallecida durante la infancia, padre fallecido probablemente a causa de un accidente vascular cerebral relacionado con una diabetes evolutiva y trastornos del proceso metabólico de los lípidos sin posibilidad de hacer una investigación genética.

Historia de la enfermedad
Aumento de peso moderado y progresivo a partir de los treinta años, sin trastornos del comportamiento alimentario. En aquella época el paciente pesaba 83 kg y medía 1,87 m. Hasta la edad de cuarenta años, estabilización entre los 92 y los 95 kg. Nuevo aumento ponderal relacionado con una actividad social importante (el paciente trabaja en el mundo de la moda y se alimenta de manera anárquica, ausencia casi total de comidas en casa) hasta alcanzar los 106 kg. Una primera tentativa de dieta, a base de un consumo exclusivo de proteínas alimentarias, permite una rápida pérdida de peso de unos 12 kg en el espacio de seis semanas. Aparición de compulsiones alimentarias al abandonar el proceso que acarrean un aumento de peso hasta alcanzar los 110 kg.

Una segunda tentativa a base de sobres de proteínas acaba en fracaso al cabo de nueve días, las compulsiones alimentarias se acrecientan y nuevo aumento de peso hasta alcanzar los 114 kg.

El paciente consulta entonces a un médico que le prescribe unas composiciones en forma de píldoras (ha sido imposible conocer la naturaleza de dichos productos) que le hacen perder 15 kg en dos meses. Abandono del tratamiento a causa de los efectos secundarios: nerviosismo importante, perturbación del sueño, taquicardia, pérdida de masa muscular. Se le establece un tratamiento cardiológico a raíz de la revelación de una arritmia cardíaca, probablemente evidenciada por el tratamiento médico.

Aumento de peso en el espacio de varias semanas y estabilización a 118 kg desde hace cuatro años.

El paciente llega a la clínica con un síndrome depresivo-reactivo, probablemente relacionado con problemas profesionales. Se decide entonces tratar ligeramente el trastorno depresivo con prescripción momentánea de un antidepresivo y entrevistas psicoterapéuticas. Fijación de una dieta moderadamente restrictiva con disminución de aportes alimentarios al cabo de tres meses para seguir la evolución de la pérdida de peso.

Evolución global

Se observa un síndrome de desvalorización de aparición reciente con crisis de compulsiones alimentarias esencialmente concentradas en productos azucarados y picoteos repetidos, sobre todo al final de la jornada.

En un principio, el paciente se muestra reacio a consumir según qué alimentos, aunque después parece participativo, con una mejoría progresiva y permanente y una pérdida de peso relativamente importante desde las primeras semanas. Se observa un período de sobreactividad durante la hospitalización que obliga a disminuir progresivamente el antidepresivo para limitar los efectos pseudoanfetamínicos del medicamento. Al abandonarlo por completo, aparece un ligero factor depresivo que cede al cabo de cuarenta y ocho horas sin ningún medicamento.

Los niveles de glicemia y triglicéridos se normalizan muy de prisa, lo que permite concluir que los problemas metabólicos eran exclusivamente de origen alimentario y estaban relacionados con el sobrepeso.

Disminución de los tratamientos anticoagulantes y antiarrítmicos debido a la pérdida de peso.

Aparición de un ligero aumento de ácido úrico probablemente relacionado con el importante catabolismo muscular surgido como consecuencia de la práctica de ejercicio físico de alta intensidad.

El paciente no prevé ninguna operación de cirugía estética relacionada con la pérdida de peso exceptuando una liposucción en la región submentoniana, que presenta un exceso de piel como consecuencia de la pérdida de peso. El paciente afirma querer operarse de los párpados por motivos personales. Un informe de hospitalización es enviado a su médico sobre todo para prevenirlo de los riesgos relativos a la toma de medicamentos anticoagulantes.

Cuando sale de la clínica el día 15 del presente mes, el paciente pesa 88 kg. Se ha establecido que continuará haciendo ejercicio físico en la clínica dos veces por semana y que mantendrá una dieta alrededor de las 2.300 calorías diarias con una gestión autónoma de la alimentación.

El paciente llevará a cabo un análisis tiroideo en ambulatorio para comprobar las eventuales consecuencias de las tomas de medicamentos en el parénquima tiroideo.

Conclusión

Obesidad de tipo psicosocial, agravada por la repetición de dietas que han provocado una desestructuración alimentaria. Síndrome depresivo-reactivo que ha cedido rápidamente gracias a los tratamientos.

El retorno a un peso normal se efectúa sin dificultad. Cesan los trastornos del comportamiento alimentario esencialmente relacionados con la práctica del régimen restrictivo. Iniciación a la educación alimentaria mediante cursos de dietética.

El paciente hará una visita de seguimiento cada tres meses con el doctor Sorin.

Informe de hospitalización de Delphine de Luzille

Nacida el 10 de julio de 1956.

Motivo de la hospitalización
Obesidad supermórbida evolutiva desde hace más de quince años con trastornos adictivos alimentarios asociada a un antiguo síndrome depresivo.

Antecedentes
Bulimia mayor.

Adictológicos
Tabaco: ex fumadora desde hace diez años. Aproximadamente, treinta paquetes al año.

Consumo importante de medicamentos antálgicos de tipo opiáceo y utilización intermitente de morfínicos. Utilización importante de antiinflamatorios, probablemente en dosis excesivas de manera intermitente.

Médicos y quirúrgicos
Artrosis cervical.
Gonartrosis bilateral relacionada con el exceso de peso que ha supuesto una limitación importante a la hora de caminar.

Hiperuremia provocada por el hiperconsumo alimentario.

Esteatosis hepática probablemente debida a la obesidad.

Hipertensión arterial relacionada probablemente con el exceso ponderal.

Indicios de un accidente isquémico transitorio en 2005 (confusión, dificultades para hablar, parálisis del miembro inferior derecho).

Edema ortostático de los miembros inferiores.

Migraña oftálmica.

Cálculo asintomático en la vesícula biliar que ha ocasionado problemas durante la hospitalización y ha conducido a una colecistectomía urgente.

Psiquiátricos
Síndrome depresivo.

Ginecológicos
Dos cesáreas.

Última mamografía hace más de cinco años. La paciente deberá ser observada en laboratorio en razón de la importante infiltración de grasa que impide eliminar sistemáticamente una formación tumoral evolutiva.

Sin seguimiento ginecológico.

Examen clínico al llegar a la clínica
Peso: 171,75 kg. Estatura: 1,66 cm. IMC: 62.

TA: 12/7. Auscultación cardiopulmonar normal. Disnea de esfuerzo, primer piso, voluminoso edema de los miembros inferiores que se agrava si está de pie.

Micosis en los pliegues inguinales con necrosis de la piel en posición mediana. Abdomen blando, indoloro, sin masa.

Hernia inguinal o umbilical: no.

Se observa una pequeña masa en el primer tercio inferior de la pierna izquierda que sugiere la presencia de un lipoma.

Gonalgia bilateral al caminar, cervicalgia.

Historia de la enfermedad

La paciente presenta un sobrepeso moderado hasta la edad de treinta y tres años. Se observa un pequeño aumento ponderal después del segundo embarazo. El peso pasa entonces de 69 a 76 por lo general. Estabilización durante seis o siete años y después aparición brutal de una bulimia fundamentalmente nocturna y seguimiento repetido de dietas restrictivas en paralelo que amplifican el fenómeno. En el espacio de seis años, la paciente ve cómo su peso aumenta de 76 kg hasta aproximadamente 140 kg. Una primera hospitalización en un centro de dietética permite una pérdida de 20 kg en cuatro meses y una estabilización que dura tres meses. Nuevo aumento de peso con aparición progresiva de una depresión acompañada de desinterés afectivo e intelectual y una supresión de todo tipo de actividades, incluidas las físicas. A continuación, ascenso en el espacio de nueve meses hasta alcanzar unos 170 kg, peso estable desde hace ocho o nueve años. La hospitalización es solicitada por la familia sin la participación de la paciente.

Evolución global

Durante las dos primeras semanas, la paciente se encierra en un mutismo total y no comunica con el personal médico. Las entrevistas psicoterapéuticas empiezan a resultar eficaces después de la intervención del doctor Sorin durante una comida que comparte con ella. La paciente describe sus deseos alimentarios casi constantes y de una intensidad variable que precisan, por su parte, un esfuerzo permanente para contenerlos. Las bulimias se efectúan en un contexto nocturno, con alimentos que la paciente se procura a escondidas mediante entregas a domicilio. Se observan focos de fijación específica en algunos alimentos. La paciente afirma haberse comido catorce tubos de mayonesa en una de sus bulimias. Al parecer, sus adicciones se centran mucho más en los productos grasos que en los azucarados. Su pensamiento es autocrítico, en apariencia rápido y con episodios de emotividad, con culpabilidad y sentimiento de incapacidad. Abandono del tratamiento antidepresivo.

Fijación de un tratamiento timorregulador, interrumpido a causa de una fatiga matinal intensa.

Ante la persistencia de la sensación de hambre después de las comidas, la ausencia de saciedad y la presencia de pensamientos angustiosos relacionados con los alimentos, se le prescribe un tratamiento neuroléptico. Aparece entonces una mejora de los comportamientos alimentarios, aunque éstos no provocan un pensamiento positivo en la paciente. Reanudación muy progresiva de la actividad física con movimientos articulares y musculares gracias a la intervención de un fisioterapeuta. Aumento de la cadencia de la pérdida de peso. Paso de 170 a 150 kg en tres meses sin adhesión espontánea de la paciente, lo que suscita las reservas del equipo terapéutico sobre los resultados futuros y evoca la hipótesis de la colocación de un baipás intestinal. Se toma contacto por escrito con el equipo quirúrgico hospitalario pero provoca un rechazo por parte de la paciente.

Aparición brutal por la tarde de un síndrome abdominal agudo que sugiere la infección del antiguo cálculo biliar, como suele observarse en las grandes curas de sobrepeso. Transferida en reanimación por el SAMU, intervención quirúrgica y regreso a la clínica al cabo de ocho días.

Se observa a partir de entonces un cambio evidente en el comportamiento de la paciente, que recobra un pensamiento muy positivo y manifiesta un deseo de participación que sorprende a todo el equipo. Tras verificación, se comprueba que no hay sobredosificación medicamentosa que pueda hacer pensar en un estado de euforia de origen terapéutico. Al parecer, la operación ha tenido un efecto catalizador en la paciente y ha borrado su deseo o su miedo a morir, y parece ser el fenómeno esencial que ha provocado dicha mutación.

Reanudación progresiva de las actividades físicas y aumento de la actividad intelectual, aumento evidente de la participación en las actividades de la clínica por parte de la paciente.

A su demanda, la paciente obtiene, cada vez más a menudo, permisos para salir de la clínica sin que los resultados en la pérdida de peso se vean alterados. Total interrupción de los fenómenos bulímicos y los deseos alimentarios. La pérdida de peso prosigue de manera muy activa, lo que permite el paso de 150 kg a 110 kg, a pesar de nuestras demandas repetidas de una moderación de la limitación alimentaria.

Se ha decidido intentar una hospitalización a tiempo parcial, de *lunes a miércoles, para que la paciente retome contacto con su contexto habitual.*

Se ha fijado una cita con el equipo quirúrgico para contemplar la posibilidad de una abdominoplastia una vez alcanzados los 95 kg. El proyecto terapéutico tras la intervención consistirá en intentar estabilizar el peso alrededor de los 80-85 kg, a condición de practicar una actividad física regular y mantener un control dietético permanente. La paciente está completamente de acuerdo con este contrato.

En cuanto a las actividades físicas, se observa un aumento del perímetro de marcha pese a la persistencia de gonalgias que han mejorado gracias al refuerzo muscular del cuádriceps, así como un estiramiento y una neta disminución de los dolores ligados a la pérdida de peso.

Informe de hospitalización de Sarah Fillot

Nacida el 6 de noviembre de 1988.

Motivo de la hospitalización
Trastorno del comportamiento alimentario de tipo anoréxico.

Antecedentes
Adictológicos
Abuso de laxantes y diuréticos.

Médicos
No reseñables.

Quirúrgicos
Amigdalectomía. Apendicectomía: no.

Psiquiátricos
Trastorno del comportamiento alimentario desde hace dos años.
Varias amenazas de suicidio.

Personales
Hija única, padres casados, padre ministro, la madre trabaja en el
ámbito de las relaciones públicas.

Historia de la enfermedad

La evolución del peso durante la infancia es normal. Ningún antecedente psiquiátrico. Ningún caso de sobrepeso en la familia, ningún trastorno del comportamiento alimentario en los antecedentes genéticos. Escolaridad brillante. Se observa un ligero aumento de peso de unos cuatro o cinco kilos a los dieciséis años, probablemente relacionado con la toma de una píldora anticonceptiva para corregir un problema dermatológico.

Comienza una dieta después de haber hecho una apuesta con su madre que le promete, a cambio, dejar de fumar. Pierde 12 kg. Después de ese régimen se afirma una anorexia casi completa. Su madre se preocupa cuando advierte, tardíamente, su adelgazamiento durante unas vacaciones en la playa. En abril de 2006 consulta al doctor Sorin, quien, en vista de la gravedad del trastorno y de la ausencia de aumento de peso, decide hospitalizarla.

Se observa amenorrea desde hace varios meses. Estatura: 1,71 m; peso de 39 kg con un IMC estimado de 13,3.

Evolución global

Se percibe un trastorno de la imagen corporal con un lenguaje interno incesante: una voz en su cabeza le repite que no debe engordar.

Se observan automutilaciones y una angustia invasiva asociada a varias crisis nerviosas y amenazas de suicidio.

Progresivamente, desaparición de los trastornos psicológicos y vuelta a una ideación normal, ningún aumento de peso durante seis semanas, sino un descenso a 37 kg (probablemente hacía desaparecer los alimentos que fingía consumir durante las comidas) y pensamientos menos violentos. Persistencia de conflictos familiares importantes entre el padre y la madre. Se observa la aparición de una agresividad verbal cada vez más exacerbada hacia su madre y su padre. La paciente pide que se nieguen las visitas a sus padres, lo cual es aprobado por el equipo terapéutico, que no constata esfuerzo alguno por parte del padre y de su esposa para solventar la situación. Se evoca la posibilidad de un aislamiento terapéutico total para intentar provo-

car un aumento de peso pactado con la condición de que consuma las bandejas de alimentos estipuladas en su contrato alimentario. No se aplica ninguna medida debido a la oposición de una parte del equipo de enfermeros. La paciente sufre entonces un accidente cardíaco, probablemente relacionado con una arritmia por falta de potasio. Una desfibrilación simple y una perfusión de potasio bastan para solucionar el problema antes de pasar a la reanimación.

La paciente provoca su salida de la clínica de manera repentina, pero sigue siendo controlada por el personal terapéutico. Un aumento de peso moderado se produce entonces y permite el paso de 37 a 45 kg en el espacio de dos meses. El régimen utilizado es de tipo semilíquido, con limitación de fibras para evitar las intolerancias digestivas, momentáneamente normocalórico, por no decir hipocalórico, a la espera de poder aumentar los volúmenes alimentarios y la densidad nutricional.

Introducción de un tratamiento neuroléptico y antidepresivo con una buena tolerancia y eficacia desde el punto de vista psiquiátrico.

Desde el punto de vista somático, la hipocaliemia se corrige progresivamente durante el período de hospitalización y ha desaparecido desde entonces.

Conclusión

Aumento de peso lento y progresivo, corrección de la hipocaliemia.

Desde el punto de vista psicológico, el seguimiento diario es de provecho.

Introducción de un tratamiento neuroléptico y antidepresivo con una buena eficacia y tolerancia.

Peso de entrada: 39 kg; peso de salida: 43,8 kg, con un IMC estimado de 16,8. Actualmente el peso es de 47 kg, pero el pronóstico sigue siendo reservado.

Cabe mencionar la modificación importante del contexto vital, la paciente ha reanudado las relaciones con su familia y ha iniciado una vida conyugal.

La paciente realiza una actividad terapéutica a tiempo parcial en contexto hospitalario.

Informe de hospitalización de Liliane Bensimon

Nacida el 8 de septiembre de 1963.

Motivo de hospitalización
Obesidad asentada desde hace mucho en remisión regular con evolución solapada de una melancolía sonriente.

Antecedentes
Adictológicos
Consumo importante de medicamentos psicotrópicos y sustancias anfetamínicas y diferentes moléculas desconocidas compradas por correspondencia o por Internet.

Médicos y quirúrgicos
Indicios de enfermedad periódica.
Dispareunia sin etiología.
Edema de los miembros inferiores.
Liposucción de los miembros inferiores y del abdomen, implantación de un anillo gástrico mal tolerado que sólo ha sido desinflado y no extraído.

Psiquiátricos

Síndrome melancólico, dos tentativas de suicidio (una con sustancias compradas por Internet y la otra con un ansiolítico tras una violenta disputa familiar).

Ginecológicos

Reglas abundantes que han precisado una transfusión por anemia a raíz de una hemorragia en 2001.

Abstinencia sexual como consecuencia de una dispareunia sin etiología hasta el día de hoy, surgida tras un aborto.

Examen clínico al llegar a la clínica

Estatura: 1,62 m; peso 100 kg; IMC: 38,1.

TA: 12/7. Auscultación cardiopulmonar normal. Disnea de esfuerzo al caminar al cabo de 500 m.

Sequedad de la piel.

Meteorismo abdominal importante, probablemente relacionado con la toma de medicamentos.

Síndrome de hipotensión ortostática probablemente ligado a la toma de medicamentos de tipo hipoglucemiante.

Se observa una pequeña masa en el cuadrante superoexterno del seno derecho que precisaría una mamografía a la que la paciente se niega.

Historia de la enfermedad

La paciente presenta un sobrepeso mínimo hasta los veinte años, del orden de cinco kilos, y repetidas dietas moderadamente restrictivas hasta su boda.

Aumento de 15 kg en el transcurso del año posterior a la boda, paso de 60 a 75 kg. Dos embarazos casi consecutivos. La paciente alcanza un peso de 101 kg después del segundo embarazo, que no llega a término. Inicio de un régimen iterativo con un peso mínimo de 66 kg y máximo de 101 kg. La paciente explica que, después de la traumática experiencia, sufre violentos dolores durante el acto sexual sin que se halle explicación alguna. Abstinencia sexual desde entonces.

Aparición simultánea de un síndrome melancólico que se traduce en una ausencia de integración social con un ligero síndrome agorafóbico que justifica la imposibilidad de ejercer una actividad profesional y su permanencia en casa «para criar a su hijo».

Desde la primera hospitalización, la paciente pierde peso de manera regular durante sus estancias en la clínica (una media de entre 10 y 12 kg en cada hospitalización). Parece utilizar la clínica como un referente o incluso como una forma de huida en cuanto la angustia se vuelve insoportable.

La paciente describe una sensación de miedo cada vez que alcanza una pérdida de peso importante que, generalmente, justifica la salida de la clínica hasta que vuelva a recuperar peso.

Evolución

Con la autorización del equipo terapéutico y el doctor Sorin, esta vez se ha dejado una mayor autonomía a la paciente y se le ha pedido que organice ella sola las cenas en la clínica. Se le propone un nuevo tratamiento experimental que se está aplicando en el establecimiento tras explicarle que se trata de un estudio a doble ciego y que podría tratarse del placebo. La paciente acepta.

Al cabo de dos semanas, la paciente no pierde peso porque lleva a cabo por su cuenta un ayuno proteico que le provoca pulsiones alimentarias incontrolables que compensa picando (esencialmente productos de bollería) fuera de la clínica.

Vuelta a una dieta de 1.500 calorías con personalización de los alimentos y, después, una vez que han cesado las compulsiones alimentarias, alternancia con curas de dos a tres días de una dieta de 800 calorías a demanda de la clienta. Vuelve a producirse entonces una pérdida de peso con una neta mejoría psíquica provocada por una fuerte integración en el grupo y una intensificación de la actividad dentro de la clínica.

Un cambio de psicoterapeuta, femenino en vez de masculino, permite que los aspectos relacionados con la pareja y la sexualidad se actualicen durante las sesiones.

La señora Bensimon declara haber superado su miedo al sexo, presente desde hacía mucho tiempo, para, de alguna manera, ofrecer «una descendencia a su marido y a su familia». Reconoce que sus dolores se asociaban, desde hacía mucho tiempo, a ataques de angustia, y que el aumento de peso hace que se sienta más segura al disminuir considerablemente su feminidad. La paciente quiere continuar con el medicamento que le ha sido prescrito porque está convencida de que se encuentra mucho mejor desde que ha empezado el tratamiento.

La señora Bensimon rechaza la fecha de salida inicialmente prevista con el pretexto de estar ayudando a una de las pacientes de la clínica. La pérdida de peso es cada vez mayor, hasta alcanzar los 25 kg en el momento de la salida. Recesión total de los dolores durante el acto sexual, consolidación de una alimentación normal. La paciente rechaza la intervención estética que se le propone para mejorar el aspecto de su cicatriz abdominal.

La señora Bensimon realizará una actividad física en la clínica y verá regularmente a la psicoterapeuta.

Tratamiento a la salida

El medicamento prescrito resulta ser el placebo y no la molécula activa.

A petición del doctor Sorin, se le mantiene la prescripción de un complejo vitamínico para consolidar el efecto placebo.

Agradecimientos

A Thierry Billard, que sin darse cuenta hace que surja la inspiración pero siempre en la dirección adecuada, lo que demuestra que el verdadero talento es, a menudo, discreto.

A Simone Bairamian, alianza de delicadeza, cariño, pudor y... eficacia.

A Gilles Haeri, que cree en nuestros sueños y deja que se concreten, último atrevimiento de los verdaderos editores.

A Valérie Expert y Philippe Dulcy, cuyos consejos antes y durante siempre me resultan preciosos.

A Patrick Serog, por su confianza y su apoyo indefectible.

Y a mi hermana de siempre, Sophie Drouault.

Índice

Índice de dietas